Les
Alpes

Detlev Arens

Ce spécialiste de la langue et de la civilisation allemandes, né en 1948, est un passionné de nature et de culture. Journaliste indépendant, il participe à l'élaboration de nombreux magazines culturels et scientifiques pour les radios publiques allemandes et a publié de nombreux ouvrages ces vingt dernières années.

Ouvrage publié pour la première fois en langue allemande, en 2016, par Fackelträger GmbH, Emil-Hoffmann-Straße 1, D-50996 Cologne, sous le titre *Die Alpen*.

Auteur : Detlev Arens
Rédaction et légendes : Michael Büsgen
Mise en pages et design : e.s.n. Agentur für Produktion und Werbung GmbH
Conception de la couverture : www.donebypeople.de
Illustration couverture : mauritius-images/John Warburton-Lee
Conception éditoriale : Fackelträger Verlag GmbH, Cologne

© 2016 Fackelträger Verlag GmbH, Cologne
© 2017 Christine Bonneton éditeur, Chamalières, France, pour l'édition française

Pour l'édition française
Traduction et adaptation : Élise Legentil

ISBN : 978-2-86253-744-3
Dépôt légal : octobre 2017
Imprimé en Pologne

Detlev Arens

Les Alpes

Nature
Patrimoine
Évasion

Christine Bonneton

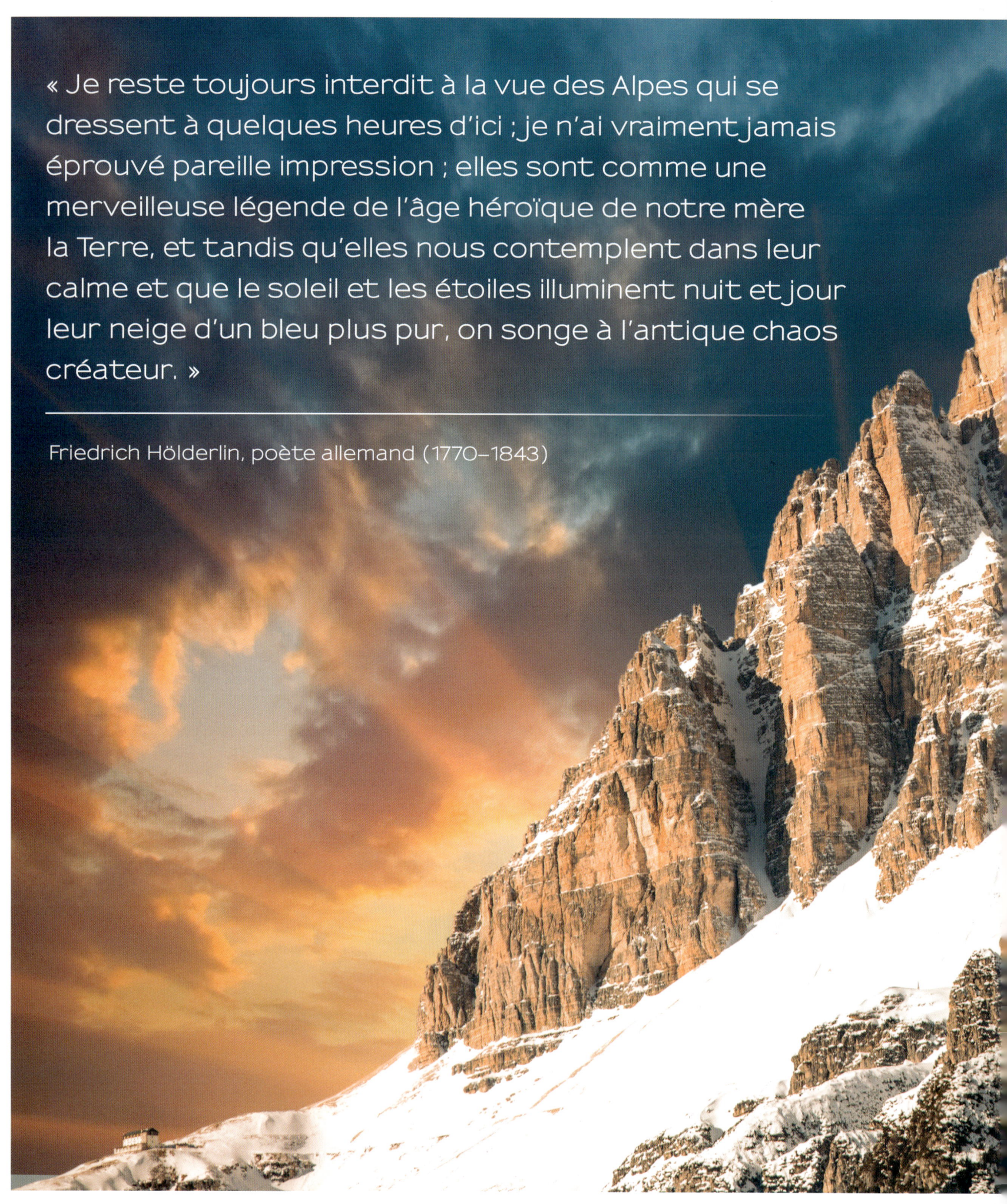

« Je reste toujours interdit à la vue des Alpes qui se dressent à quelques heures d'ici ; je n'ai vraiment jamais éprouvé pareille impression ; elles sont comme une merveilleuse légende de l'âge héroïque de notre mère la Terre, et tandis qu'elles nous contemplent dans leur calme et que le soleil et les étoiles illuminent nuit et jour leur neige d'un bleu plus pur, on songe à l'antique chaos créateur. »

Friedrich Hölderlin, poète allemand (1770–1843)

Les Alpes en bref 15

MILIEU NATUREL 20

Géologie des Alpes – Vers la collision continentale 23
Structure des Alpes – Les grandes unités 25
Paléozoïque 28
Trias (Mésozoïque) 31
Jurassique et Crétacé (Mésozoïque), Tertiaire (Cénozoïque) 32
Une chaîne de collision 34
Le Quaternaire et ses variations climatiques 41

Paysages lacustres – Lacs préalpins et périalpins 47

Rivières des Alpes – La nature sous contrôle ? 53
Le Tagliamento, dernier fleuve alpin libre 57

Flore des Alpes 61
Forêt, limite des arbres et ceinture de krummholz 64
Les prairies de fauche de montagne 75
Pelouses alpines 76
Pelouses calcaires à laîche ferme et à seslérie bleue 81
Pelouses alpines sur roche siliceuse 84
Combes à neige et landes ventées 85
Côté sud : les pelouses rocheuses acides à fétuque 93
Étage nival : la végétation de l'extrême 94
Une habileté à toute épreuve : les plantes des pierriers 95
Flore rupestre 99

Faune des Alpes 103
Maîtres du vent : l'aigle royal et le gypaète barbu 106
Grimpeurs hors pair : le bouquetin et le chamois 111

HISTOIRE DES ALPES 120

De la préhistoire et la protohistoire à l'époque romaine 123
La momie du glacier de Hauslabjoch 125
Les Alpes à l'époque romaine 135

Les Alpes au Moyen Âge 141
Moyen Âge central et Bas Moyen Âge 147
  « Portiers des Alpes » : la maison de Savoie 149
  Les Walser – Histoire d'une colonisation interne 151
Villes des Alpes 155
  Villes d'art et d'histoire 155
Industrie minière 159

De l'époque moderne à l'époque contemporaine 161
Une nouvelle image des Alpes (de la Renaissance aux Lumières) 161
La « découverte » des Alpes 164
Le XIXe siècle 168
Le XXe siècle 170

Traverser les Alpes 177
Routes et rail 186
Passer sous la montagne : la construction des tunnels 188
  Tunnels de base 190

LES ALPES AUJOURD'HUI – FASCINATION ET DANGERS 194

Engagement pour les Alpes – Défenseurs et acteurs 197
Villes et urbanisation 200
Grenoble et Innsbruck, les grandes villes intra-alpines 201

Architecture d'avant-garde 205
Téléphériques et refuges 207
Architecture des vallées alpines 215

Alpages – Lieux d'évasion et de travail 223
Agriculture alpestre 227
Alpages, directives et subventions 228
Races anciennes d'animaux d'élevage 230
Passer la crête principale des Alpes – Itinéraire des moutons 232

Le « château d'eau » alpin, plus qu'un réservoir 235
Approvisionnement en eau potable et industrielle 238
Énergie hydraulique 240

Tourisme et touristes 243
Les Anglais et Cie 245
De la Belle Époque aux années 1950 247
L'exemple du Tyrol 250

Alpinisme – La course aux records 253
Petite digression historique sur l'alpinisme et Reinhold Messner 258
Réputée imprenable : la face nord de l'Eiger 260

Mythes et emblèmes 263
Mont Blanc, Cervin, Grossglockner, Triglav : des emblèmes nationaux 264
Une vedette des Alpes : l'edelweiss 270
Trois héros alpins : Guillaume Tell, Andreas Hofer et Anna Stainer-Knittel 273

Les Alpes en images 279

Priorité à la nature – Les parcs nationaux des Alpes 289
Le parc national de Berchtesgaden 291
Le parc national suisse 293
Le parc national des Hohe Tauern 297
Le parc national des Écrins 301
Patrimoine mondial de l'humanité : le parc national des Dolomites Bellunesi 303

Sites utiles 309
Index 310
Crédits photos et reproductions 316

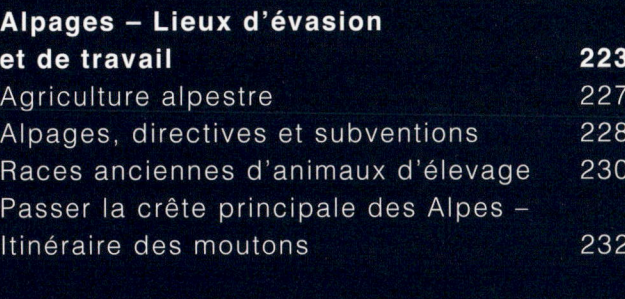

« Qui a idée de la magie qu'opère à cette heure matinale et en cette saison, par grand beau temps, une vallée fertile en montagne ? Magie faite à la fois de puissance et d'une indicible et mystérieuse délicatesse. »

Ludwig Hohl, écrivain suisse, *Ascension* (1975)

Le nom des Alpes évoque spontanément toute une série d'images pittoresques et déclenche l'enthousiasme des passionnés. Vivre et travailler dans ce décor époustouflant peut parfois s'avérer pénible. Si les défenseurs de l'environnement appellent à sauver les Alpes, d'autres sont à deux doigts de s'approprier sérieusement le slogan « À bas les Alpes, vue libre sur la Méditerranée ! ».
L'enthousiasme s'explique avant tout par l'altitude majestueuse du massif. Les chiffres, impressionnants, font référence à des sommets et à des régions où la nature est souveraine. Mais les Alpes, leur faune et leur flore particulièrement riches et leurs magnifiques vallées sont aussi l'œuvre de l'être humain, qui se plaît tant à intervenir dans le paysage. Ce livre s'attache donc, en explorant la région, à détailler les enjeux qui y sont liés.

LES ALPES EN BREF

Sur une carte de l'Europe, les Alpes s'étirent d'est en ouest, donnant l'impression de former une véritable barrière naturelle. Le massif prend la forme d'un arc, recourbé au sud-ouest et s'allongeant vers l'est.

Les Alpes s'étendent sur plus de 1 000 km, voire 1 200 km si l'on mesure la longueur du massif d'une extrémité à l'autre, en « étirant » l'arc ; du sud-ouest au nord-est, on compte plutôt 700 à 800 km. Leur largeur varie entre 125 et 250 km. Au sud-ouest, la chaîne alpine rejoint Nice et la mer Ligurienne, alors qu'à l'est, elle disparaît dans le bassin de Vienne. La plaine du Pô constitue clairement la limite méridionale du massif, alors qu'au nord, ce sont les Préalpes qui marquent son contour. Au sud-est, les Alpes semblent se fondre dans les Dinarides, tandis que la limite avec les Apennins est elle aussi assez vague, de sorte que ce massif italien apparaît sur une carte comme un prolongement des Alpes.

Le massif peut être subdivisé en deux, trois, ou quatre entités. Dans le dernier cas, on distingue les Alpes occidentales, centrales, orientales et méridionales. Séparer les Alpes méridionales du reste du massif se justifie du point de vue des géologues, qui accordent une grande importance à la

◀ *Image satellite de l'Italie, avec au nord les Alpes partiellement enneigées. La Corse, la Sardaigne, la Sicile et une partie de l'Afrique du Nord sont également visibles.*

LES ALPES –
POURQUOI CE NOM ?

Avant d'entrer dans le vif du sujet, penchons-nous sur l'origine et la signification du toponyme « Alpes ». Il n'existe pas de réponse unique et irréfutable à cette question. Le pluriel remonte au latin « alpes », même si les Romains utilisaient également le singulier « alpis ». Et c'est là que les incertitudes commencent. Pour certains, le nom latin alpes/alpis viendrait d'un terme celtique : en gallois, le mot « alp » existe toujours aujourd'hui et signifie « falaise à pic, abîme ». D'autres supposent que « alp » serait une racine alémanique, c'est-à-dire germanique occidentale, signifiant « haute montagne », puis « alpage ».

🔺 *Le piz Palü, situé à la frontière entre la Suisse et l'Italie, fait partie des sommets les plus renommés des Alpes, notamment depuis qu'il a servi de décor au film muet allemand L'Enfer blanc du piz Palü (1929, avec Leni Riefenstahl).*

ligne insubrienne, aussi appelée ligne péri-adriatique, passant par la Valteline, le val Pusteria et la vallée de la Gail (voir p. 39).

Dans les régions germanophones, on ne distingue souvent que les Alpes occidentales et orientales. La limite supposée traverse alors la Suisse, du lac de Constance au lac de Côme, en passant par la vallée du Rhin et le col de Splügen. En France et en Italie, on subdivise généralement les Alpes occidentales en deux entités, occidentales et centrales, la limite allant du lac Léman à la vallée d'Aoste en passant par le col du Grand-Saint-Bernard.

Toute entreprise scientifique suppose d'établir une hiérarchie entre les espaces. La Subdivision orographique internationale unifiée du système Alpin (SOIUSA) subdivise ainsi le massif en 5 secteurs, 36 sections, 132 sous-sections, etc. et enfin en 1 625 sous-groupes, alors que Werner Bätzing, spécialiste du milieu alpin, s'en tient lui à 63 groupes.

Outre l'étendue du massif, c'est avant tout la hauteur qui compte : le mont Blanc culmine ainsi à 4 810 m. Parmi les 82 sommets dépassant les 4 000 m, un seul, le piz Bernina (4 049 m), se situe dans les Alpes orientales.

Les distances mentionnées ci-dessus ne sont pas les seuls chiffres qui font débat. Les différences ne sont pas dues à des erreurs de calcul, mais à des délimitations variables. Ces écarts restent toutefois relativement faibles et ne sont pas le résultat d'une vision fondamentalement différente du massif montagneux. La nouvelle macrorégion alpine EUSALP, récemment constituée au sein de l'Union européenne, repose en revanche sur une vision particulière de la région. Elle doit permettre de créer un véritable espace économique, c'est pourquoi le poids des centres urbains périphériques est renforcé. Dans cette macrorégion, le cœur des Alpes est réduit à une donnée statistique.

La Convention alpine, traité international signé entre les différents pays alpins et l'Union européenne pour le développement durable des Alpes et la protection de ce milieu naturel, est en quelque sorte l'inverse d'EUSALP. Alors que cette dernière compte 441 225 km^2 et 76 millions d'habitants, la Convention alpine couvre un territoire de 190 717 km^2 comprenant à peine 15 millions d'habitants (et 120 millions de touristes par an). Au sens de ce traité, les pays alpins sont la France, l'Allemagne, l'Italie, l'Autriche, la Suisse, la Slovénie, le Liechtenstein et Monaco. En superficie, la part la plus grande du territoire alpin revient à l'Autriche (28,7 %), la plus petite à

« Cette humeur sombre si souvent observée chez les esprits éminents a son image sensible dans le mont Blanc : la cime en est presque toujours voilée par des nuages ; mais quand parfois, surtout à l'aube, le rideau se déchire et laisse voir la montagne, rougie des rayons du soleil, se dresser de toute sa hauteur au-dessus de Chamonix, la tête touchant au ciel par-delà les nuées, c'est un spectacle à la vue duquel le cœur de tout homme s'épanouit jusqu'au plus profond de tout son être. »

Arthur Schopenhauer, philosophe allemand (1788-1860)

Le château de Neuschwanstein, dans le sud de l'Allemagne, d'autant plus féerique grâce à la saison et à la perspective. Le roi Louis II de Bavière, qui a ordonné sa construction, n'a pas connu l'achèvement de ce somptueux édifice. Si le château final n'est qu'une ébauche par rapport aux plans originaux, c'est néanmoins l'un des monuments les plus visités d'Allemagne.

Monaco (avec ses infimes 2 km², mais pourquoi pas !). La Convention fixe les limites de l'espace alpin de manière tout à fait pertinente ; c'est donc sur ces bases que s'appuie ce livre.

Les Alpes présentent une densité de population faible par rapport à l'Europe centrale, mais assez élevée par rapport à d'autres massifs montagneux. On ne peut toutefois habiter durablement que sur à peine 20 % de leur surface, ce qui rend le nombre d'habitants de la région d'autant plus impressionnant. Les aires urbaines comportant plus de 200 000 habitants sont au nombre de six (Grenoble et Annecy-Chambéry en France, Klagenfurt-Villach et Innsbruck en Autriche, Trente et Bolzano in Italie). Les Alpes comptent aussi de nombreux centres touristiques très urbanisés, mais également des vallées désertées. Comme ailleurs, les zones rurales perdent des habitants, alors que les zones urbaines enregistrent un afflux toujours plus important. Malgré quelques signes prometteurs, rien n'indique que ce phénomène va s'atténuer à long terme.

Milieu naturel

▼ Les Cinque Torri (cinq tours), près de Cortina d'Ampezzo dans les Dolomites, constituaient autrefois une seule et même barrière rocheuse. Avec le temps, l'érosion a créé plusieurs tours et aiguilles dans la dolomie (âgée d'environ 210 millions d'années). Récemment encore, en 2004, une formation rocheuse de 50 m de haut s'est effondrée à cet endroit.

GÉOLOGIE DES ALPES – VERS LA COLLISION CONTINENTALE

Les fossiles d'animaux marins retrouvés à une altitude élevée ne trompent pas : les Alpes n'ont pas toujours été ce paysage de montagne que nous connaissons. À l'origine, il devait y avoir une mer quelque part. En outre, les Alpes ne se sont pas seulement soulevées, mais aussi déplacées. Voyage dans le temps.

Le moyen le plus récent de traverser les Alpes, c'est bien sûr le tunnel de base. Il évite ainsi de subir les dénivelés, en montant et en descendant. En construisant le tunnel de base du Lötschberg (Suisse, cantons de Berne et du Valais), les mineurs sont tombés sur des strates qu'aucun sondage préliminaire n'avait permis de déceler et auxquelles aucun géologue n'avait pensé : des formations carbonifères dans du granite massif. Conséquence : cinq mois de retard sur le chantier, le temps de sécuriser cette roche beaucoup plus friable, sans parler des coûts supplémentaires considérables.

Si les Alpes constituent pour l'instant le massif montagneux le mieux exploré de la planète, les aménagements réalisés réservent toujours des surprises. Cela s'explique par l'histoire de la chaîne alpine et par sa forte mobilité passée, qui rend son étude complexe. L'histoire du massif ne commence pas, justement, avec son soulèvement, il y a environ 32 millions d'années ; il faut remonter bien plus loin. L'âge maximal des roches concernées atteint en effet plusieurs centaines de millions d'années, c'est-à-dire un temps infini à l'échelle humaine. Au cours de l'histoire de la Terre, nombre de ces roches se sont regroupées et déformées, ou ont subi des transformations. Mais revoyons la chronologie.

Les études ont commencé par l'évidence, à savoir l'observation des fossiles. Leur ressemblance avec des espèces marines vivantes était tout à fait étonnante. On a donc conclu qu'ils provenaient d'un milieu marin, mais plus on les rencontrait à une altitude élevée, plus le mystère s'épaississait. Par ailleurs, certains blocs rocheux présentaient des strates totalement différentes. On a ainsi supposé que ces strates ne s'étaient pas formées au même moment et dans les mêmes conditions. C'est surtout face aux plis variés et au relief extrême que l'on a commencé à concevoir les forces colossales qui avaient dû compresser ce territoire.

Il est possible de se représenter de manière simple le lointain passé des Alpes et le processus de compression. L'histoire géologique des Alpes n'a pas pu débuter par une surface parfaitement plane, mais bien à un niveau nettement inférieur. Seul un voyage dans le temps, des centaines de millions d'années en arrière, permet de comprendre les Alpes d'aujourd'hui.

▼ *Représentation schématique d'une subduction, au cours de laquelle l'océan disparaît et la plaque océanique « plonge » sous la plaque continentale.*

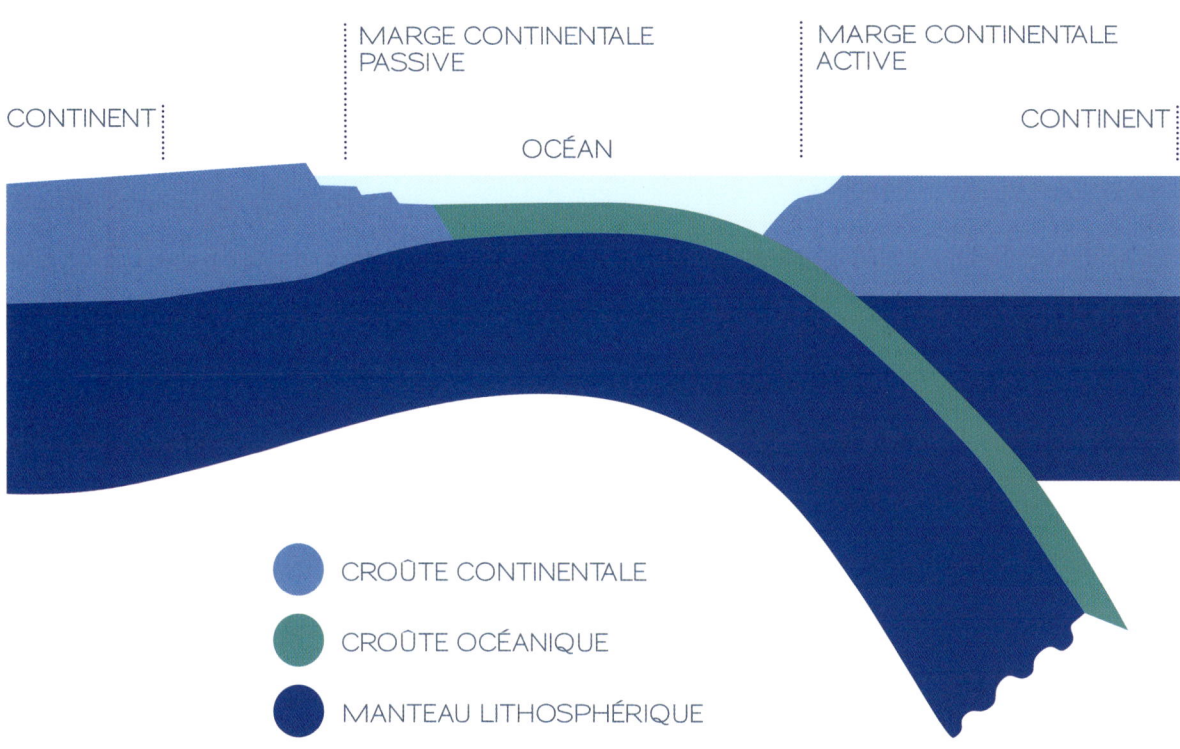

▶ *Les rudistes (mollusques bivalves) se sont installés dans les zones maritimes proches de récifs au Paléozoïque et au Mésozoïque. Ils sont particulièrement abondants pendant le Trias.*

STRUCTURE DES ALPES – LES GRANDES UNITÉS

La tectonique des plaques est une théorie relativement récente, expliquant l'agencement de la surface terrestre. Cette théorie admet l'existence de plaques tectoniques ou lithosphériques, qui se composent de la croûte terrestre et du manteau supérieur. Elles flottent sur le manteau inférieur, constitué de roches ductiles, plus denses et plus chaudes ; elles sont donc mouvantes. Lorsque la tectonique des plaques a permis d'élucider une fois pour toutes le mystère de la naissance des Alpes, on a pu ensuite se représenter plus précisément leur formation. Les diverses roches étaient mobiles et – aussi incroyable que cela puisse paraître – ont été, selon leur emplacement de départ, transportées sur d'énormes distances.

STRUCTURE TECTONIQUE DU MASSIF ALPIN

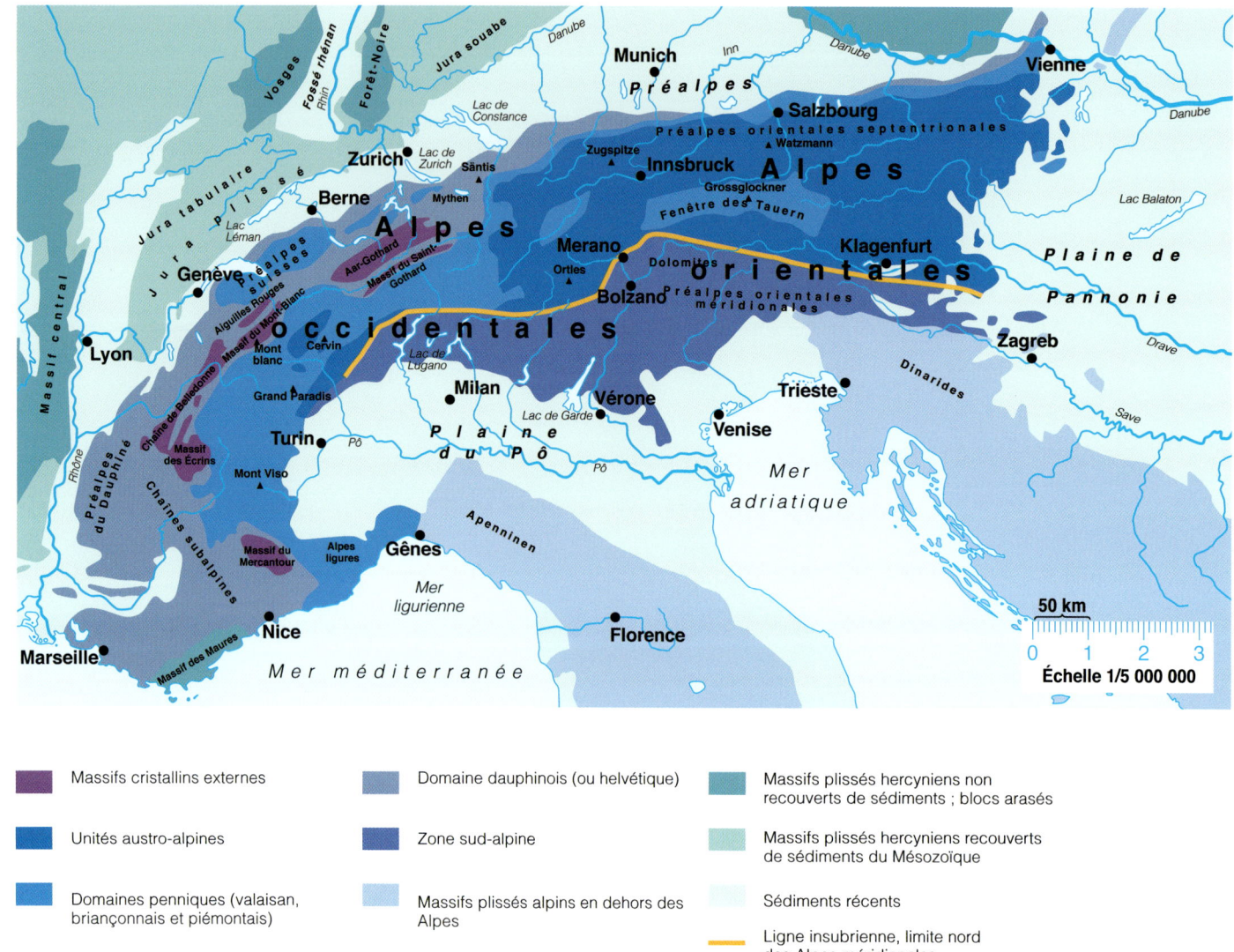

- Massifs cristallins externes
- Unités austro-alpines
- Domaines penniques (valaisan, briançonnais et piémontais)
- Domaine dauphinois (ou helvétique)
- Zone sud-alpine
- Massifs plissés alpins en dehors des Alpes
- Massifs plissés hercyniens non recouverts de sédiments ; blocs arasés
- Massifs plissés hercyniens recouverts de sédiments du Mésozoïque
- Sédiments récents
- Ligne insubrienne, limite nord des Alpes méridionales

On distingue dans les Alpes trois ou quatre grands ensembles structurels, dont les noms peuvent prêter à confusion, car ils se réfèrent à la fois à leur situation d'origine et à leur situation actuelle. Ces ensembles se définissent en fonction des nappes de charriage.

Le domaine dauphinois (ou helvétique) provient du plateau continental, c'est-à-dire de la marge de l'ancienne Europe, et donc de l'aire de sédimentation la plus septentrionale. Les nappes dauphinoises, piles sédimentaires inférieures reposant sur le socle, constituent principalement les montagnes des Alpes nord-occidentales.

Le domaine pennique, empilement intermédiaire, correspond à un grand océan totalement disparu, qui se situait entre les plaques européenne (partie occidentale de la plaque eurasiatique) et africaine. Les roches de ce plancher océanique se rencontrent surtout dans le sud de la Suisse et dans les Alpes occidentales. Dans les Alpes orientales, les nappes penniques n'apparaissent que sous la forme de deux « fenêtres », la plus connue étant la fenêtre des Tauern. Une fine bande s'étirant de la vallée du Rhône au Wienerwald, le long de la limite nord des Alpes, appartient également au domaine pennique.

Les unités austro-alpines constituent l'empilement supérieur : les nappes austro-alpines ont en effet recouvert les nappes dauphinoises et penniques. Ce sont aussi celles qui ont parcouru les plus grandes distances. Elles sont le plus souvent rattachées à la marge continentale (nord-est) de la plaque adriatique (ou apulienne), elle-même associée à la plaque africaine. Les roches de ces nappes dominent la partie orientale du massif, alors que dans les Alpes occidentales, elles ont presque disparu sous l'effet de l'érosion.

Enfin, la zone sud-alpine joue un rôle particulier. Quatrième grand ensemble structurel, elle est séparée des autres par une zone de fracture, la ligne insubrienne, et durant l'orogenèse, se déplaçait dans une direction qui lui était propre. Ses roches proviennent de la marge méridionale de la plaque adriatique.

Restent les massifs cristallins externes, qui permettent d'observer le socle de la plaque européenne, recouvert partout ailleurs par les différentes nappes de charriage. De l'Aar-Gothard au massif du Mercantour-Argentera, en passant par les Aiguilles Rouges, le Mont-Blanc, les Écrins et la chaîne de Belledonne, ces massifs se composent de roches très dures. Et leurs sommets, le mont Blanc en tête, comptent justement parmi les plus élevés de la chaîne alpine.

Cette décomposition en nappes de charriage ne signifie pas que les différentes roches ou types de roche se distinguent selon leur appartenance à telle ou telle nappe. Elles offrent plutôt, à première vue, un grand mélange disparate et désordonné. Les processus géologiques ont produit, modifié et déplacé des roches diverses et variées, à différentes époques et à différents endroits. À notre échelle, ces processus dynamiques se sont étirés sur un temps incroyablement long.

▶ *Crête très découpée de la Seceda (val Gardena), avec à l'arrière-plan les Geislerspitzen. Il s'agit de l'un des affleurements les plus remarquables des Dolomites, mais aussi de l'ensemble des Alpes.*

PALÉOZOÏQUE

Il y a environ 400 millions d'années, la carte du monde, ainsi que la répartition des terres et des mers, étaient bien différentes d'aujourd'hui. Les terres alors émergées se sont rapprochées les unes des autres pour finalement s'agréger et former, quelque 150 millions d'années avant le présent, un unique supercontinent en forme de croissant : la Pangée. Ce nom construit à partir de racines grecques peut se traduire par « toutes les terres ». À l'est se trouvait un golfe abritant l'océan Téthys (du nom d'une Titanide de la mythologie grecque), qui se fondait dans la Panthalassa, superocéan entourant la Pangée (voir illustration p. 31).

Cette fusion des continents a donné lieu à une orogenèse (formation de montagnes) il y a 380 à 300 millions d'années. On ignore si les sommets ainsi créés étaient spectaculaires, mais il est certain que les roches concernées se sont violemment plissées. Cette orogenèse varisque, ou hercynienne, s'étend bien au-delà du futur espace alpin. Puis, il y a environ 320 millions d'années, la fracturation du supercontinent libère du magma. Aujourd'hui, les granites et gneiss constitutifs par exemple du massif du Mont-Blanc et de l'Aar-Gothard, témoignent de ce volcanisme. On rencontre également des roches sédimentaires marines datant de 400 millions d'années : les Alpes carniques, notamment, recèlent ainsi une fascinante faune fossile.

ÉCHELLE DES TEMPS GÉOLOGIQUES

Ère	Période	Époque		Âge
Cénozoïque	Quaternaire	Holocène		
		Pléistocène		-1,6 Ma
	Tertiaire	Pliocène		
		Miocène		-23 Ma
		Oligocène		
		Éocène		
		Paléocène		-65 Ma
Mésozoïque	Crétacé	Supérieur		
		Inférieur		-135 Ma
	Jurassique	Supérieur (Malm)		
		Moyen (Dogger)		
		Inférieur (Lias)		-205 Ma
	Trias	Supérieur	Keuper	
		Moyen	Calcaire coquillier	
		Inférieur	Grès bigarré	-250 Ma
Paléozoïque	Permien	Supérieur		
		Inférieur		-290 Ma
	Carbonifère	Supérieur		
		Inférieur		-355 MA
	Dévonien	Supérieur		
		Moyen		
		Inférieur		-410 Ma
	Silurien			-438 Ma
	Ordovicien			-510 Ma
	Cambrien	Supérieur		
		Moyen		
		Inférieur		-570 Ma

La chaîne hercynienne commence à perdre ses contours dès le Carbonifère. La dynamique des processus d'orogenèse ralentit fortement et l'érosion laisse davantage son empreinte sur le paysage. Durant le Permien, dernière grande période du Paléozoïque (à partir de -299 millions d'années), ce massif montagneux tend à s'aplanir ; dans la région des futures Alpes, le climat est alors désertique. Au Permien inférieur, la partie sud de la chaîne hercynienne s'étire. La croûte terrestre et le manteau supérieur réduisent en épaisseur, de sorte que des zones de fracture apparaissent et que du magma remonte là encore jusqu'aux couches terrestres supérieures. En outre, l'aridité croissante a un impact sur les roches encaissantes. C'est sûrement la rhyolite qui est la roche volcanique la plus connue de cette époque. Les roches plutoniques de Koralpe (Autriche, land de Carinthie) sont quant à elles particulièrement remarquables : elles recèlent en effet le plus grand gisement européen de lithium, métal léger très recherché. Cependant, les nombreux projets d'exploitation n'ont pas été concrétisés.

Vers la fin du Permien, la terre s'affaisse et est inondée par la mer. Le climat désertique entraîne toutefois l'assèchement rapide de ces bassins plats remplis d'eau salée. Ce phénomène a laissé des gisements de sel, comme à Hallstatt (Autriche, Land de Salzbourg) et à Berchtesgaden (Bavière).

Pendant la transition entre le Permien et le Trias se produit la plus grande extinction massive de l'histoire de la Terre, dont les causes n'ont pas été clairement établies.

◀ *Échelle des temps géologiques. Les chiffres correspondent à des millions d'années (Ma).*

TRIAS (MÉSOZOÏQUE)

Avec le Permien, c'est aussi le Paléozoïque qui prend fin, laissant place au Mésozoïque, qui débute avec la période du Trias il y a environ 250 millions d'années. Sa durée est fixée à 50 millions d'années, pendant lesquelles l'océan Téthys gagne peu à peu du terrain vers l'ouest. Cette percée amorce la dislocation de la Pangée. Au cours de ce processus, l'Amérique du Nord et l'Afrique se détachent de l'Europe.

La Téthys s'étend et finit par atteindre le futur espace alpin, formant des mers plus petites à sa limite occidentale : les bassins de Meliata (est de la Slovaquie) et de Hallstatt, des régions qui conservent aujourd'hui des sédiments de ces anciennes mers. Ces bassins s'ouvrent vers le Trias moyen (-235 millions d'années), puis commencent à disparaître dès la fin de cette période. Toutefois, des roches témoigneront plus tard de l'existence de la Téthys et de la structure de son plancher, même si elles sont plutôt rares dans les Alpes.

Alors que la mer est active, les continents connaissent une phase d'apaisement. Les masses continentales refroidissent et s'enfoncent. À leurs marges se créent de larges plateaux continentaux, où se développent, sous les climats tropicaux, d'immenses récifs coralliens. Les Dolomites (Italie, Trentin–Haut-Adige) et les massifs calcaires des Alpes orientales sont en grande partie composés des squelettes calcaires de ces coraux.

▼ *Évolution de la Terre, de l'époque de la Pangée à la répartition actuelle des continents.*

-300 à 200 MILLIONS D'ANNÉES

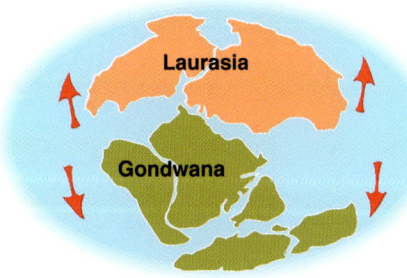

ENVIRON -150 MILLIONS D'ANNÉES

AUJOURD'HUI

JURASSIQUE ET CRÉTACÉ (MÉSOZOÏQUE), TERTIAIRE (CÉNOZOÏQUE)

La phase de calme tectonique relatif prend fin au Jurassique (-200 à -145 millions d'années). Les mouvements violents reprennent et le supercontinent de la Pangée se fragmente le long des rifts qui s'étaient dessinés dès le Permien. À l'ouest s'ouvre déjà l'océan Atlantique central.

Une possible connexion entre cet océan Atlantique primitif et l'océan Téthys fait débat. La liaison pourrait avoir été assurée par la Téthys alpine, aussi appelée Néotéthys, océan alpin ou océan liguro-piémontais (domaine pennique), qui apparaît il y a 170 millions d'années à l'ouest de la Téthys. Avec l'océan Valaisan qui se forme au nord, un deuxième bassin pennique naît 130 millions d'années avant le présent. Ces deux océans sont séparés par le microcontinent briançonnais, un seuil encore rattaché à la future péninsule Ibérique.

Avec la constitution de la Téthys alpine, la langue de terre qui reliait l'Europe et l'Afrique disparaît. Une avancée de terre située au nord de l'Afrique se détachera du continent au moment de la transition entre le Jurassique et le Crétacé pour former de manière indépendante la plaque adriatique (ou apulienne). D'après la plupart des chercheurs, c'est sur cette plaque que reposent les futures nappes austro-alpines et sud-alpines. Ces dernières sont toutefois séparées par une zone de faille importante et contribueront ensuite de manière différente à la formation des Alpes.

Malgré son autonomie, la plaque adriatique reste liée à la plaque africaine, qui par rapport à l'Europe se déplace vers le nord-est, repoussant ainsi la plaque adriatique vers le nord. Ce mouvement, qui se poursuit encore aujourd'hui, conduira au soulèvement des Alpes.

△ *Le Ramesch (2 119 m) appartient au massif mort (Totes Gebirge), situé dans les Préalpes orientales septentrionales. C'est un exemple de strates calcaires triasiques.*

100 millions d'années avant le présent (Crétacé inférieur/supérieur), de grands changements interviennent dans l'espace alpin. Les plaques eurasienne et africaine se rapprochent donc, faisant de la Téthys alpine (océan sud-pennique), qui se referme, leur première « victime » : son plancher océanique et une grande partie des sédiments qui le recouvrent passent sous la plaque adriatique. C'est le phénomène de subduction. Mais le processus ne s'arrête pas là : il se produit aussi un mouvement inverse, car à l'engloutissement correspond un chevauchement. En surface, les masses rocheuses des futures zones austro-alpines sont arrachées de leur base et entraînées vers le nord-ouest. En dessous, la lithosphère de la Téthys alpine, compressée par sa charge structurale, plonge vers le sud-est.

Il y a environ 92 millions d'années, elle parvient à une profondeur de plus de 80 km, c'est-à-dire dans des zones appartenant au manteau terrestre. L'ancien plancher océanique y subit une violente pression, qui modifie totalement la structure de ses roches. Ces dernières seront plus tard ramenées des profondeurs et se présenteront sous forme d'éclogites, avec une densité inhabituelle. Là où elles sont remontées jusqu'à la surface, elles sont de couleur vive. Cependant, la quantité d'éclogites accessible est tellement minime que leur exploitation n'en vaut pas la peine.

Puis, 70 millions d'années avant le présent (fin du Crétacé supérieur), la zone de subduction se déplace vers le nord-ouest. Les nappes austro-alpines s'étirent et la mer recouvre à nouveau les terres. Des chapelets d'îles (petites montagnes) se forment ensuite, ainsi que des bassins profonds. Les sédiments qui s'y déposent produiront les fossiles de Gosau.

La subduction ne s'arrête pas à l'océan sud-pennique et fait du Briançonnais sa deuxième victime. C'est alors que deux masses continentales se rencontrent. Le Briançonnais disparaît en grande partie dans les profondeurs, où ses roches se métamorphosent également.

Il est à noter que la partie méridionale de la plaque adriatique et ses nappes ne sont pas affectées par ces processus : il n'y a ni étirement ni décollement du socle. Cette séparation dessine déjà ce qui constituera plus tard la ligne insubrienne, c'est-à-dire la limite entre les zones austro-alpines et sud-alpines.

La phase allant jusqu'à la subduction complète du Briançonnais est considérée comme la première phase de l'orogenèse alpine. Des failles inverses et des plissements de grande ampleur apparaissent déjà, sans pour autant atteindre des altitudes élevées. Les sédiments produits se déposent dans l'océan Valaisan, dernier bassin pennique existant. Mais il ne sera pas épargné non plus par la subduction.

Tous ces processus débutent à la fin du Mésozoïque et se poursuivent durant une partie du Cénozoïque, qui commence il y a 65 millions d'années. L'engloutissement de la croûte de l'océan Valaisan est achevé environ 50 millions d'années avant le présent. C'est alors que la plaque adriatique se heurte au continent européen.

Plissement du Hoher Ifen (Alpes d'Allgäu), à la frontière entre l'Allemagne et l'Autriche (Vorarlberg). Ses roches calcaires formant des lapiaz datent du Crétacé (-120 à -110 millions d'années). À proximité du sommet s'étend sur 25 km² le plateau de Gottesack, offrant un paysage karstique tourmenté.

UNE CHAÎNE DE COLLISION

Avec cet affrontement commence il y a quelque 40 millions d'années ce que les géologues considèrent comme la deuxième phase de l'orogenèse alpine. La subduction ne s'arrête pas lorsque les masses continentales se rencontrent, mais se poursuit à la marge méridionale du continent européen. Les croûtes continentales étant certes puissantes, mais moins denses et donc plus légères que les croûtes océaniques, la dynamique de la subduction se ralentit.

Alors que la position de l'Europe change peu et que cette dernière est impliquée de manière passive, la plaque adriatique joue quant à elle un rôle actif. Elle provoque la collision et se glisse sur la plaque européenne, conduisant à des décollements et à des chevauchements importants. Un prisme de collision se forme ainsi à mesure que la croûte inférieure s'incurve et s'enfonce dans le manteau. Puis, 40 millions d'années avant le présent, celle-ci finit par céder à la dynamique compressive : les roches à haute température du manteau remontent, entraînant au passage la fusion des roches de contact. Il se forme cependant peu de volcans, car les roches en fusion n'atteignent pas, pour la majeure partie, la surface de la Terre, mais se figent entre 15 et 10 km de profondeur. C'est l'érosion qui a par la suite dégagé ces

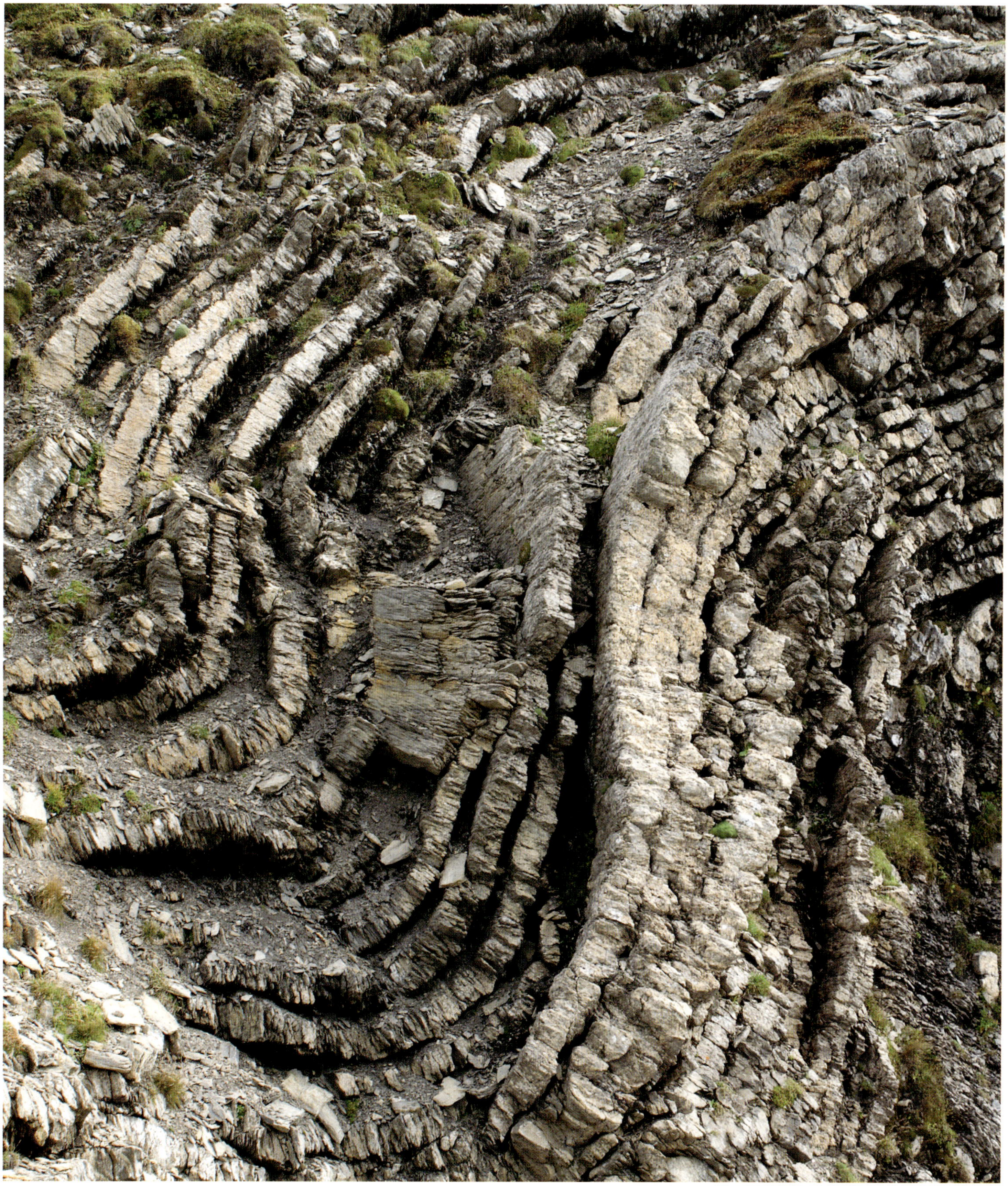

HAUT LIEU TECTONIQUE SUISSE SARDONA : UN PAYSAGE STRIÉ INSCRIT AU PATRIMOINE MONDIAL

Le haut lieu tectonique suisse Sardona (cantons des Grisons, de Glaris et de Saint-Gall) offre un spectacle époustouflant du phénomène géologique de chevauchement. Des roches plus anciennes sont passées par-dessus des roches plus jeunes, et seule une strate très fine sépare ces deux couches, comme sur la chaîne des Tschingelhörner. La différence d'âge entre ces roches est de 220 millions d'années, ce qui est loin d'être anecdotique, même à l'échelle des temps géologiques.

Si le phénomène est extraordinaire, il a d'abord été une énigme pour les géologues, qui ne parvenaient pas à l'expliquer. Pour la communauté scientifique, il était inconcevable qu'une nappe plus ancienne recouvre des roches plus jeunes. Les théories relatives à la formation des montagnes reposaient alors uniquement sur le principe de mouvements verticaux. La possibilité de mouvements horizontaux (à cet endroit et ailleurs) ne faisait pas partie de la doctrine courante. Le géologue suisse Arnold Escher avait toutefois évoqué dès 1841 un « chevauchement colossal » sur le site en question. Après une excursion avec Escher en 1848, le géologue britannique Roderick Murchison, président de la Geological Society of London, est lui aussi convaincu qu'il ne s'agit pas d'un plissement, mais d'un chevauchement. Il faudra attendre encore longtemps avant que la doctrine évolue enfin. Même la première publication scientifiquement irréfutable parue en 1884 ne change rien. Marcel Bertrand (1847-1907), professeur à l'École des mines de Paris, n'avait jamais vu le chevauchement principal de Glaris, mais connaissait le phénomène pour l'avoir observé dans le bassin houiller du Nord de la France. Il développe alors la théorie selon laquelle les Alpes sont formées à partir d'un empilement de nappes de charriage, théorie qu'il qualifie lui-même de rêverie insensée.

Le processus de chevauchement est particulièrement visible lorsque l'on regarde les Tschingelhörner et le Martinsloch depuis le col de Segna (Segnaspass). La couche calcaire intermédiaire entre les deux nappes, épaisse d'un à deux mètres seulement, dessine une ligne de séparation très nette. Cette fine couche a permis au verrucano de la nappe chevauchante, un grès conglomératique issu du désert de la période permienne (Paléozoïque), de se déplacer sur 35 km sans éclater en morceaux. La nappe inférieure se compose de flyschs de l'Éocène (Cénozoïque), âgés de 40 millions d'années.

Le chevauchement ne s'est pas produit en surface, mais à une profondeur de 16 km environ, où la température avoisinait les 320° C. Le processus s'est déroulé sur 10 millions d'années, la nappe chevauchante avançant ainsi de quelques centimètres par an. Le soulèvement des montagnes et l'érosion ont ensuite fait apparaître le phénomène au grand jour.

Aujourd'hui, les avis divergent encore quant aux détails de la formation du chevauchement principal de Glaris. Ils sont en revanche unanimes sur un point : le haut lieu tectonique suisse Sardona constitue un « témoignage exceptionnel contribuant à la compréhension des processus d'orogenèse et de la tectonique des plaques », ce qui lui confère une « grande valeur pédagogique et scientifique ». C'est ainsi que l'Unesco a justifié en 2008 sa décision d'inscrire le site au patrimoine mondial.

◀ Sur le site du haut lieu tectonique suisse Sardona, on peut observer l'un des principaux trésors géologiques des Alpes : le chevauchement principal de Glaris. Le scientifique suisse Hans Conrad Escher von der Linth le représente en 1812 en réalisant une aquarelle des Tschingelhörner et du Martinsloch (fenêtre triangulaire dans la roche), attirant l'attention sur la disposition particulière des roches, bien avant que la théorie de la tectonique des plaques n'explique le phénomène.

▲ *Vue sur le glacier d'Aletsch, plus grand glacier des Alpes, depuis l'Eggishorn (Suisse). En arrière-plan : la Jungfrau, le Mönch et l'Eiger.*

roches plutoniques, comme dans le val Bregaglia (Suisse/Italie) ou le chaînon de Rieserfern (Autriche/Italie).

En s'épaississant, le prisme de collision, formé d'écailles de croûte terrestre empilées, s'éloigne du manteau (plus lourd) : il est suffisamment léger pour réagir à la pression verticale et, tel un bouchon de liège, l'empilement se soulève. C'est alors que se forment enfin, il y a environ 23 millions d'années, de hautes montagnes.

L'érosion ralentit toutefois cette surrection. Dans la partie occidentale des Alpes, elle fait même presque totalement disparaître les nappes austro-alpines (nappes supérieures). À certains endroits, comme dans les massifs du Saint-Gothard et du Mont-Blanc, elle met à jour les nappes dauphinoises, c'est-à-dire les couches structurelles les plus profondes des Alpes.

Globalement, l'arc alpin se caractérise par une certaine hétérogénéité : sa partie occidentale, jusqu'à la vallée de l'Inn actuelle, est un paysage de haute montagne, alors que sa partie orientale se compose plutôt d'îles vallonnées entourées par la Parathétys, mer formée en Europe centrale à l'Oligicène à la suite de la surrection des Alpes et d'autres massifs. Cette mer recueille dans l'ouest et le centre de son bassin les sédiments qui s'accumulent du fait de l'élévation des montagnes. Ces derniers constitueront, entre autres, les bassins molassiques périalpins du plateau suisse et des Préalpes bavaroises et autrichiennes.

Avec le soulèvement des Alpes, un autre changement important s'amorce environ 20 millions d'années avant le présent. La ligne insubrienne formée depuis longtemps déjà par un système de failles se fracture. Cette suture s'étendait jusque-là de manière plus ou moins horizontale, mais la zone sud-alpine avance maintenant plus vite à l'est qu'à l'ouest en raison de la rotation de la plaque adriatique, ce qui bouleverse son parcours. Les études préliminaires pour le projet du tunnel de base du Brenner ont justement eu lieu au niveau de la courbe centrale de cette ligne insubrienne.

Géographiquement, cette zone de faille va du massif slovène du Pohorje à la vallée italienne de la Valteline, en passant par la vallée de la Gail (Carinthie) et le val Pusteria (Tyrol). On y trouve une grande concentration de roches plutoniques. Au sud de cette ligne, le chevauchement ne se fait plus vers le nord, mais dans la direction inverse. La zone sud-alpine constitue donc un espace à part dans le massif. La suture marque également la frontière entre les plaques adriatique et européenne.

C'est seulement avec la poussée de la zone sud-alpine orientale que commence le soulèvement des Alpes orientales ; ces dernières forment enfin de véritables montagnes. Parallèlement à leur surrection, il se produit un phénomène contraire dans le sens est-ouest : à l'est du massif en effet, la lithosphère s'étire et les Alpes orientales suivent cette déformation. Les nappes s'amincissent, ce qui a pour effet de créer des fenêtres tectoniques, mettant au jour la nappe inférieure. La plus grande d'entre elles est la fenêtre des Tauern, longue de 176 km. Cet étirement intense entraîne en outre la remontée de magma, à laquelle les volcans de Styrie doivent leur existence.

De -10 à -7 millions d'années, les Alpes et leurs contreforts se soulèvent une nouvelle fois. Les causes sont incertaines, mais par endroits, le massif gagne jusqu'à 1 000 m d'altitude supplémen-

Le fameux pli en Z de la Petite Dent de Morcles, dans les Alpes vaudoises. Là encore, des strates plus anciennes sont posées sur des strates plus jeunes.

taires. Dans les massifs du Dachstein ou du Hochschwab par exemple, on trouve des graviers à proximité des sommets, débris qui témoignent de leur altitude autrefois plus basse. Au moins en ce qui concerne la partie orientale, les Alpes sont, du point de vue géologique, une très jeune chaîne de montagnes.

À l'époque, les fleuves qui parviennent jusqu'à la Méditerranée façonnent le paysage de manière particulière. Il y a 5 millions d'années en effet, le niveau de cette dernière baisse considérablement (de 1 000 m), au point qu'elle est quasiment asséchée. Cet assèchement ne dure certes « que » 500 000 ans, un temps relativement court, mais il contraint les fleuves à tailler de profondes gorges dans les roches. Ceux-ci ont creusé les actuels lacs du nord de l'Italie, dont la profondeur est à certains endroits plus grande que celle de la mer Adriatique.

LE QUATERNAIRE ET SES VARIATIONS CLIMATIQUES

Les 2,5 derniers millions d'années de l'histoire de la Terre constituent le Quaternaire et sont marqués par le retour des glaciations. Si les températures de l'espace alpin étaient auparavant bien plus élevées qu'aujourd'hui, elles deviennent, il y a quelque deux millions d'années, sensiblement plus froides ; ce phénomène affecte alors la planète entière.

Ce sont les glaciers de cette période qui déterminent l'aspect actuel des Alpes. Les nombreuses et larges vallées en U (vallées glaciaires) ne laissent en effet aucun doute : des masses de glace sont passées par là et ont contribué à l'érosion, rabotant et modelant plus d'une fois les montagnes.

Le travail des glaciers en profondeur est moins visible, mais tout aussi impressionnant. Il est dissimulé, car les débris charriés depuis les versants ont comblé le fond des vallées. La commune de Martigny (Suisse, Valais), située le long du Rhône, se trouverait bien en dessous du niveau de la mer si elle avait été construite sur les versants dénudés. Elle repose en réalité sur près de 1 000 m de matériel rocheux meuble, s'élevant ainsi à 471 m d'altitude. Les glaciations se succèdent sur des cycles de 100 000 ans environ. Chacune comprend une longue période glaciaire, suivie d'une courte période interglaciaire. Si ces différents termes peuvent prêter à confusion, il ne faut pas pour autant imaginer des paysages constamment glacés. Les écarts de température entre un épisode glaciaire et un épisode interglaciaire pouvaient atteindre 15° C en moyenne et durant le second, il pouvait faire bien plus chaud qu'aujourd'hui. En outre, même les épisodes froids étaient rythmés par des hivers et des étés, avec des écarts très marqués entre des températures simplement plus basses.

La spectaculaire chaîne des Fiz (Haute-Savoie), culminant à 2200 m, comporte des formations rocheuses datant du Crétacé.

La décomposition traditionnelle en quatre périodes glaciaires, dites de Günz, Mindel, Riss et Würm (du nom d'affluents du Danube) est remise en question par une classification plus fine. D'après de récentes études, menées à l'aide d'appareils plus précis et reposant sur une méthode plus stricte, il y aurait eu (au moins) 15 glaciations. Cependant, les poussées des glaciers les plus anciens sont difficiles à déceler sur le terrain, car les plus récents ont souvent effacé leurs traces, en charriant les dépôts détritiques précédents. Durant les phases glaciaires, le massif alpin est recouvert d'une couche de glace plus ou moins épaisse. Au centre des Alpes, les sommets les plus élevés sont ensevelis sous une calotte glaciaire. Toutefois, certains sommets en émergent (ce sont des nunataks, voir p. 98).

Les masses de glace atteignent leur surface maximale il y a environ 780 000 ans. C'est le moment où la dynamique des glaciations change, de sorte que l'on peut distinguer les masses de différents âges. Les avancées et les régressions sont plus prononcées pour les glaciers les plus récents. Dans l'est (et l'ouest ?) de l'arc alpin, certaines régions restent durablement dégagées des glaces. On y observe aujourd'hui des paysages préglaciaires, c'est-à-dire non transformés par l'érosion glaciaire. C'est bien sûr la dernière période, celle de Würm, qui a laissé le plus de traces. Le maximum glaciaire a été atteint il y a environ 20 000 ans et les moraines témoignent de la vigueur avec laquelle les glaciers ont avancé puis régressé. Les données collectées montrent également que les épisodes glaciaires et interglaciaires n'étaient pas aussi linéaires que le suggère une périodisation schématique. Au cours de l'épisode interglaciaire würmien, un coup de froid survient et c'est ainsi qu'il y a 11 000 ans environ, les glaciers se reforment dans des régions d'ores et déjà dégagées des glaces. En outre, les travaux de cartographie ont fait ressortir une répartition inégale entre nord et sud. Alors que la plaine du Pô était presque totalement dégagée et que les Alpes maritimes l'étaient complètement, les courants glaciaires atteignent la majeure partie des Préalpes septentrionales. Selon la définition courante d'une glaciation, l'ère actuelle arrivera à son terme seulement lorsque les pôles ne seront plus recouverts de glace. Nous vivons donc aujourd'hui dans une période interglaciaire. On estime, d'après les cycles précédents, qu'elle durera encore 15 000 ans. Ce calcul ne tient toutefois pas compte de l'accélération du dérèglement climatique dû à l'activité humaine. Actuellement, les Alpes poursuivent leur élévation, mais celle-ci est compensée par l'érosion. Par ailleurs, la poussée souterraine de la plaque asiatique contre la plaque européenne ne s'est pas interrompue, comme en témoigne l'activité sismique du Val Canale, à la frontière entre l'Italie, l'Autriche et la Slovénie : c'est dans cette partie des Alpes que les tremblements de terre sont les plus nombreux. Une dernière remarque : lors des toutes dernières glaciations, l'être humain arrive dans les Alpes (pour la première fois vers -300 000, d'après les données disponibles). En ce qui concerne la modification de son environnement, il n'était au départ qu'un être vivant parmi les autres et, en tant que chasseur-cueilleur, n'a occasionné aucun dégât.

FONTE DES GLACIERS

En matière de glaciers, les sombres prédictions ne manquent pas, donc commençons par la bonne nouvelle. Elle vient de l'Eiskar, un glacier situé dans les Alpes carniques (Préalpes orientales méridionales), à une altitude comprise entre 2200 et 2400 m environ. On avait prédit sa fin prochaine et pourtant, il n'a pas fondu et a même résisté à l'été 2015, particulièrement chaud, sans subir de dommages. Pourquoi ? Il se trouve au creux d'un cirque profond, à l'ombre, et les avalanches le long des flancs abrupts de la montagne lui fournissent encore assez de neige. Mais avant de disparaître, comment naissent les glaciers ? Ils se créent à partir de neige, donc là où les précipitations sont suffisamment abondantes et en grande partie sous forme de flocons, pendant les mois d'été et seulement à une certaine altitude. Là où la neige tombe en grande quantité, les couches inférieures subissent la pression des couches supérieures. Les névés, c'est-à-dire les couches de neige persistante durcies, se transforment progressivement en glace : en fondant partiel-

lement, ils se tassent et atteignent une forte densité. La glace ainsi formée présente des reflets bleutés.

On décompose généralement les glaciers en trois parties : zone d'accumulation, zone d'ablation et front glaciaire. Les glaciers bien développés ont un poids très élevé. La gravité, la pente et les parois rocheuses créent les conditions pour qu'un glacier s'écoule, en glissant grâce aux eaux de fonte. La vitesse d'écoulement varie. Dans le cas d'un écoulement lent, le risque de rupture est élevé et les blocs isolés fondent

◀ *Le glacier du Rhône, vers 1900 et en 2011.*

rapidement. En l'absence de chutes de neige estivales, comme souvent ces dernières années, la surface du glacier se « salit ». Les zones sombres renvoient moins bien les rayons du soleil, ce qui accélère la fonte.

La plupart des glaciers des Alpes perdent presque tous les ans de leur superficie et de leur masse, avec un recul particulièrement important des langues glaciaires. Des images tout à fait parlantes permettent de comparer la situation d'autrefois et celle d'aujourd'hui. En effet, les glaciers ne cessent de reculer depuis 1850 environ. Les plus petits d'entre eux ont énormément perdu en longueur et en masse. Leur recul a toutefois fait apparaître d'anciennes tourbières ou des souches d'arbres (voir p. 270) : il n'y a donc pas toujours eu de la glace permanente au cœur des glaciers. En tout cas, leur rôle historique sur l'ensemble de la région est incontestable. Durant les périodes glaciaires, ils s'étendaient jusque sur les Préalpes (contreforts des Alpes) ; leurs avancées et leurs reculs ont largement contribué à façonner le paysage actuel.

Les glaciers rendent également service en fournissant de l'eau au moment où on en a le plus besoin, à savoir pendant les mois d'été. Aujourd'hui encore, ils alimentent de nombreuses vallées alpines. Même des régions éloignées des montagnes bénéficient de leur présence : le Rhin, le Rhône et le Pô prennent tous leur source dans un glacier ; quant au Danube, il en profite par l'intermédiaire de ses affluents alpins. Un bon quart de l'eau du Rhône qui se jette dans la Méditerranée durant le mois le plus chaud de l'année (août) provient des glaciers. Pour l'instant, ces derniers relâchent de grandes quantités d'eau. Mais que se passera-t-il s'ils continuent à fondre, jusqu'à ne plus donner d'eau ou presque, conformément aux prévisions avancées pour la seconde moitié du XXIe siècle ? Si les prédictions sont à prendre avec précaution, il est certain que le trafic fluvial et l'approvisionnement en eau potable et en électricité seraient fortement affectés par ce recul.

◔ *Le Hintersee, situé sur la commune de Ramsau bei Berchtesgaden (Bavière), est un lac intra-alpin, et non préalpin. Il doit son paysage romantique à un glissement de terrain survenu il y a près de 4 000 ans.*

PAYSAGES LACUSTRES – LACS PRÉALPINS ET PÉRIALPINS

La lisière et les contreforts des Alpes, au relief moins impressionnant, présentent de nombreuses zones humides : des marais et des tourbières, ainsi que de magnifiques lacs qui charment tous les amoureux de la nature.

Les zones humides s'alignent en bordure des Alpes : les flyschs souples forment à la lisière nord du massif une mince bande qui abrite par exemple les nombreux lacs du Salzkammergut (Autriche). Viennent ensuite les bassins molassiques périalpins, où se trouvent par exemple les Fünf Seen (région des cinq lacs) en Bavière. La molasse s'est déposée sous forme de débris durant la surrection des Alpes, lorsqu'elles sont devenues une chaîne de hautes montagnes ; elle a comblé un grand bassin océanique et peut par endroits atteindre une épaisseur de 5 000 m. À proximité des montagnes, le relief accidenté des bassins molassiques témoigne de la puissance compressive liée à l'orogenèse alpine, alors qu'ils s'aplatissent à mesure que l'on s'éloigne du massif. Mais ce sont surtout les glaciations qui ont ici façonné le paysage : les lacs et leur environnement sont un héritage des glaciers. Plusieurs glaciers sont ainsi responsables de la naissance du lac Léman, tandis que le lac de Constance est issu du glacier du Rhône. Les langues des courants glaciaires, qui s'étendaient au-delà des Préalpes, ont en effet laissé derrière elles de profondes dépressions, ainsi que des moraines latérales. Ces régions lacustres possèdent aujourd'hui un charme indiscutable, avec leurs paysages enchanteurs recherchés par les vacanciers. Le lac de Wolfgang, dans le Salzkammergut, en est un bon exemple.

Les lacs de la périphérie méridionale des Alpes sont également des destinations touristiques très prisées. Du fait de l'étroitesse du bassin molassique, le lac de Garde, plus grand lac d'Italie, déborde sur la plaine du Pô. Alors qu'au nord, les zones lacustres correspondent à des paysages paisibles, les lacs du sud des Alpes offrent au contraire un décor montagneux spectaculaire aux influences méditerranéennes. Les sommets proches du lac de Garde dépassent même les 2 000 m. Au pied du Monte Baldo (2 218 m), des oliveraies bordent le lac, tandis qu'en altitude, des plantes méditerranéennes se mêlent à la flore alpine.

Les lacs et zones humides peuvent se combler de sédiments. Dans la région bavaroise des Fünf Seen, on compte d'ailleurs davantage de marais que d'étendues d'eau. Les marais, les tourbières et même les prairies humides font partie des biotopes présentant la plus grande biodiversité, avec entre

🔺 *Le lac de Garde, espace de transition entre les Alpes et la plaine du Pô. Les cyprès donnent au paysage une atmosphère méditerranéenne, alors que sur la commune de Malcesine, la paisible baie de Val di Sogno incite à fuir la vieille ville bondée.*

◀ *À 650 m d'altitude, le sanctuaire de Madonna di Montecastello (XVIIᵉ siècle) domine le lac de Garde sur sa rive ouest.*

autres le glaïeul des marais ou l'iris de Sibérie. On peut citer en exemple le Murnauer Moos (marais de Murnau), dont les 32 km² de superficie sont un vestige du passage du glacier de Loisach : l'abondance de plantes rares et d'espèces animales menacées dans cette région est sans égale en Europe centrale.

L'AUTEL DE L'ÉGLISE SAINT-WOLFGANG
PAR MICHAEL PACHER *SUR LE LAC DE WOLFGANG*

Il ne sera pas ici question de l'Auberge du Cheval-Blanc et de l'opérette du même nom (*Im weißen Rößl*, célèbre opérette allemande ayant pour cadre le lac de Wolfgang), ni des célèbres personnalités qui y ont séjourné, mais du peintre et sculpteur autrichien Michael Pacher (1435–1498), dont l'œuvre a marqué l'espace alpin. Il a été à la tête d'un atelier très productif de peinture et sculpture de retables à Brunico, dans le Val Pusteria (Tyrol du Sud). Si ses travaux appartiennent encore au gothique tardif, il reprend des éléments essentiels de l'art de la Renaissance. Le traitement de la lumière, ainsi que sa parfaite maîtrise de la perspective frontale, témoignent d'un séjour précoce à Padoue. Son rayonnement se maintient après sa mort, ne s'estompant qu'au moment des bouleversements de la Réforme.

Malgré leur qualité exceptionnelle, les travaux de Michael Pacher nous sont parvenus de manière très incomplète. La seule création du maître conservée dans son intégralité est justement le retable de Saint Wolfgang. Cette œuvre splendide en grand format, qui a nécessité huit années de travail, prouve comme aucune autre que son auteur a bien été l'artiste le plus important de l'espace alpin au xve siècle.

Église Saint-Wolfgang, au bord du lac de Wolfgang (Wolfgangsee), dans la région du Salzkammergut (Haute-Autriche).

◀ Deux des tableaux du retable de Michael Pacher dans l'église de pèlerinage Saint-Wolfgang. En haut, la représentation des Noces de Cana, où Jésus change l'eau en vin, visible lorsque seuls les volets internes sont fermés. Ci-contre, la naissance du Christ, sur les volets internes ouverts, avec les figures bien connues de l'âne et du bœuf. En revanche, Joseph est absent, ainsi que la crèche : l'enfant est ici couché sur le large pan de manteau de Marie. Au fond, derrière la ville, se dessine un paysage de montagnes (tyroliennes ?), étrangement discordant par rapport à la perspective du tableau.

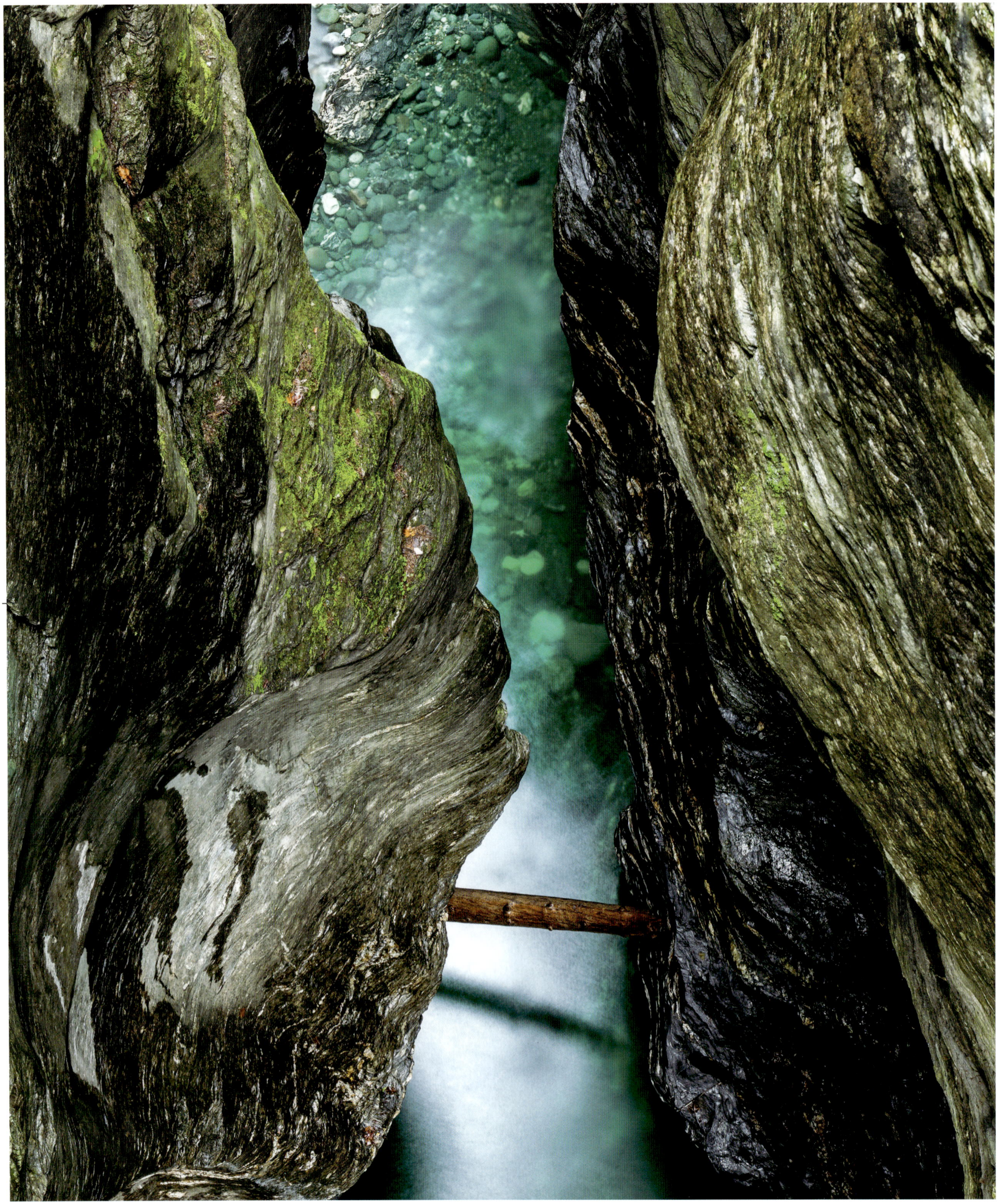

RIVIÈRES DES ALPES – LA NATURE SOUS CONTRÔLE ?

Du point de vue fluvial, les Alpes jouent un rôle central : c'est ici que le Rhin, le Rhône et le Pô prennent leur source, et même le Danube est alimenté par des affluents d'origine alpine. Si ces sources évoquent plutôt des images romantiques et poétiques, la réalité est beaucoup plus prosaïque.

Si le Rhin n'a pas de source précise, on considère généralement le lac de Toma (canton des Grisons en Suisse) comme son origine. À peine deux kilomètres plus loin, ses eaux sont déjà déviées vers un lac de barrage, pour la production d'électricité (voir p. 235) ; quasiment dès le départ, le Rhin a perdu sa physionomie naturelle.

Commençons par la très mauvaise nouvelle : à peine 10 % des rivières alpines sont encore à l'état naturel. Une petite consolation : de ce point de vue, elles ne se portent pas plus mal que les rivières des plaines d'Europe. Ici comme ailleurs, même les petits cours d'eau ont été canalisés et bétonnés, bien que ce soit aussi pour contenir les eaux déchaînées qui montent en cas de fortes pluies.

Remarquons cependant que les rivières alpines présentent un ca-

◀ *Le Rhin postérieur a creusé les fameuses gorges de Viamala.*

ractère particulier, ainsi qu'un écosystème spécifique, et qu'elles façonnent également les plaines. Lorsqu'une rivière est intacte, c'est non seulement le cours d'eau, mais aussi le lit majeur (zone inondable) qui n'est pas aménagé. Il faut ainsi distinguer qualité de l'eau et qualité des cours d'eau.

En principe, une rivière de montagne n'est pas un canal, mais bien un cours sauvage : régulièrement, elle entre en crue et exploite au maximum la largeur du lit majeur qu'elle a elle-même créé. Dans certaines circonstances, on reconnaît à peine son bras principal, qui se perd dans un enchevêtrement de méandres plus ou moins grands. Les bancs de sable et de gravier n'ont pas le temps de se fixer qu'une autre crue les remodèle ou les repousse plus loin. Même lorsque les saules ne sont pas immergés, sur une île ou une berge, il ne s'agit pas encore de la terre ferme.

Là où elles rencontrent des falaises, en revanche, les rivières alpines ne laissent aucun doute quant à leur parcours : leur force leur permet de creuser profondément la roche. Les gorges de Viamala sur le Rhin postérieur, longues de huit kilomètres, constituent un symbole de la nature violente et ténébreuse. Parmi les gorges les plus spectaculaires, on peut citer également les gorges du Verdon, dans le sud des Alpes françaises, qui s'étendent sur plus de 20 km. Elles aboutissent, quoi de plus normal aujourd'hui, à un large lac de barrage.

Mais revenons aux berges des rivières alpines. S'il y a une espèce en particulier qui est endémique de ces zones inondables, c'est bien le tamarin d'Allemagne *(Myricaria germanica)*. Cet arbrisseau pouvant atteindre deux mètres de haut est le seul représentant de sa famille en Europe centrale. Espèce pionnière, il pousse sur les surfaces de gravier et ne peut s'épanouir que sur ces terrains bruts, car il résiste mal à la concurrence. C'est donc dans cet habitat hostile qu'il a, étrangement, réussi à se développer.

Au bord des torrents et des rivières, le tamarin d'Allemagne supporte aussi bien l'humidité extrême que la sécheresse temporaire, et n'est pas perturbé par le charriage du sable et du gravier qui l'entourent. Il va sans dire que cette espèce est devenue très rare et mérite une protection absolue. Certains jardins botaniques la conservent pour ensuite la replanter dans son milieu naturel.

En Bavière, le projet allemand « *Alpenflusslandschaften* » s'efforce

◬ *Ce tronçon des gorges du Verdon possède toutes les caractéristiques d'un canyon.*

MILIEU NATUREL

◀ *La lumière du soir embellit le seuil du Lech devant la vieille ville de Landsberg, en Bavière. Il constitue l'une des 26 retenues aménagées le long de la rivière.*

encore jusqu'en 2020 de restaurer partiellement l'aspect naturel des principales rivières alpines de la région. Les aménagements réalisés sur le Lech font particulièrement mal au cœur. De l'autre côté de la frontière, en Autriche, cette rivière qui s'écoule dans un large lit majeur échelonné de nombreuses forêts rivulaires est la plus riche des Alpes septentrionales du point de vue des espèces animales et végétales. Les pinèdes abritant des bruyères des Alpes constituent les zones les plus sèches, alors que les peuplements de sabots de Vénus comptent parmi les curiosités du Parc naturel de la vallée du Lech. La frontière passée, le Lech traverse des gorges, puis change de visage : avec le lac artificiel Forggensee commence l'aménagement de la rivière.

LE TAGLIAMENTO, DERNIER FLEUVE ALPIN LIBRE

En incarnant la normalité, le Tagliamento offre pour sa part un paysage inhabituel : celui d'une rivière alpine qui trace son chemin sans subir d'interventions humaines.

Il parcourt 172 km depuis les contreforts sud des Alpes carniques jusqu'à la mer Adriatique et seuls les 30 derniers kilomètres sont ponctués de barrages. Après avoir pris sa source à 1 700 m d'altitude, il démarre sa descente sous forme de torrent de montagne au courant très rapide. Devenu une véritable rivière, il s'élargit puis se rétrécit brusquement.

En entrant dans les Préalpes, il perd de sa dynamique et crée des ramifications. Il finit par se diviser en plusieurs bras, occupant un lit d'1 à 3 km de large. Le cours inférieur du Tagliamento forme ensuite de grands méandres typiques d'un fleuve de plaine paisible.

Son cours moyen est particulièrement intéressant à étudier : il abrite de nombreux habitats, qu'il s'agisse d'îles de bois flottant ou de mares situées dans le lit du fleuve ou dans la forêt rivulaire. Si ces habitats ont une courte durée de vie, ils sont toutefois sans cesse renouvelés. Servant de « nurseries » aux amphibiens et aux poissons, ils sont essentiels pour la diversité des espèces. Dans le cas des oiseaux, le caractère naturel du Tagliamento saute aux yeux : c'est en effet la seule rivière alpine sur laquelle on observe encore des colonies de sternes pierregarins (ou hirondelles de mer), de petits gravelots et de chevaliers guignettes.

Bien évidemment, des projets d'aménagement visant à canaliser ce fleuve sauvage ou à exploiter ses immenses stocks de gravier voient régulièrement le jour ; aucun ne s'est concrétisé jusqu'à présent. Modèle de l'écosystème des rivières alpines, le Tagliamento peut donc continuer à servir d'exemple. Il permet de fait d'étudier toutes les propriétés et caractéristiques de ces milieux naturels, ce qui n'est plus possible ailleurs.

△ *Un fleuve libre : le Tagliamento, au pied du Monte San Simeone.*

▲ *Vue du massif des Karwendel, avec au premier plan un buisson de rhododendron poilu.*

FLORE
DES ALPES

Près de 4 500 fougères et plantes à fleurs poussent dans les Alpes. Sous-espèces comprises, 501 d'entre elles sont endémiques (on ne les rencontre pas ailleurs) et environ 650 s'épanouissent au-dessus de la limite des arbres. Offrant un éventail particulièrement large de biotopes variés, le massif alpin présente ainsi une diversité végétale extraordinaire : des espèces aux fleurs splendides qui s'affichent sur nos calendriers muraux année après année, mais aussi des plantes plus discrètes, caractéristiques du milieu alpin.

Le contraste entre la végétation des Alpes septentrionales et celle des Alpes méridionales est saisissant. Botaniquement parlant, ce sont deux mondes différents. À cela s'ajoute la dimension verticale, c'est-à-dire l'étagement altitudinal. Bien que les grandes rivières alpines aient pour la plupart été canalisées, perdant ainsi leur flore locale, certaines espèces se sont malgré tout maintenues, ici ou là, sur leurs rives. Même les berges du Lech abritent jusqu'aux portes d'Augsbourg (soit sur une centaine de kilomètres après la frontière autrichienne) une plante typiquement alpine, la gentiane de Clusius.

Intéressons-nous aux véritables espèces de montagne. Il n'existe pas de définition précise, mais on se base généralement sur une altitude minimale de 1 500 m. Les zones situées au-delà correspondent aux étages subalpin, alpin et nival. À 2 000 m environ, l'étage subalpin laisse place à l'étage alpin, où des arbustes et des buissons rabougris peinent à s'épanouir et où les alpages dominent. À partir de 2 700 m environ, la végétation devient de plus en plus clairsemée, jusqu'à ce qu'il ne reste plus que des mousses, des lichens et quelques espèces pionnières.

À de telles altitudes, les plantes doivent bien évidemment développer des stratégies de survie. Lorsque l'on étudie la flore des Alpes, on ne cesse d'ailleurs de s'étonner de l'habileté et de la diversité des moyens mis en œuvre par ces espèces pour triompher de conditions extrêmes. Parmi ces stratégies, on peut citer le nanisme et le port en coussinet, ou encore les poils qui protègent du froid et d'une transpiration trop intense. Même les petites plantes possèdent un vaste système racinaire afin d'extraire le maximum des maigres parcelles de terre.

En général, plus on monte en altitude, plus les répercussions des variations climatiques sont importantes. Au-delà de 3 000 m, on ne trouve plus qu'une centaine de plantes à fleurs, 200 m plus haut, six seulement subsistent. La renoncule des glaciers ou la saxifrage à feuilles opposées sont particulièrement impressionnantes : la première a déjà été observée à 4 200 m, tandis que la seconde détient un record d'altitude puisqu'on l'a trouvée à 4 505 m sur le Dom des Mischabel, dans les Alpes valaisannes.

Il faut cependant éviter les généralisations, surtout dans le cas de hautes montagnes comme les Alpes. Les chiffres sont indicatifs et, selon les régions de l'arc alpin, l'altitude et l'étendue des étages de végétation diffèrent. Les versants et vallées correspondant à des zones d'ombre pluviométrique ont un profil spécifique, comme la haute vallée de la Murg (Suisse) dans l'est ou le Queyras dans le sud-ouest. En outre, la riche mosaïque de biotopes divers, souvent concentrés sur une petite surface, rend l'étude de la flore des Alpes d'autant plus passionnante.

Lors des glaciations, la prédominance des glaciers en Europe centrale a permis la migration de plantes arctiques vers l'espace alpin : 40 % de la flore des Alpes est ainsi issue du Grand Nord. Quelque 30 % des plantes alpines se rencontrent également dans d'autres massifs européens, ainsi que dans les steppes d'altitude asiatiques. C'est donc un ensemble varié et complexe, qui présente ses propres spécificités botaniques. Parmi les espèces endémiques, on compte évidemment beaucoup de campanules et de saxifrages. Elles sont toutefois inégalement réparties dans le massif, car souvent, elles ne poussent que sur les pierres calcaires. La plupart des plantes solitaires (32) se trouvent dans les Alpes maritimes (notamment françaises). Dans l'ensemble, les régions dont la couverture glaciaire est moins étendue sont avantagées, en particulier la partie méridionale des Alpes, qui est d'ailleurs en contact avec la flore méditerranéenne.

▼ *Brèche du Roßzahn, dans les Dolomites. Au premier plan : un tapis de dryades à huit pétales (Dryas octopetala). Le genre Dryas a donné son nom à trois périodes du Tardiglaciaire (ultime phase de la dernière glaciation, dite de Würm), car c'était une plante caractéristique des toundras européennes à cette époque.*

FORÊT, LIMITE DES ARBRES ET CEINTURE DE KRUMMHOLZ

La forêt représente environ 40 % de l'espace alpin. Toutes les forêts ne sont pas des forêts de montagne au sens strict, mais elles constituent une ceinture de protection qui contribue largement à promouvoir la vie (humaine) dans le massif. Le Protocole « Forêts de montagne » de la Convention alpine (voir p. 17) reconnaît l'obligation spécifique de « conservation de la forêt de montagne en tant qu'écosystème proche de la nature ». En général, ces forêts s'étendent jusqu'à une altitude plus élevée lorsque le sol comporte des roches siliceuses plutôt que des roches calcaires et dolomitiques. Les parois abruptes et les couloirs d'air froid déterminent eux aussi le tracé de la limite des arbres, même sur un espace restreint, sans oublier les interventions humaines. À la périphérie nord des Alpes, on a laissé tellement d'espace aux épicéas qu'ils dominent même là où les conditions sont optimales pour les hêtres. Lorsque l'exploitation forestière respecte les principes de la sylviculture durable, des hêtraies montagnardes ont davantage de chances de se développer.

Cela vaut également pour les sapinières. Les sapins ne dominent certes pas les communautés végétales aussi souverainement que le font les hêtres ou les épicéas, mais ils sont nettement sous-représentés dans le Nord des Alpes.

Dans leur cas, il ne se crée pas le type d'association de plantes bien précise qui permettrait aux sapinières d'avoir, grâce à leur strate herbacée, un profil élancé. Ils ont plutôt un aspect imposant. Quoi qu'il en soit, la gestion forestière tend à favoriser à nouveau le sapin dans les Alpes. Les sapins récemment découverts dans les collines pisanes montrent que cette espèce s'est imposée au moins à la périphérie sud des Alpes.

Les conifères sont les arbres les plus adaptés aux conditions climatiques des étages montagnards et subalpins. Même le pin sylvestre *(Pinus sylvestris)*, souvent négligé, présent dans de nombreux cols mais soumis à la concurrence, peut monter jusqu'à 2 000 m dans les vallées sèches intra-

Suite p. 67

FORÊTS SUD-ALPINES :
LE SOUFFLE DE LA MÉDITERRANÉE

Les espaces forestiers périalpins sont totalement différents au nord et au sud. Au nord, les peuplements d'arbres offrent sur de longues distances le paysage familier de la moyenne montagne d'Europe centrale. En revanche, l'étage collinéen du sud est occupé par des communautés végétales clairement influencées par la flore méditerranéenne. Plus haut, les paysages forestiers se ressemblent davantage.

En pensant aux Alpes, on se représente surtout des sommets enneigés. Pourtant, si elles dépassent les 3 000 m d'altitude, les Alpes maritimes dominent presque directement la Méditerranée. On rencontre même des chênes verts (*Quercus ilex*), à feuilles persistantes, et des oliviers (*Olea europaea*), espèces typiquement méditerranéennes, jusque dans le Parc national du Mercantour.

À l'altitude où s'arrête l'olivier, le pin d'Alep (*Pinus halepensis*), avec lequel on reboise aussi des étages inférieurs, prend le relais. Dans l'ensemble, l'étage collinéen méditerranéen présente une végétation basse et clairsemée. Il ne s'agit donc pas de forêt au sens strict.

À partir de 400 m, le chêne pubescent (*Quercus pubescens*) prédomine dans de nombreux espaces forestiers. Cette espèce se développe souvent sous forme de buissons ou d'arbustes typiques de divers écosystèmes subméditerranéens. Dans les Alpes du Sud, il pénètre assez loin dans les montagnes. Dans le Valais, il supplante même de plus en plus le pin sylvestre, un phénomène largement interprété comme un signe du réchauffement climatique. Quant au châtaignier (*Castanea sativa*, voir p. 147), espèce non indigène, il est devenu dans le Sud des Alpes un véritable arbre forestier.

▲ *Des oliviers au pied de sommets enneigés, témoins de la coexistence des sphères alpine et méditerranéenne.*

Le charme-houblon *(Ostrya carpinifolia)* et l'orne (ou frêne à fleurs, *Fraxinus ornus*) forment des associations végétales sur les versants nord, souvent à proximité de gorges. Ces deux espèces n'atteignent pas une altitude élevée et leurs peuplements laissent beaucoup d'espace aux plantes de sous-bois. Étonnamment, ces forêts gagnent du terrain vers le nord. On les rencontre même au pied du massif des Karwendel, dans la zone de foehn d'Innsbruck.

Les genévriers du sud-ouest des Alpes ne constituent pas de forêts, mais ces membres de la famille des Cupressacées méritent d'être mentionnés. En terrain rocheux, ce sont les arbustes les plus répandus. Parmi eux, le genévrier cade *(Juniperus oxycedrus)* est un représentant de la flore méditerranéenne. Alors que dans les îles Canaries par exemple, il peut atteindre 20 m de haut ou plus, dans les Alpes, il reste au stade d'arbrisseau. Le genévrier de Phénicie *(Juniperus phoenicea)* a quant à lui ses avant-postes les plus septentrionaux dans les Alpes maritimes et se rencontre jusqu'à 700 m d'altitude. En cela, il est détrôné par le genévrier thurifère *(Juniperus thurifera)*, une espèce assez rare présente jusqu'à 1 300 m dans le sud-ouest de la chaîne alpine.

Le hêtre, constitutif des forêts de l'étage collinéen, s'impose aussi à l'étage montagnard dans les Alpes méridionales – d'autant que les pratiques sylvicoles lui sont favorables. Sur les versants secs des régions calcaires, le couvert peu dense permet aux orchidées de s'établir dans la strate herbacée. Le fragon faux houx *(Ruscus aculeatus)* se rencontre également de manière dispersée. Cet arbrisseau est un autre représentant authentique de la flore méditerranéenne, dont les vertus curatives contre les affections veineuses sont très appréciées en France et en Italie.

Dans les zones froides et humides de la périphérie sud des Alpes, le hêtre a même l'audace de monter jusqu'à la limite des arbres, qui se trouve dans ce cas à 1 600 ou 1 700 m environ, ce qui est relativement bas. Le sapin blanc *(Abies alba)*, que l'on peut considérer comme le pendant à aiguilles du hêtre, y parvient également dans le sud-ouest des Alpes. Si, ailleurs, il est un arbre secondaire dans les communautés forestières, il domine ici sur de nombreux versants.

◀ *Le lac de Palpuogna se situe dans les Grisons, à une altitude de 1 918 m. En 2007, le sondage d'une chaîne de télévision l'a élu « plus bel endroit de Suisse ». Les mélèzes qui le bordent y sont sûrement pour quelque chose.*

Suite de la p. 64

alpines. Leurs peuplements généralement clairsemés laissent beaucoup de lumière au sous-bois. La bruyère des Alpes (*Erica carnea*, aussi appelée bruyères des neiges ou bruyère carnée) en profite pour s'y établir et peut fleurir dès février, voire janvier. Ses différents noms lui ont été donnés en raison de sa couleur rose qui est, bien sûr, du plus bel effet sur la neige.

Dans les zones plus froides et plus humides, ce sont les épicéas qui s'imposent. Ils peuvent former la limite des arbres ou simplement y participer. À l'étage subalpin, les forêts d'épicéas ne sont plus caractérisées par la cohésion qui leur vaut d'être considérées comme particulièrement sinistres. Les myrtilles et les airelles y sont abondamment représentées. La forêt primaire la plus ancienne de Suisse (celle de Scatlè, dans les Grisons) correspond justement à ce genre de forêt d'épicéas. Elle a été préservée de toute exploitation humaine grâce à sa position sur des pentes raides et des éboulis.

Quel que soit le côté des Alpes où l'on se place, les mélèzes *(Larix decidua)* et les pins cembros (ou pins des Alpes, *Pinus cembra*) sont les arbres qui forment les peuplements les plus élevés. Dans l'ouest toutefois, le pin cembro tend à être remplacé par le pin à crochets *(Pinus uncinata)*, un pin de montagne de grande taille. Alors que le mélèze peut aussi être cultivé en plaine, le pin cembro ne prospère qu'en altitude. Les communautés forestières où ces deux arbres dominent sont particulièrement clairsemées et servaient autrefois de pâturages forestiers.

Elles permettent le développement d'une strate herbacée complétée par des arbustes nains, dans laquelle, outre les myrtilles et les airelles, s'épanouit par exemple la linnée boréale. Cette plante herbacée rampante aux feuilles persistantes était la préférée de Carl von Linné, grand naturaliste suédois, qui tenait à lui donner son nom. Il a dû pour cela employer un subterfuge et demander à un ami d'en rédiger la première description. C'est ainsi que la linnée boréale a fait son entrée dans la littérature scientifique sous le nom de *Linnea borealis*, « borealis » faisant référence à ses origines nordiques. En Suède, l'espèce est aussi populaire que l'edelweiss l'est dans les Alpes.

○ *Aucun arbre ne résiste aussi héroïquement que le pin cembro aux conditions défavorables de la haute montagne.*

LE PIN CEMBRO *(PINUS CEMBRA)* :
UN COMBATTANT SOLITAIRE

Dans les forêts associant pin cembro et mélèze, ce dernier joue le rôle de pionnier. Le pin cembro ne s'intègre que progressivement aux peuplements, pour finalement dominer la communauté. Dans l'Engadine, il forme à lui seul la limite des arbres à 2 230 m d'altitude. Des arbres isolés poussent au-delà de la limite sous forme de krummholz, c'est-à-dire d'arbres rabougris et difformes en raison des contraintes du vent. Le record d'altitude aurait été établi par un pin cembro dans le Valais, à 2 850 m.

Ce conifère de la grande famille des Pinacées possède de nombreux autres noms : arole, arolle, arve, auvier, pin arole ou encore tinier.

▼ *Le casse-noix moucheté contribue largement à la reproduction et donc à la propagation du pin cembro.*

> « L'on ne saurait dire ce qu'évoquent leurs formes bizarres : monstres ou géants endormis, oubliés au cours de la création, sculptures fantomatiques que le génie de la montagne aurait éparpillées sur la lande dans cet environnement de solitude qui annonce le monde minéral. »

Claude Crocq, *Le Pin arole*, Actes Sud 2000

Le pin cembro est aisément reconnaissable à ses aiguilles, groupées par cinq : c'est plus que chez toute autre espèce de pin. Il peut mesurer jusqu'à 25 m de haut et atteindrait plus souvent sa limite altitudinale que sa limite d'âge. On dit en effet qu'il pourrait vivre 1 000, voire 1 200 ans, mais la plupart des spécimens ne dépassent pas deux siècles. Toutefois, leur âge avancé est l'une des raisons de leur protection dans certaines régions.

Le pin cembro se distingue également par son extraordinaire ténacité. La résistance au froid et au gel, notamment, constitue un critère essentiel là où il pousse. Selon les zones de peuplement, les températures peuvent en effet descendre jusqu'à -45, voire -54° C. Pourtant, contrairement au mélèze qui se protège en se débarrassant de ses aiguilles avant les grands froids, le pin cembro conserve sa verdure. Pour cela, il peut en cas de besoin épaissir le plasma cellulaire afin d'abaisser la teneur en eau de ses tissus. Lorsqu'il gèle, il risque de se dessécher, mais là encore, cet arbre possède le dispositif de protection correspondant : il peut fermer les stomates (qui permettent la respiration) de ses aiguilles. Ainsi, sa période de végétation n'est pas plus longue que celle du mélèze dépourvu d'aiguilles l'hiver.

Mais comment le pin cembro peut-il se reproduire dans des conditions aussi hostiles ? Il bénéficie du comportement d'un auxiliaire en particulier, le casse-noix moucheté, qui se nourrit de ses graines. Cet oiseau casse la coque des graines avec son bec puissant et les cache sous des souches ou dans des fourches d'arbre. S'il en consomme une partie tout de suite, le reste sert à constituer des réserves. Malgré son excellent sens de l'orientation, le casse-noix moucheté ne retrouve qu'une partie de ses « butins », ce qui permet la germination.

Cependant, le pin cembro ne survivrait pas en altitude sans l'aide des champignons. Il s'agit en réalité d'une relation de réciprocité : alors que le champignon bénéficie de la photosynthèse de l'arbre, il met à disposition de ce dernier les nutriments du sol. Le partenariat avec le bolet larmoyant *(Suillus plorans)* s'avère particulièrement efficace ; le pin cembro peut ainsi compter sur lui à chaque phase de son développement.

Naturellement, ce conifère joue un rôle essentiel dans la protection contre les avalanches. Les qualités de son bois ont d'abord été sous-estimées et il était généralement délaissé par les mesures de reboisement, mais la situation a changé.

◀ *Un imposant système racinaire est caractéristique des espèces pionnières. Le pin cembro impressionne par sa capacité à braver le milieu inhospitalier de la haute montagne.*

À l'altitude où les grands arbres ne poussent plus ou seulement de manière ponctuelle, les pins de montagne et les buissons de rhododendron (ou azalée) prennent le relais. Ces derniers s'associent souvent et leurs zones de peuplement correspondent à des zones de krummholz. Le pin à crochets est régulièrement confondu avec le pin de montagne ou pin mugo (*Pinus mugo*), mais il s'agit d'une sous-espèce.

Les partenaires les plus courants du pin mugo sont : le rhododendron hirsute *(Rhododendron hirsutum)* sur sol calcaire et le rhododendron ferrugineux *(Rhododendron ferrugineum)*, également appelé laurier-rose des Alpes ou rose des Alpes, sur sol siliceux. Les botanistes qualifient de vicariantes ces espèces qui, bien que proches génétiquement, n'ont pas la même affectation écologique. Comme souvent dans l'arc alpin, c'est ici la nature du sol qui fait la différence. Là où les conditions le permettent, ces deux espèces de rhododendron peuvent toutefois donner naissance à des hybrides.

Mais qu'il soit hirsute ou ferrugineux, le rhododendron fait partie, avec la gentiane et l'edelweiss, des plantes de haute montagne les plus populaires, même s'il n'est pas aussi mythique que cette dernière. Si les fleurs de rhododendron sont magnifiques, il suscite également l'admiration à cause du champignon *Exobasidium rhododendri*, qui parasite les

Une biche et un faon derrière un buisson de rhododendron.

LIMITE DES ARBRES : DES HAUTS ET DES BAS

Il n'existe pas de valeur absolue concernant l'altitude de la limite des arbres. Si l'on tient compte des cas extrêmes, la forêt peut s'arrêter dès 1 500 m ou monter jusqu'à 2 400 m. On observe donc un écart de 900 m sur l'ensemble de l'arc alpin.

Dans le contexte du dérèglement climatique imputable à l'être humain, la limite des arbres est l'objet de débats. Il est difficile, dans le cas des Alpes, de dire si à l'avenir, cette limite s'élèvera ou non.

La forêt a d'abord été fortement rabotée pour étendre la surface des pâturages : d'après les estimations, ces derniers auraient grignoté 200 à 500 m. Aujourd'hui, alors que les alpages sont de moins en moins exploités, la forêt peut reconquérir les terrains perdus et remonter jusqu'à son altitude d'origine. La question est de savoir si elle ira au-delà. Dans l'Oural, où les humains n'ont pas altéré la limite des arbres, on constate effectivement une élévation de celle-ci. Des études menées dans le Tyrol montrent également que la limite altitudinale la plus haute se situera 150 m au-dessus de celle relevée pour 1850.

▲ *Vue sur le massif du Wetterstein, du côté du Tyrol.*

feuilles et forme des excroissances charnues et renflées, d'une belle couleur rouge vif sur le dessus.

Tous ces arbustes doivent non seulement être souples, mais aussi extraordinairement résistants. Cela vaut également pour l'aulne vert *(Alnus viridis)*, qui prend la place du pin mugo et du rhododendron là où ses besoins élevés en eau sont couverts. Si cet arbuste de 4 à 5 m de haut ne peut rivaliser avec les couleurs splendides des rhododendrons, il joue en tout cas un rôle essentiel dans la stabilisation des sols, notamment sur les versants abrupts sujets aux glissements de terrain.

LES PRAIRIES DE FAUCHE DE MONTAGNE

Les prairies de fauche ne se concentrent pas uniquement dans les stations les plus élevées. On les trouve aussi à plus basse altitude, sous forme de prairies grasses, fortement appauvries en espèces là où les agriculteurs favorisent la production de fourrage. Aux étages montagnard et subalpin, les prairies de fauche peuvent constituer un tapis de fleurs multicolores, si elles échappent à la fois à la fertilisation intensive et à l'enfrichement. C'est seulement lorsqu'elles sont fauchées de manière extensive, une ou deux fois par an, qu'elles déploient toute leur biodiversité.

Il ne s'agit pas nécessairement de plantes rares et précieuses ; le géranium des bois, les rhinanthes, les centaurées et l'esparcette des montagnes donnent eux aussi des fleurs somptueuses. Avec en plus la centaurée à perruque, la grande astrance, la raiponce orbiculaire ou encore le trolle d'Europe, ces prairies sont un vrai régal pour les yeux. Lorsque les crocus (*Crocus albiflorus*) fleurissent au début du printemps ou, un peu plus tard, les narcisses à fleurs rayonnantes, les prairies de fauche attirent alors des nuées de pollinisateurs. Si ces plantes, dans l'ensemble assez rares, s'y présentent à nouveau en grande quantité, leur cueillette reste toutefois réglementée par mesure de protection.

PELOUSES ALPINES

Les pelouses de l'étage alpin commencent là où même le krummholz renonce. Elles peuvent éventuellement descendre plus bas, mais dans ce cas, elles correspondent souvent à un couloir d'avalanche au milieu des forêts de conifères. Tôt ou tard, une végétation adaptée à ces étages inférieurs repoussera.

Ces espaces ouverts de haute altitude constituent d'excellents pâturages et ont été étendus pour cette raison. Les pelouses alpines naturelles se distinguent par leur grande diversité floristique. Les plantes doivent pourtant faire face à des conditions très rudes : basses températures, vent mordant, période végétative raccourcie et rayonnements ultraviolets plus intenses. En outre, les stations végétales changent très vite, même sur un espace restreint ; à cette mosaïque complexe correspondent des stratégies de survie très variées. Les plantes ne triomphent donc pas des conditions extrêmes selon un modèle immuable, mais fondamentalement variable.

Elles se protègent d'abord par leur port en rosette ou en coussinet, ou toute autre forme ramassée et compacte, tandis que les graminées forment des mottes. Une pilosité dense et un épiderme cireux sur les feuilles font également partie des moyens de survie. Le point de congélation du suc cellulaire se situe également plus bas que chez les plantes de vallée et les processus métaboliques et de photosynthèse sont plus rapides. Dernière caractéristique essentielle : un système racinaire très développé compense la pauvreté des sols.

L'environnement hostile complique aussi la reproduction. De nombreuses plantes ne fleurissent que très tard ou étalent la période de floraison sur deux ans. Et celles qui ne peuvent pas compter sur le vent pour la dissémination de graines se débrouillent toutes seules. Ainsi, le discret, quoique très répandu, pâturin des Alpes *(Poa alpina)* et la renouée vivipare *(Polygonum viviparum)* se multiplient de manière végétative, en formant des propagules qui se séparent de la plante-parent et tombent au sol. Quant à la benoîte rampante *(Geum reptans),* elle exporte ses rosettes grâce à d'imposants stolons.

CLONES DE VERDURE

L'environnement extrême de la haute montagne entrave fortement la multiplication des espèces végétales. Lorsqu'une graine parvient à germer et une jeune pousse à s'imposer, de nombreuses tentatives ont auparavant échoué. D'où l'importance de la multiplication végétative, qui permet aux plantes de se cloner. Lorsqu'elles le font à l'aide de stolons, on peut remonter jusqu'à la plante mère, car en altitude, la végétation croît extrêmement lentement. S'il est difficile pour un profane de distinguer un individu, comme dans le cas de l'azalée couchée, le fait que ce spécimen puisse être âgé de 50 ans est à peine concevable. On suppose même que la laîche courbée pourrait vivre 5 000 ans, soit une éternité. À raison d'un millimètre de croissance par an (ce qui est une hypothèse parfaitement réaliste), elle s'éloignerait peu du plant d'origine.

Ces clones jouent donc un rôle essentiel pour la stabilité de la flore alpine dans son ensemble. On peut en tirer la conclusion suivante : lorsqu'une pelouse disparaît pour laisser place à une piste de ski, ce sont des existences millénaires qui sont anéanties. Et il faudrait un temps infini avant qu'une végétation équivalente ne s'établisse.

▲ *L'azalée couchée (Loiseleuria procumbens), également appelée azalée des Alpes, azalée naine ou azalée rampante, est une espèce très résistante.*

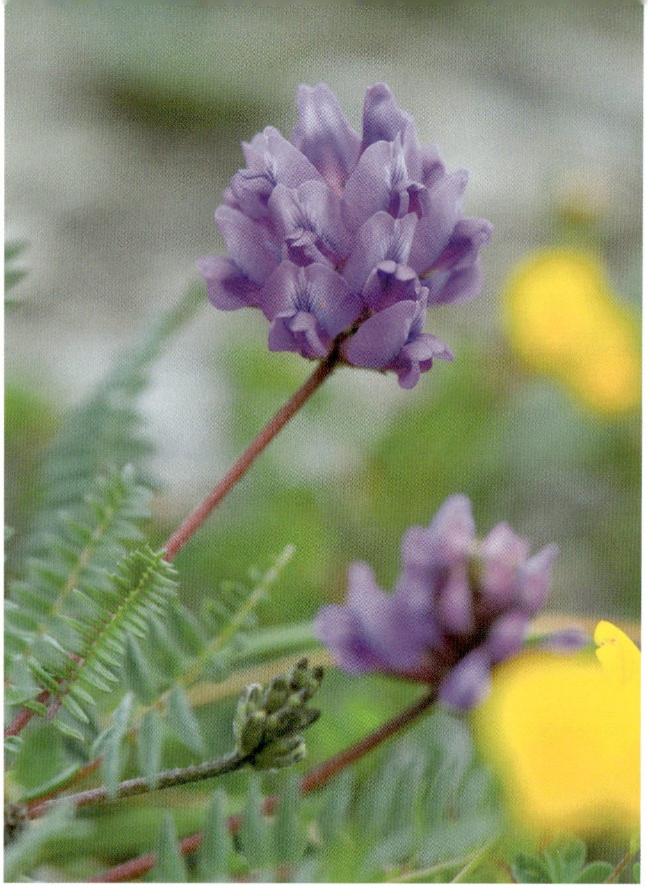
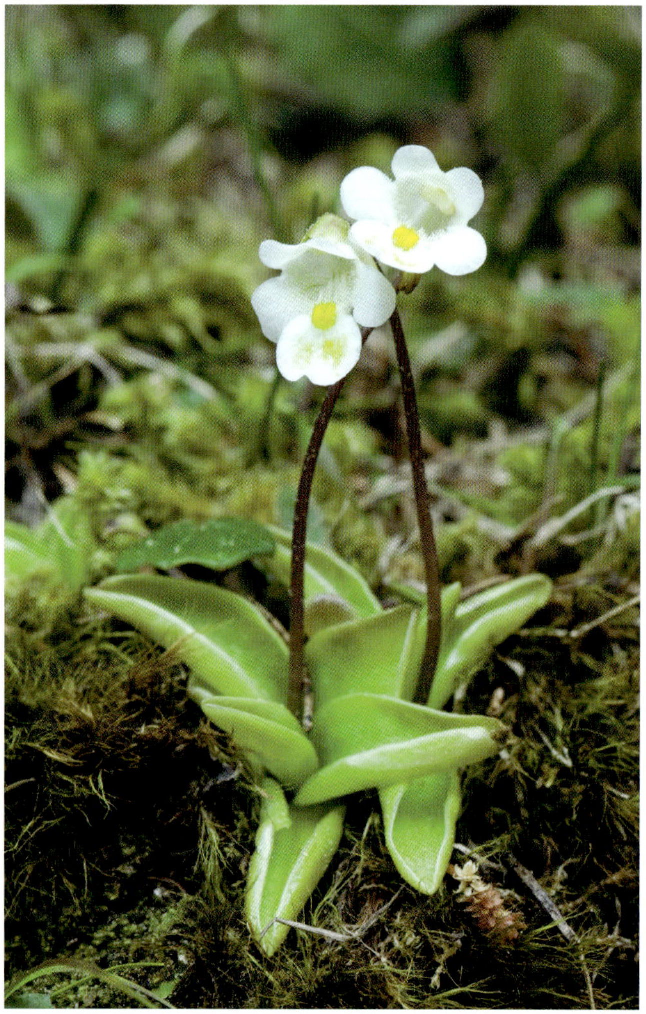
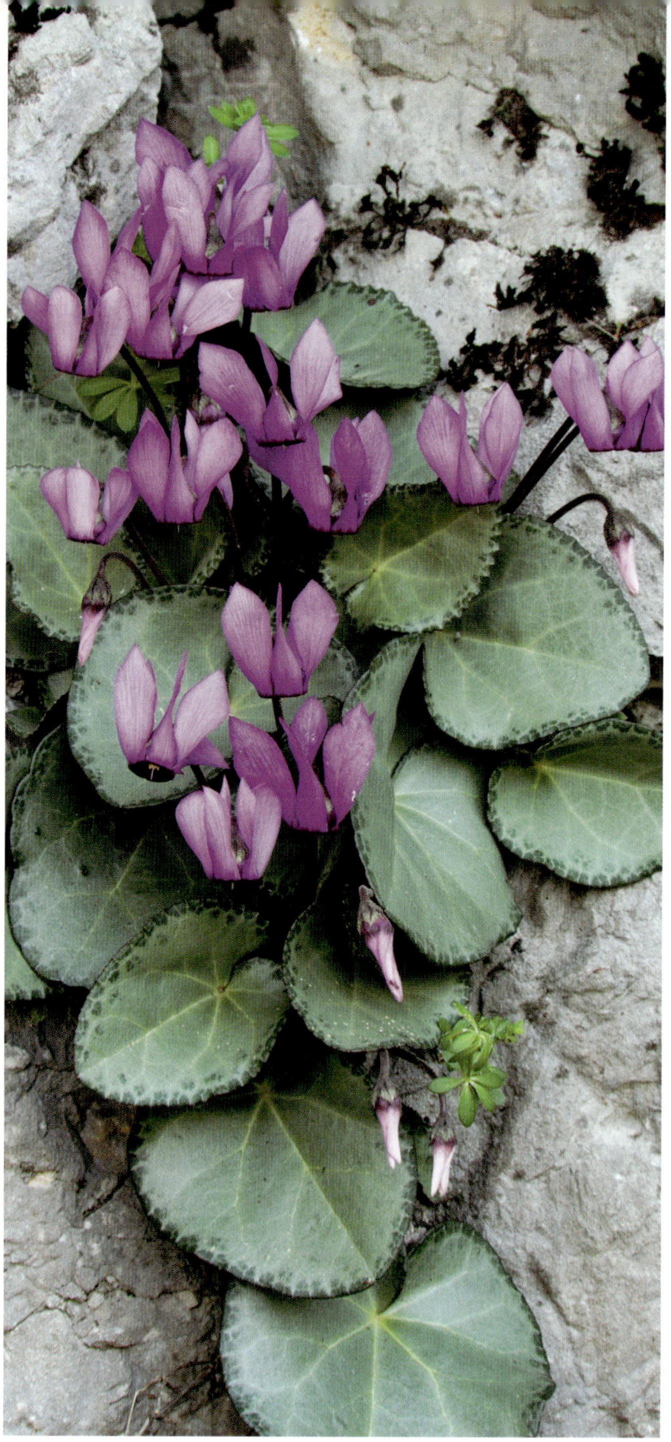
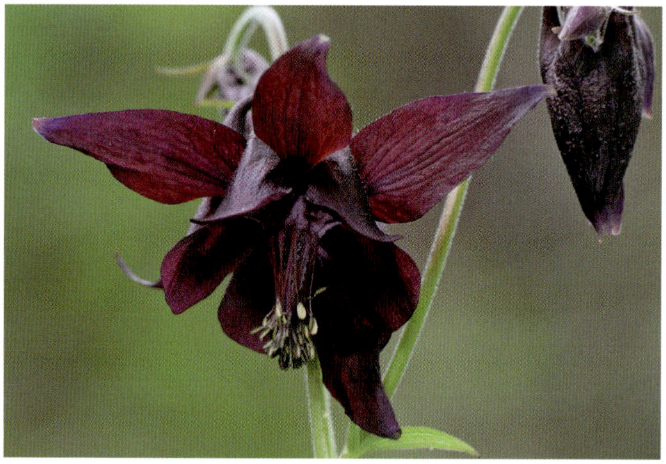
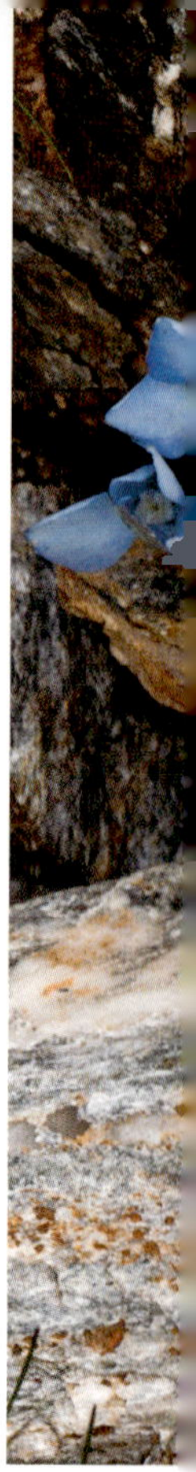
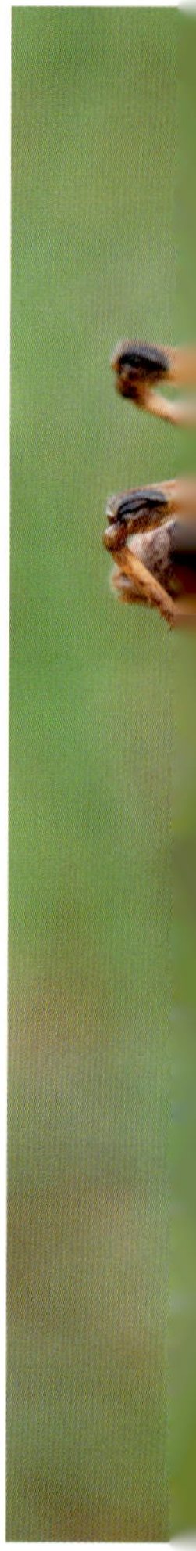

◀ *Fleurs des Alpes (à partir de la photo en bas à gauche, puis dans le sens des aiguilles d'une montre) : grassette des Alpes (plante carnivore), astragale de Jacquin, cyclamen, gentiane de printemps, anémone soufrée, nigritelle noire (orchidée au parfum de vanille) et ancolie noirâtre.*

◐ *Les « Sept tourbières » du plateau de Gerlos (Tyrol), avec à l'arrière-plan les Alpes de Kitzbühel. Les tourbières d'altitude alimentées uniquement par les précipitations constituent dans l'arc alpin un biotope extrêmement menacé et le dérèglement climatique est un facteur de risque supplémentaire.*

Bien évidemment, les pollinisateurs aussi sont de la partie, mais à ces altitudes, ils sont peu nombreux. Les fleurs doivent donc d'autant plus se battre pour les attirer. Un parfum puissant rend toujours service, comme chez la nigritelle noire *(Gymnadenia nigra)*, qui sent bon la vanille. Mais les fleurs se font surtout remarquer par des couleurs vives, une caractéristique constante de la flore des pelouses alpines. Ces couleurs ont parfois une deuxième fonction : le bleu profond et mystérieux de la gentiane de Clusius, par exemple, la protège des puissants rayons UV auxquels elle est exposée en haute montagne.

PELOUSES CALCAIRES À LAÎCHE FERME OU À SESLÉRIE BLEUE ET LAÎCHE TOUJOURS VERTE

Sur les pelouses, ce sont les graminées qui donnent le ton. Dans ces biotopes, la laîche toujours verte *(Carex sempervirens)* et la seslérie bleue *(Sesleria caerulea)* forment une association courante. Si ces plantes contribuent à stabiliser le sol avec leurs racines, les glissements de terrain sont malgré tout assez fréquents, comme le montrent les terrains en gradins. Le terme de « pelouse » n'a ici rien à voir avec une grande étendue de verdure bien délimitée : les pelouses alpines peuvent en effet être éclatées et inclure des éboulis.

Même les passionnés de botanique parmi les randonneurs ne leur accordent souvent qu'un rôle secondaire : celui d'être un beau paysage. Les plantes aux fleurs discrètes de ces altitudes mériteraient pourtant toute notre attention, comme la laîche, qui forme des mottes bien denses, et la seslérie bleue, aux longs stolons. Leur interaction a une grande influence sur la biodiversité ; les pelouses calcaires à seslérie bleue et laîche toujours verte constituent ainsi de véritables prairies fleuries. Parmi les espèces caractéristiques de ce biotope, on compte bien sûr l'edelweiss (voir p. 270), mais aussi très souvent l'astragale de Jacquin *(Oxytropis jacquinii,* de la famille des légumineuses), la gentiane de Clausius ou encore la gentiane de printemps *(Gentiana verna)*.

L'aster des Alpes *(Aster alpinus)* fait également partie de cette communauté de plantes, ainsi que la pédiculaire à bec et en tête *(Pedicularis rostratocapitata)*, aux magnifiques pétales pourpres. Les pédiculaires sont d'ailleurs bien représentées à haute altitude. La nourriture étant rare, leur comportement de semi-parasite n'a rien d'étonnant : sous terre, ces plantes s'attachent en effet solidement aux autres afin de détourner des nutriments de leurs racines.

Lorsqu'il faut faire court, il est difficile, en matière de fleurs, de ne pas tomber dans l'énumération bête et méchante. Citons quand même la primevère de Haller *(Primula halleri)*, qui doit son nom scientifique au naturaliste suisse Albrecht von Haller (voir p. 167), et sa cousine la primevère auricule *(Primula auricula)*, aux merveilleuses senteurs. À ce propos, l'orchis odorant *(Gymnadenia odoratissima)* fait partie des rencontres qu'avec un peu de chance, on peut faire en randonnée. Parmi les orchidées, citons encore l'orchis globuleux *(Traunsteinera globosa)*, dont les fleurs mauves se développent d'abord en forme de pyramide, puis de demi-sphère.

Les pelouses calcaires à laîche ferme s'implantent sur des sites encore plus extrêmes, généralement des crêtes nues ou des versants particulièrement exposés au vent glacé. Dans ces zones, il n'y a même pas une couche de neige pour assurer une protection minimale et seule la laîche ferme *(Carex firma)*, plante persistante, parvient à s'y imposer. Parmi ses compagnes, on compte la saxifrage bleue *(Saxifraga caesia)*, qui comme son nom l'indique n'est jamais loin des rochers. Cette plante est aussi la véritable pionnière de ces pelouses, car elle prépare le sol pour la laîche ferme. Elle n'a quasiment pas d'humus à sa disposition, alors que ce dernier pourrait absorber les énormes quantités de calcium contenues dans le calcaire, mais elle compense ces conditions défavorables grâce à un ingénieux système de pores présents sur ses feuilles, par lesquels elle élimine le calcaire.

L'orchis nain des Alpes *(Chamorchis alpina)* passe quant à lui presque inaperçu dans ces pelouses. Beaucoup d'orchidées comptent cependant parmi les fleurs les plus somptueuses de la flore indigène, à commencer par le sabot de Vénus (d'un autre côté, la discrétion constitue la meilleure protection contre la main humaine). Il n'est pas rare de voir la dryade à huit pétales *(Dryas octopetala)* les rejoindre. Sans être aussi illustre que l'edelweiss, cette plante arctico-alpine rampante et à feuilles persistantes est un excellent représentant de la flore des Alpes, qui peut vivre 100 ans. Ses ramifications qui courent sur le sol s'étendent parfois sur des surfaces considérables. Trois périodes de la dernière glaciation (de Würm) portent le nom latin de cette fleur (Dryas). Les vestiges fossiles, souvent très bien conservés, retrouvés sur l'ensemble du continent montrent en effet qu'elle était alors très présente dans les toundras européennes.

◀ *Ces edelweiss ont trouvé une niche entre des rochers qui, quant à eux, offrent un habitat idéal au lichen géographique.*

PELOUSES ALPINES SUR ROCHE SILICEUSE

Prairie à crocus dans le Werdenfelser Land (Haute-Bavière), devant le massif des Karwendel.

En moyenne montagne, les groupements de plantes ne sont pas les mêmes sur terrain calcaire et sur terrain acide. C'est à ce niveau que les pelouses calcicoles étalent leurs plus belles fleurs multicolores, alors qu'en haute montagne, les pelouses maigres se portent très bien sur un sol acide.

Le nard raide *(Nardus stricta)* est une plante caractéristique des pelouses acides, qui a la particularité de pousser aussi bien au niveau de la mer qu'au-delà de la limite des arbres. Bien que répandue, elle ne se rencontre pas fréquemment. Ses feuilles sont presque piquantes et elle est unanimement considérée comme une mauvaise plante fourragère. Dès qu'un pâturage est « amélioré » avec de l'engrais, elle disparaît. Les botanistes reconnaissent toutefois la nardaie comme une formation végétale très riche en espèces diverses.

Le nard raide monte jusqu'à environ 2 600 m d'altitude (milieu de l'étage alpin), avant que la laîche courbée *(Carex curvula)* ne prenne le relais. Il est accompagné par la gentiane jaune *(Gentiana lutea)*, par le liondent de Suisse *(Leontodon helveticus)* et par les épervières des Alpes *(Hieracium alpinum)*, des glaciers *(H. glaciale)* et orangées *(H. aurantiacum)*. De nombreuses plantes de ces altitudes sont également présentes dans les zones arctiques.

À l'étage alpin supérieur, les pelouses acides à laîche courbée sont elles aussi parsemées de couleurs vives. On y trouve par exemple le séneçon blanchâtre *(Jacobaea incana)*, aux fleurs jaunes et aux feuilles couvertes de duvet gris argenté (« séneçon » dérive d'ailleurs du latin *senex* qui signifie « vieillard »), ou bien la gentiane des Alpes *(Gentiana alpina)*. Cette dernière peut facilement être confondue avec d'autres espèces (comme la gentiane de Koch, dont les pétales forment eux aussi une splendide cloche bleue) ; en cas de doute, les feuilles coriaces densément regroupées à la base de la fleur permettront de l'identifier avec certitude.

COMBES À NEIGE ET LANDES VENTÉES

Les combes à neiges désignent des dépressions dans lesquelles la neige se maintient longtemps, souvent jusqu'au milieu de l'été. Si la couverture neigeuse hivernale protège les plantes, elle leur laisse ensuite très peu de temps pour s'épanouir. Lorsqu'elle fond enfin complètement, le vert soutenu de la végétation se distingue nettement des alentours.

Si ces combes ne passent pas inaperçues, c'est en grande partie à cause de la mousse, mais les plantes à graines y prospèrent également.

◐ *Le saule herbacé est un arbrisseau nain, même si seul le nanisme saute aux yeux : ses petites branches sont en effet cachées sous terre et seules les tiges sont visibles en surface. Il est considéré comme un vestige des âges glaciaires.*

Parmi ces champions de la survie en milieu extrême, on trouve le saule herbacé *(Salix herbacea),* dont Carl von Linné, fondateur de la systématique du vivant, disait qu'il était le plus petit arbre sur Terre. Le terme « herbacé » indique en effet que ce saule ne croît pas bien haut : ses branches sont pour la plupart souterraines et seules les feuilles apparaissent à la surface du sol, groupées par deux avec un chaton entre elles. La petite soldanelle *(Soldanella pusilla)* commence pour sa part à déployer ses corolles mauves effrangées au milieu de la neige durcie, alors que la marguerite des Alpes *(Leucanthemopsis alpina)* attend encore un peu avant d'étaler son magnifique tapis de fleurs.

Les combes à neige se rencontrent plus fréquemment sur sol siliceux que sur sol calcaire. Dans le premier cas en effet, la neige se dissipe plus rapidement, car la structure des éboulis permet à l'eau de s'infiltrer plus vite. Des communautés de plantes similaires s'épanouissent toutefois sur sol calcaire, dominées là encore par deux espèces de saules nains : le saule émoussé *(Salix retusa)* et le saule réticulé *(S. reticulata)*. Les fleurs les plus remarquables de ce milieu sont sûrement celles de la renoncule alpestre *(Ranunculus alpestris)*.

Même sur les cimes arrondies livrées au vent, une plante parvient à survivre en rampant au sol : l'azalée couchée *(Loiseleuria procumbens)*, de la famille des Éricacées, excellente indicatrice de l'acidité du sol. Mais comment fait-elle donc pour survivre elle aussi en haute montagne ? Sa stratégie est tout à fait étonnante ; il s'agit d'une plante naine, mais ce sont surtout ses rameaux pressés contre le sol qui lui permettent de relever les défis de l'altitude.

Le vent rigoureux permanent tient les landes d'azalée couchée généralement dégagées de la neige, même en hiver. Toutefois, grâce à ses origines arctiques, cet arbrisseau nain est en principe paré contre les températures glaciales. En outre, ses feuilles forment un tapis persistant et très dense, créant ainsi un biotope spécifique, doté d'un microclimat particulier. Aussi incroyable que cela puisse paraître, la température au centre de cette structure isolante peut ainsi être supérieure de 20° C à la température extérieure. Et en plus de la chaleur, elle conserve également l'humidité. À cet égard, le partenariat de l'azalée couchée avec les lichens, tels que le lichen d'Islande et le lichen des rennes, est essentiel. Ces derniers retiennent l'eau en cas de longue période sèche et la lui restituent. L'azalée couchée est par ailleurs une plante très nutritive. Au printemps et à l'automne notamment, les parties qui émergent à la surface du sol présentent une teneur remarquablement élevée en nutriments. Les chamois et autres animaux de haute montagne s'en nourrissent volontiers. Pour l'être humain en revanche, c'est une plante toxique.

▼ *La marguerite des Alpes est une espèce typique des combes à neige.*

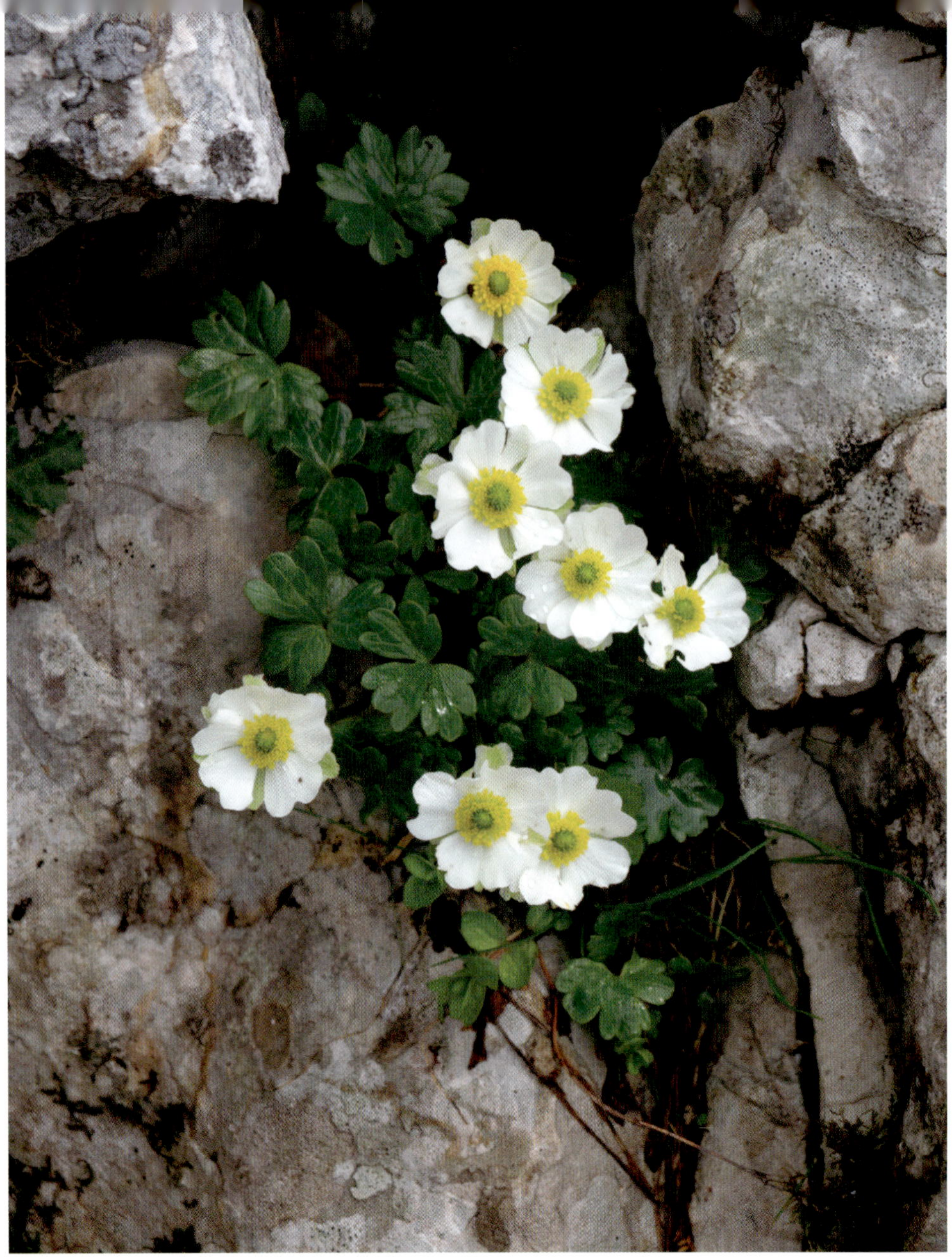

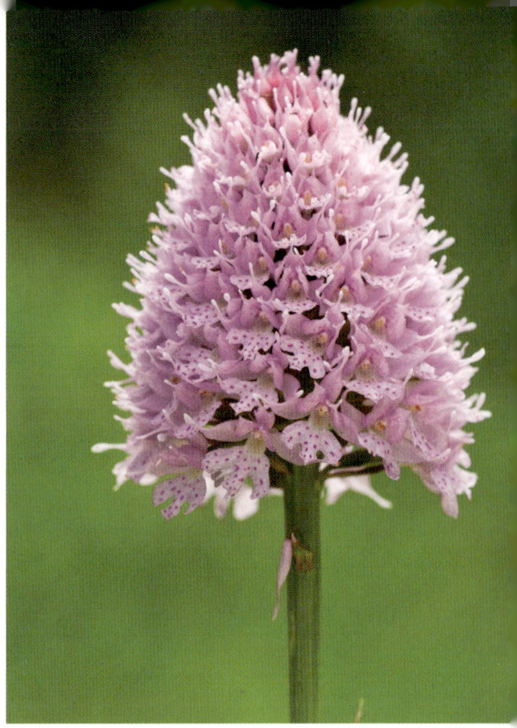

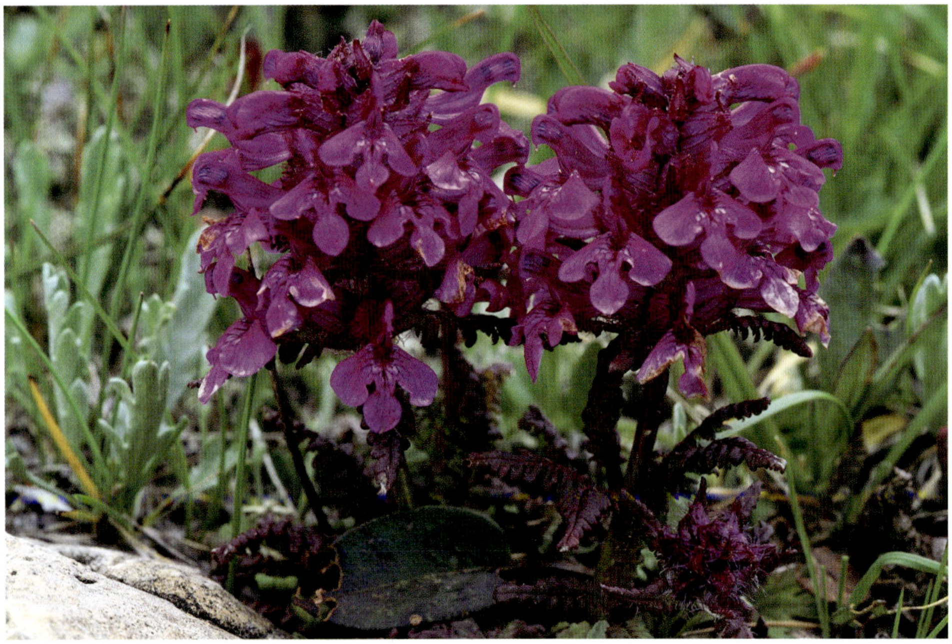

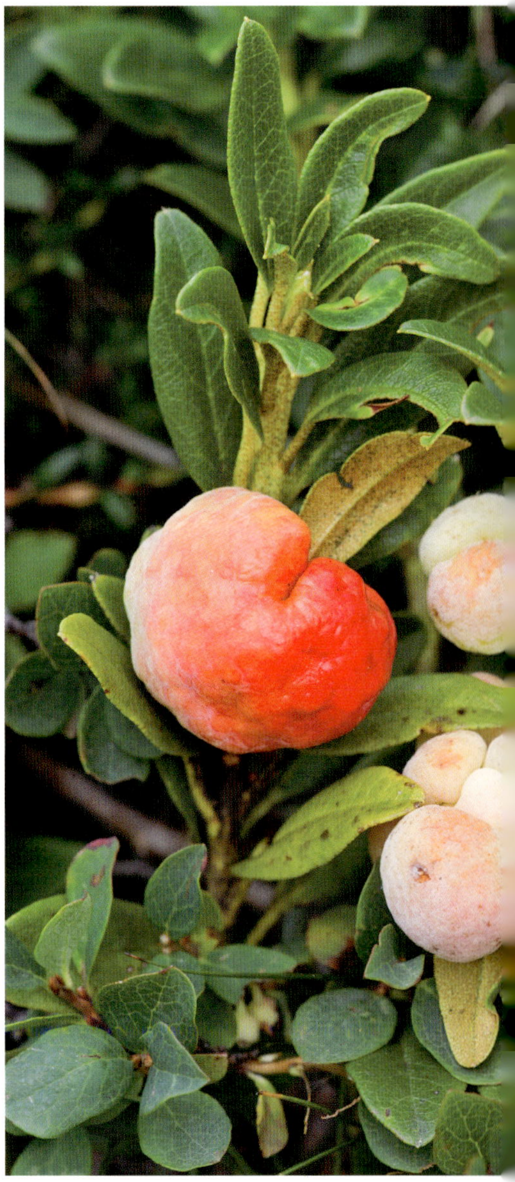

◀ Plantes des Alpes (à partir de la photo en bas à gauche, puis dans le sens des aiguilles d'une montre) : pédiculaire verticillée, renoncule alpestre, orchis globuleux, bruyère carnée, primevère auricule et rhododendron ferrugineux (sans fleurs, mais avec les excroissances boursouflées dues à un champignon qui parasite les feuilles).

« L'AMIE DE L'ESTOMAC » –
CONSIDÉRATIONS SUR LA GENTIANE

Sans pour autant chanter les louanges de cette plante, intéressons-nous aux nombreuses espèces de gentiane et à leurs propriétés. La gentiane des marais pousse aussi en plaine, tandis que les gentianes croisette, ciliée, champêtre et d'Allemagne se rencontrent également dans des massifs de moyenne altitude, loin de l'arc alpin.

Dans les Alpes, il en existe plus d'une douzaine d'espèces, sans compter les sous-espèces et les hybrides. La plupart produisent des fleurs bleues, avec des nuances diverses : certaines s'éclaircissent vers la base, d'autres sont entièrement bleues, comme la gentiane de Clusius. Cette dernière est sans conteste l'une des fleurs les plus emblématiques de la région.

D'autres espèces présentent le même type de grandes fleurs solitaires : la gentiane de Koch (*Gentiana kochiana*) constitue ainsi son pendant sur les terrains acides. Plus petites, les gentianes de Bavière (*G. bavarica*) et de printemps (*G. verna*) sont également d'un bleu soutenu. La gentiane de printemps est d'ailleurs l'une des plus répandues sur le continent et se rencontre aussi bien en moyenne montagne, comme dans le Jura souabe, qu'à haute altitude.

Les gentianes sont généralement des plantes vi-

La gentiane jaune, qui croît lentement et développe des rhizomes imposants.

vaces. La très répandue gentiane asclépiade (G. asclepiadea) peut atteindre 1 m de haut et fleurit encore lorsque son environnement commence à prendre des teintes automnales. Ses fleurs présentent la couleur bleue typique, qui manque à d'autres vivaces du genre Gentiana. Les fleurs de gentiane pourpre (G. purpurea) et de gentiane de Hongrie (G. pannonica), par exemple, sont plutôt d'un violet soutenu. Ces deux espèces se partagent l'arc alpin de manière assez nette, la première se rencontrant surtout à l'ouest et la seconde à l'est.

La gentiane de Hongrie nous amène à la distillation : c'est (ou c'était) en effet l'une des espèces utilisées pour la fabrication des eaux-de-vie et des liqueurs de gentiane. Si l'étiquette représente une fleur bleue, c'est qu'il y a tromperie sur la marchandise, car ce type d'herbacée possède certes des racines très longues, mais trop fines pour en tirer quoi que ce soit. Il faut au contraire des racines et des rhizomes bien épais, semblables à des tubercules qui, fraîchement arrachés, peuvent aisément peser 2 kg.

Aujourd'hui, il n'y a quasiment que la gentiane jaune qui sert encore à préparer des boissons spiritueuses, probablement parce qu'elle se développe assez bien en culture. Cependant, cette matière première provient toujours en grande partie de prairies sauvages, et il y a bien sûr toujours, malgré les règlementations, les arracheurs amateurs (voir encadré). Par ailleurs, la gentiane jaune était mieux tolérée autrefois : les paysans des alpages considérant cette plante vigoureuse comme de la mauvaise herbe, ils n'étaient pas mécontents de la faucher ou de voir les animaux les en débarrasser. Et puis elle repoussait. Les récolteurs de gentiane laissaient aussi plus souvent des morceaux de racine sur place, pour permettre à la plante de se régénérer.

Mais la gentiane, c'est bien plus que des spiritueux. Ses vertus médicinales vantées autrefois sont liées aux substances amères qu'elle contient. D'ailleurs, on l'appelle aussi gentiane officinale, quinquina des pauvres ou encore lève-toi-et-marche ! D'après Adam Lonitzer, naturaliste et médecin allemand du XVIe siècle, la consommation quotidienne d'eau-de-vie de gentiane le matin allongeait l'espérance de vie. Outre ses qualités de fortifiant, elle était traditionnellement utilisée contre diverses affections, essentiellement digestives. Lonitzer la recommandait même contre les maladies sexuelles.

La gentiane jaune ne pousse pas que dans les Alpes, mais également dans d'autres massifs de moyenne altitude. L'Auvergne, notamment, possède une longue tradition de distillation de la gentiane. D'autres pays produisent, sous différents noms, de la liqueur servie comme un apéritif amer.

▲ *Drogues naturelles : gentiane, liqueur de plantes et impératoire.*

LA LIQUEUR DE GENTIANE DE GALTÜR, PATRIMOINE CULTUREL IMMATÉRIEL DE L'AUTRICHE

Cette liqueur est l'ambassadrice d'un village aux origines walser (voir p. 151), rudement éprouvé par l'avalanche de février 1999 (qui a coûté la vie à plus de 30 personnes). La distillation traditionnelle de la gentiane y est encore pratiquée aujourd'hui.

À Galtür, on utilise la gentiane ponctuée (G. punctata), qui pousse uniquement sur sol acide. Ses nombreuses fleurs jaune pâle à rouge clair comportent des points qui lui donnent son nom. Les habitants de Galtür produisent leur liqueur depuis bien longtemps à partir des racines et rhizomes de cette plante vivace très résistante. Lorsqu'en 1981, elle devient une espèce protégée, ils obtiennent une dérogation qui les autorise à récolter 1,3 t de racines. 13 foyers seulement peuvent participer à chaque campagne ; ils sont tirés au sort lors d'une fête de village et les heureux gagnants sont ensuite exclus pendant trois ans du processus. Enfin, un seul distillateur sert à la fabrication de la précieuse liqueur. Celle-ci atterrit d'ailleurs rarement dans le gosier d'un étranger et avec quelque 200 l de produit fini seulement, on peut être certain que même les habitants de Galtür n'ont recours à la liqueur de gentiane qu'en cas d'affection sévère !

▲ *La gentiane ponctuée forme elle aussi des rhizomes de bonne taille. Cette vivace calcifuge doit son nom aux points sombres présents sur ses fleurs jaune pâle.*

CÔTÉ SUD : LES PELOUSES ROCHEUSES ACIDES À FÉTUQUE

À l'étage alpin inférieur déjà, ce ne sont plus exclusivement les formations ligneuses qui dominent le paysage. On y trouve des plantes qui privilégient une altitude élevée, comme les fétuques, un genre de graminées. Sur les sols relativement riches s'étend la fétuque violacée, notamment dans les Alpes méridionales où elle recèle des trésors botaniques, tels que le dracocéphale de Ruysch *(Dracocephalum ruyschiana)* et la campanule en thyrse *(Campanula thyrsoides)*, qui forme des épis très denses de fleurs jaune pâle.

Les versants à fétuque glauque offrent eux aussi une grande biodiversité. Dans le Sud des Alpes, les fleurs qui y prospèrent leur donnent un air méditerranéen. La primevère remarquable *(Primula spectabilis)* et la primevère glaucescente *(P. glaucescens)* sont par exemple deux plantes endémiques des Alpes méridionales. L'asphodèle blanc *(Asphodelus albus)* et la fritillaire de Burnat *(Fritillaria burnatii)* se rencontrent aussi à plus basse altitude.

Continuons justement dans la famille des Liliacées en citant au moins le lis de saint Bruno *(Paradisea liliastrum)* et le lis orangé *(L. bulbiferum)*. Contrairement à beaucoup d'espèces du genre, le lis orangé n'émet aucun parfum, mais sa couleur vive lui permet de s'en passer.

À propos de parfum de fleurs, on ne pense pas forcément aux aulx ; l'ail à fleurs de narcisse *(Allium narcissiflorum)* et l'ail d'Insubrie *(A. insubricum)* aux fleurs roses sont cependant deux autres représentants endémiques des Alpes méridionales.

ÉTAGE NIVAL : LA VÉGÉTATION DE L'EXTRÊME

La flore alpine compte dans l'ensemble des plantes d'une grande résistance, les championnes étant celles de l'étage nival. Là où seuls les lichens et les mousses tiennent encore le coup, quelques plantes à fleurs sont malgré tout parvenues à s'imposer. Parmi ces vraies combattantes, on trouve l'androsace des Alpes, la potentille des frimas, le silène acaule ou encore la gentiane de Bavière. Un genre se fait particulièrement remarquer : les saxifrages d'Auvergne, musquées, à feuilles opposées et de Séguier s'épanouissent en effet à des altitudes impressionnantes.

La renoncule des glaciers *(Ranunculus glacialis)* a longtemps détenu le record d'altitude parmi les plantes à fleurs. Mais elle a depuis été détrônée par la saxifrage à feuilles opposées *(Saxifraga oppositifolia),* observée à 4 505 m dans les Alpes suisses. Les performances de cette dernière sont absolument incroyables. Elle est (en principe) dégagée de la neige deux mois par an et même dans ce cas, la température moyenne n'atteint que 3 °C et il gèle toutes les nuits. Le soleil peut toutefois réchauffer ses niches en portant la température à 18 °C, alors même que la température de l'air est négative. 600 h par an de relative chaleur, c'est-à-dire au-delà de 3 °C, suffisent à cette saxifrage ! Elle forme des coussins assez imposants, qui laissent supposer qu'elle est établie là depuis longtemps. Quant à savoir comment elle y est parvenue, personne ne sait… Produire des graines dans un environnement aussi hostile est impossible, même pour la saxifrage à feuilles opposées.

UNE HABILETÉ À TOUTE ÉPREUVE : LES PLANTES DES PIERRIERS

◭ *De toutes les plantes survivant à très haute altitude, c'est la saxifrage à feuilles opposées qui fleurit le plus tôt. Ses fleurs résistent à une température extérieure de -15 °C.*

Les conditions extrêmement rudes ne caractérisent pas seulement l'étage nival, mais également les éboulis en contrebas. Ce sont généralement des endroits difficiles d'accès, souvent situés au pied de parois rocheuses. Dans ces pierriers, la moindre verdure se trouve dans une situation précaire. Elle est en effet menacée d'en haut, des chutes de pierres pouvant à tout moment broyer ou ensevelir les plantes, tandis que sur place, les pentes d'éboulis peuvent glisser en cas de fortes pluies.

Par ailleurs, la surface des pierriers sèche vite et la terre est quasiment absente. Que des graines trouvent ici un substrat adapté à la germination tient du miracle. Les plantes doivent donc s'enraciner profondément et se régénérer rapidement, ce dont très peu d'espèces sont capables. Et pourtant, on ne cessera de s'étonner, en y regardant de plus près, de l'abondance de fleurs qu'offrent ces déserts rocailleux.

Là encore, les plantes ne réagissent pas toutes de manière identique face à ces défis et mettent en œuvre des stratégies variées. Les « migrantes » telles que la valériane des montagnes *(Valeriana montana)* développent des ramifications rampantes très longues qui s'étendent à travers la rocaille. Lorsqu'un rameau est coupé de la racine, le segment restant s'enracine à son tour. Il y a aussi les plantes qui s'étalent par-dessus les éboulis, comme la linaire des Alpes *(Linaria alpina)*, faisant reposer leurs tiges souples sur les pierres. Quant à certaines pionnières telles que l'épervière à feuilles de chicorée *(Hieracium intybaceum)*, elles sont capables, lorsqu'elles sont ensevelies, de redresser leurs rameaux solides à travers les gravats, afin de regagner la surface. Les plantes qui recouvrent la rocaille peuvent développer de nombreuses ramifications et donc survivre dans le cas où certaines parties seraient victimes d'une chute de pierres.

▲ *Les graviers, les éboulis et autres dépôts détritiques, surtout en milieu calcaire, constituent l'habitat de prédilection de la linaire des Alpes.*

D'autres enfin sont capables de prendre une forme compacte, aussi bien sous terre qu'en surface. C'est ainsi que la laîche ferme, par exemple, peut empêcher les glissements sur un versant et créer les conditions nécessaires à la formation de pelouses. Difficile alors de ne pas interpréter la silhouette délicate et le jaune éclatant des fleurs du pavot doré *(Papaver rhaeticum)* comme l'expression de son triomphe sur son habitat. Sa grossière racine pivotante reste en revanche bien dissimulée.

LA BÉRARDIE LAINEUSE
ESPÈCE ENDÉMIQUE RARE

Un certain nombre de plantes poussent uniquement dans les Alpes sud-occidentales et sont donc, de ce fait, assez rares. Parmi elles, la bérardie laineuse (Berardia subacaulis) occupe une place à part : non seulement il s'agit d'une espèce indigène, mais c'est aussi la seule de son genre.

Cette curieuse représentante de la famille des Astéracées (fleurs composées) se rencontre entre 1 800 et 2 700 m d'altitude. Ses feuilles cotonneuses disposées en rosette sont très proches du sol, au centre se forme un grand capitule jaune. Cette plante prospère dans les éboulis alternant roches calcaires et siliceuses.

◀ *La bérardie laineuse doit son nom à Pierre Bérard, pharmacien et botaniste du XVIIe siècle, également auteur d'un manuscrit très complet sur la flore du Dauphiné.*

◐ *Achillée musquée.*

Outre les substrats calcaires et dolomitiques, les éboulis siliceux et les terrains mélangeant roches calcaires et siliceuses accueillent également une grande diversité de plantes. Là aussi, ces dernières s'épanouissent souvent au sein d'associations végétales stables formant des pelouses. Finalement, elles y trouvent de meilleures conditions que dans les massifs calcaires : elles sont moins souvent confrontées à des chutes de pierres indésirables et les dépôts sont plus stables. Les zones où les glaciers ont reculé sont particulièrement intéressantes à étudier. Si elles constituent un mauvais présage du réchauffement climatique, elles permettent néanmoins aux botanistes d'observer la conquête progressive d'un biotope par les plantes.

Le trèfle pâlissant *(Trifolium pallescens)* s'établit ainsi dans les moraines. La benoîte rampante *(Geum reptans)* y déploie ses stolons et l'androsace des Alpes, espèce endémique, y pousse en coussinets. Cette androsace peut être accompagnée par l'achillée musquée *(Achillea moschata)*, aux senteurs caractéristiques. Dans les Grisons, cette plante sert d'ailleurs à préparer une liqueur très aromatique nommée Iva (le nom de la plante en langue rhéto-romane) et référencée au patrimoine culinaire de la Suisse.

FLORE RUPESTRE

Le myosotis nain *(Eritrichium nanum)*, dit aussi myosotis des neiges ou « roi des Alpes », aurait survécu aux glaciations sur les nunataks, c'est-à-dire les sommets qui dépassaient de la couverture glaciaire. Il peut facilement être confondu avec le myosotis des Alpes ; les deux espèces possèdent des fleurs bleues et appartiennent à la famille des Boraginacées. Cependant, le myosotis des Alpes n'est pas aussi velu et n'atteint pas les mêmes altitudes que le myosotis nain, qui pour sa part, ne se rencontre qu'à partir de 2 000 m. Les avantages d'un habitat extrême ? Les plantes risquent moins d'être dévorées et ne sont pas soumises à la concurrence. Elles ont évidemment besoin d'un substrat qui leur permette de s'enraciner et de se nourrir : la végétation rupestre investit ainsi les niches, les fentes et les crevasses.

Dans cette configuration, l'accès aux nutriments est bien assez coûteux en énergie, même pour des plantes aussi robustes. La primevère hérissée *(Primula hirsuta),* aux feuilles collantes, possède un système racinaire capable d'atteindre de minuscules interstices relativement éloignés. Le silène sans pédoncules *(Silene exscapa)* dispose d'une racine principale longue de 1,30 m, dont les ramifications latérales s'enfoncent entre les roches. À la surface, cette plante mise sur une forme de coussinets plutôt plats, qui créent une sorte de réservoir d'eau et un climat interne plus fa-

▼ *Le très rare myosotis nain a peut-être surmonté les glaciations sur des sites rocheux dégagés de la neige.*

vorable. Les tissus végétaux morts s'y accumulent, ce qui permet à ce silène de vivre sur son propre humus et de préparer le terrain pour d'autres plantes à fleurs.

La saxifrage à mille fleurs *(Saxifraga florentula)* offre une floraison absolument spectaculaire, mais unique. Représentante d'une famille de plantes adaptées à l'altitude et aux parois rocheuses, elle ne pousse que sur les roches siliceuses du sud-ouest des Alpes. Cette espèce extrêmement rare fascine les photographes rien que par ses multiples feuilles disposées en rosettes parfaitement géométriques.

Sur le calcaire et la dolomie se développent également des espèces qui semblent ne faire qu'un avec la roche. L'androsace de Suisse *(Androsace helvetica),* qui pousse à partir de 2 300 m, en est un bon exemple. Il présente des coussinets en demi-sphères et lui aussi vit, dans une certaine mesure, en autosuffisance : ses rameaux latéraux s'enracinent pour s'approvisionner en eau et en nutriments à partir des feuilles mortes.

Survivre sur des à-pics n'est pas aisé, même lorsque ces parois se trouvent à plus basse altitude. Le manque d'eau constitue la principale menace, contre laquelle des feuilles charnues peuvent aider, comme dans le cas de la primevère remarquable *(Primula spectabilis).* Celle-ci se rencontre exclusivement dans les Alpes méridionales, dès l'étage montagnard. Si son nom scientifique « *spectabilis* » fait probablement référence au rouge magenta des fleurs, les racines ne sont pas moins remarquables : elles suivent en effet les plus petites fissures de la roche afin d'accéder à l'eau mêlée de terre fine qui s'y est infiltrée.

La raiponce chevelue *(Physoplexis comosa)* a pour sa part un aspect plutôt exotique. Chacune des fleurs regroupées en ombelle est renflée et violet pâle à la base et se termine en fuseau recourbé violet foncé, avec deux pointes au bout. Son appartenance à la famille des Campanulacées n'est évidente que lorsque la corolle s'épanouit. Cette espèce pousse à une altitude modérée, entre 1 000 et 2 000 m.

Pour conclure, revenons au commencement, c'est-à-dire aux lichens et aux algues. Partout où la végétation se développe, ce sont eux qui accomplissent le travail de pionnier sur les rochers nus. Dans le cas des lichens, issus de la symbiose entre des champignons et des algues vertes (ou des

◗ *La Physoplexis chevelue, endémique des Préalpes orientales méridionales, est l'une des plus belles fleurs de montagne.*

cyanobactéries), le champignon attaque la roche en produisant des sécrétions acides ; le lichen facilite par ailleurs le travail des plantes en tant que substrat nutritif. Les lichens présentent souvent des motifs remarquables ou des couleurs vives, mais peu d'entre eux possèdent un nom vernaculaire. Citons par exemple le *Petractis clausa,* qui colonise fréquemment les roches calcaires et dolomitiques. Le lichen géographique est lui aussi une espèce répandue, recouvrant les roches siliceuses de son jaune lumineux.

Azuré de la phaque (Albulina orbitulus) *sur une Raiponce noire* (Phyteuma nigrum).

FAUNE DES ALPES

Laissons de côté les renards ou les lapins, qui peuplent aussi les plaines, pour nous intéresser aux animaux caractéristiques des Alpes. On constate toutefois que la plupart d'entre eux ne sont pas fixés en haute montagne, qui n'est qu'un lieu de retraite.

Le chapitre précédent s'est terminé avec les lichens, commençons celui-ci avec de petits animaux consommateurs de lichen, tels que l'écaille alpine. Avec une envergure modeste de 3 cm, ce papillon se remarque peu individuellement, mais il se déplace parfois en masse. Contrairement à la plupart des *Arctiidae* (du grec *arctos*, « ours », en référence à ses chenilles particulièrement velues), il est aussi actif le jour. Son aire de vol s'étend de 1 000 à 3 000 m d'altitude et plus il vit haut, plus les motifs sombres de ses ailes sont marqués. Il s'agit d'une espèce endémique des Alpes.

Parmi les *Arctiidae,* l'écaille du Cervin est également un tout petit papillon endémique, des Alpes centrales cette fois, qui vit entre 2 600 et 3 000 m d'altitude. Il doit son nom au lieu où il a été découvert pour la première fois, à savoir sur le Gornergrat, près de Zermatt et du mont Cervin. À l'époque, la nouvelle déclenche un tel enthousiasme chez les collectionneurs, que son découvreur craint alors pour la survie de l'espèce. Quelques années plus tard, lorsqu'il se remet en quête du papillon, il trouve presque toutes les pierres retournées aux endroits décrits. L'écaille du Cervin passe en effet une grande partie de sa vie à l'abri des regards ; en raison des conditions de développement en altitude, celle-ci peut durer jusqu'à trois ans.

Le moiré velouté (ou moiré des glaciers) et l'azuré de la phaque font également partie des papillons alpins. Si le premier peut naviguer sans

▲ *Le petit Apollon compte parmi les plus beaux papillons de haute montagne.*

problème jusqu'à 3 000 m, le second préfère une altitude plus raisonnable. Toutefois, ce papillon, dont le mâle présente de belles ailes bleu cobalt, est relativement rare. Le plus connu est sans doute le petit Apollon, dont les ailes antérieures comme postérieures sont décorées de taches rouges caractéristiques. Son proche cousin l'Apollon (tout court) est déjà une espèce rare ; le petit Apollon l'est encore plus. Il est endémique des Alpes où on le rencontre à partir de 1 600 m.

La région compte par ailleurs de nombreux spécialistes du camouflage, tels que le lièvre variable et le lagopède alpin (aussi appelé perdrix des neiges), ce dernier vivant uniquement au-dessus de la limite des arbres. Ils ont en commun de changer de couleur selon la saison. Lorsque le pelage ou le plumage blanc ne camoufle plus, une fois l'hiver passé, le lièvre variable redevient gris-brun et le lagopède alpin tacheté. Cet oiseau peuple des régions extrêmement froides, mais toujours en colonies isolées, de sorte que l'on estime à 25 le nombre de sous-espèces.

La niverolle alpine est elle aussi un représentant discret des oiseaux de haute altitude. Elle n'adapte son plumage à son environnement hivernal blanc que de manière limitée et reste ainsi toujours identifiable comme un membre de la famille des Passéridés. Le chocard à bec jaune est lui bien plus connu en raison de sa proximité avec l'être humain, ou plutôt avec les restes de ses repas. Cet oiseau sociable et très habile vient en effet chercher de la nourriture dans les hôtels et les refuges de montagne, dans les stations de ski et même dans les vallées. Il se distingue en cela de son proche parent le crave à bec rouge, moins répandu, qui garde davantage ses distances.

Quant au pluvier guignard, on peut se demander s'il fait encore partie des oiseaux alpins. Ses aires de reproduction y sont de moins en moins nombreuses et se comptent presque sur les doigts de la main pour l'ensemble du massif. Les amateurs d'ornithologie n'hésitent pas cependant à faire le voyage jusqu'aux Nockberge dans les Alpes de Gurktal (Carinthie) ou jusqu'au nord des Grisons pour l'observer aux jumelles. Ce serait apparemment assez aisé, car il s'agit (de notre point de vue) d'une espèce plutôt confiante.

▼ *Bien camouflés en toute saison : le lièvre variable et le lagopède alpin adaptent respectivement leur livrée et leur plumage à l'environnement.*

MAÎTRES DU VENT : L'AIGLE ROYAL ET LE GYPAÈTE BARBU

Ces deux oiseaux imposants sont généralement considérés comme les rois des airs, notamment l'aigle, souvent utilisé comme symbole sur divers blasons. Pourtant, les deux espèces ont longtemps été méprisées et pourchassées : l'une a frôlé l'extermination, l'autre a complètement disparu. L'aigle royal a été inscrit assez récemment sur la liste des espèces protégées et la réintroduction du gypaète barbu est encore plus récente.

Le fait que l'aigle royal soit si intimement lié aux Alpes n'est pas dû à une aire de répartition exclusive. Il pourrait coloniser bien d'autres milieux et a d'ailleurs de nouveau donné naissance à quelques jeunes dans le Jura suisse, ce qui n'était plus arrivé depuis plusieurs décennies. En haute montagne également, les peuplements se sont bien rétablis : on compte ainsi 1 300 couples environ dans tout l'arc alpin. La région devrait donc bientôt arriver à saturation, puisque cet aigle a besoin d'un territoire de chasse de 30 à 100 km^2.

Les couples d'aigles royaux passent toute leur vie ensemble et présentent un dimorphisme sexuel marqué, les mâles étant nettement plus petits que les femelles. L'oiseau se reconnaît à coup sûr par ses grandes ailes aux rémiges digitées aux extrémités. Son impressionnante aire se situe en général dans des niches inaccessibles sur des falaises et ses terrains de chasse au-dessus, car il est plus facile de transporter une lourde proie en descendant. S'il n'est pas difficile, sa nourriture se compose avant tout de marmottes. Il arrive qu'en hiver, l'aigle royal chasse à plus basse altitude et ne dédaigne pas les charognes. Il ne tue pas avec son bec, mais avec ses puissantes serres.

Les aigles royaux ont un vol très élégant, voire majestueux lorsqu'ils tournoient dans le ciel. Ils savent en outre exploiter les courants thermiques d'une manière qui ferait pâlir d'envie tous les amateurs de planeur.

◀ *Un oiseau rare, même dans les Alpes : l'aigle royal.*

Le gypaète barbu appartient davantage que l'aigle royal au milieu des hautes montagnes. Son nom est formé à partir des racines grecques signifiant *vautour* et *aigle* et le qualificatif « barbu » fait référence à la touffe de plumes qu'il porte sous le bec. Plus grand oiseau d'Europe (avec une envergure de presque 3 m), il a complètement disparu des Alpes lorsqu'en 1913, le dernier spécimen a été tué dans la vallée d'Aoste. L'élevage du gypaète barbu au zoo d'Innsbruck est un succès, ce qui incite à le réintroduire dans les Alpes. En 1997 naît une première couvée en dehors des zones protégées ; d'autres suivront. Finalement, il semble que le repeuplement de l'arc alpin par cet oiseau soit en bonne voie.

Aujourd'hui encore, certaines idées préconçues prennent le dessus sur l'observation de la nature. Mais les histoires anciennes de gypaètes barbus sont particulièrement effarantes : on leur attribuait en effet des évènements atroces, comme des enlèvements d'enfants. On disait même qu'ils n'hésitaient pas à déchiqueter de jeunes bergers, alors même que cet oiseau se nourrit de charognes et notamment de leurs os. Au besoin, il laisse tomber ces derniers depuis une certaine hauteur afin de pouvoir consommer des morceaux plus adaptés à la taille de son gosier. Il faut savoir que les os, que

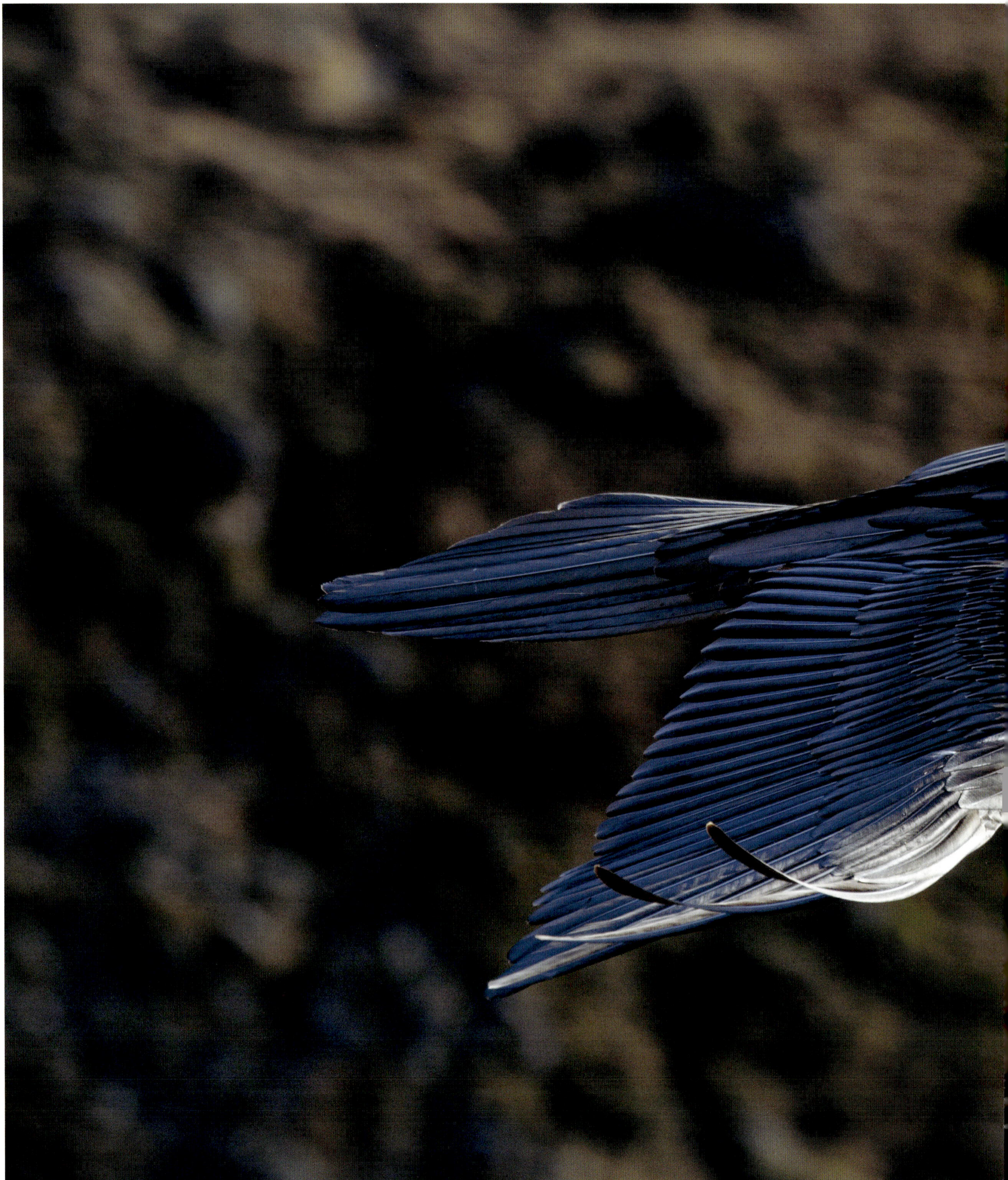

Le vol majestueux du gypaète barbu.

pour notre part nous nous contentons de ronger, sont en réalité un aliment très nutritif, à condition bien sûr de pouvoir les digérer grâce à des sucs gastriques puissants, ce qui est le cas chez le gypaète barbu.

Une énigme de biologie comportementale reste encore à élucider : cet oiseau colore son plumage clair en roux à l'aide d'une boue contenant de l'oxyde de fer. Est-ce une protection contre les parasites, une stratégie de reproduction ou existe-t-il une tout autre raison ? Le mystère reste entier.

◉ *Le gypaète barbu a été réintroduit dans les Alpes, apparemment avec succès.*

GRIMPEURS HORS PAIR : LE BOUQUETIN ET LE CHAMOIS

Les animaux des Alpes ne sont pas aussi indissociables d'un biotope précis que les plantes de la région. Ils attirent en revanche davantage l'attention, du moins en ce qui concerne les plus visibles d'entre eux. Si l'edelweiss et la gentiane sont les grandes représentantes de la flore alpine, ce rôle revient sans conteste au bouquetin et au chamois pour la faune. Il s'en est fallu de peu que le premier devienne une créature légendaire. On lit souvent que ses longues cornes ont fait son malheur, ce qui est faux bien sûr : ce sont plutôt les chasseurs qui ambitionnaient de les rapporter comme trophées. Si aujourd'hui, des cheptels respectables de bouquetins et d'étagnes peuplent à nouveau la région, c'est en partie grâce à Victor-Emmanuel II, roi de Piémont-Sardaigne puis d'Italie : il a en effet joué un rôle déterminant pour leur préservation, en protégeant les populations du massif du Grand Paradis en 1856. À l'époque, l'espèce était éteinte depuis longtemps dans le reste des Alpes (sauf en Maurienne).

En Suisse, le dernier bouquetin est abattu en 1809. Il avait pourtant été adopté comme emblème par la Ligue de la Maison-Dieu, devenue ensuite le canton des Grisons. La République alpine cherche ensuite à importer des spécimens d'Italie, afin de procéder à une réintroduction. Le roi Victor-Emmanuel III ayant refusé de céder des bouquetins, les autorités ont recours en 1906 à la capture illégale et à la contrebande. Les individus volés servent alors à constituer une lignée dans les zoos et les parcs de Suisse. Les efforts finissent par payer et en 1977, la chasse au bouquetin, ou plutôt la « régulation » de ses populations, est de nouveau autorisée. Aujourd'hui, l'espèce est assez bien représentée en France, avec environ 10 000 individus, et en Autriche, où elle a été réintroduite en 1924 ; quelques colonies vivent également en Allemagne et en Slovénie. Si le rétablissement de l'espèce est un véritable succès, la diversité génétique a néanmoins été fortement réduite, puisque tou-

Chamois dans le massif des Karwendel (Tyrol/Bavière).

tes les populations actuelles descendent de quelques individus du Grand Paradis. Seule la recherche scientifique pourra évaluer les conséquences de ce goulot d'étranglement génétique.

Dans la vallée piémontaise d'Antrona, les étagnes (bouquetins femelles) sont connues pour faire la démonstration de leur extraordinaire agilité. C'est la raison pour laquelle le barrage de Cingino est devenu une véritable attraction touristique : les étagnes lèchent le sel des pierres sur la pente quasi verticale de l'édifice. Les mâles, eux, ne s'y risquent pas, car leurs cornes beaucoup plus développées ne leur permettent pas de se livrer à cet exercice d'équilibre. Ce sont pourtant ces doubles cornes immenses qui distinguent l'espèce. Si les professionnels du tourisme avaient un intérêt à voir le bouquetin réintroduit dans son milieu naturel, nul doute que c'est aussi à cause de ces attributs masculins. Dans le cas du loup ou de l'ours, ils sont bien plus réticents.

Avec ses cornes bien plus modestes en comparaison, le chamois n'a pas une allure aussi majestueuse que le bouquetin. Il est toutefois un peu plus connu en raison de peuplements plus importants. Les chamois ont pourtant eux aussi fait l'objet d'une chasse intense ; la crinière de chamois accrochée au chapeau faisait partie des accessoires alpins indispensables.

Il s'agit d'un animal en principe résistant, qui s'adapte à son environnement de manière plus flexible que le bouquetin. Cependant, il doit lui aussi survivre aux hivers et il y parvient grâce à un système bien pratique d'économie d'énergie. Cela ne fonctionne toutefois que si l'animal, notamment au stade juvénile, se constitue en été des réserves suffisantes de graisse. Et même si les chamois sont bien armés pour affronter l'hiver montagnard, leur taux de mortalité augmente significativement durant cette saison.

Ces Caprinés vivent en hardes (souvent de 15 à 30 individus), composées de mères et de leurs cabris et menées par une femelle. À l'automne, les mâles solitaires (aussi appelés boucs) les rejoignent. La période de rut a lieu en novembre et les cabris naissent en mai/juin. Leur morphologie, leurs sabots et leur cœur volumineux en font d'excellents grimpeurs. Mais s'ils sont dans leur élément au milieu des rochers et pâturages d'altitudes, on peut aussi les rencontrer à des altitudes assez basses, notamment en forêt.

Groupe de bouquetins (Capra ibex) au-dessus du lac de barrage de Margaritze, dans le parc national des Hohe Tauern (Autriche). L'espèce a été réintroduite dans de nombreuses régions alpines après avoir quasiment disparu.

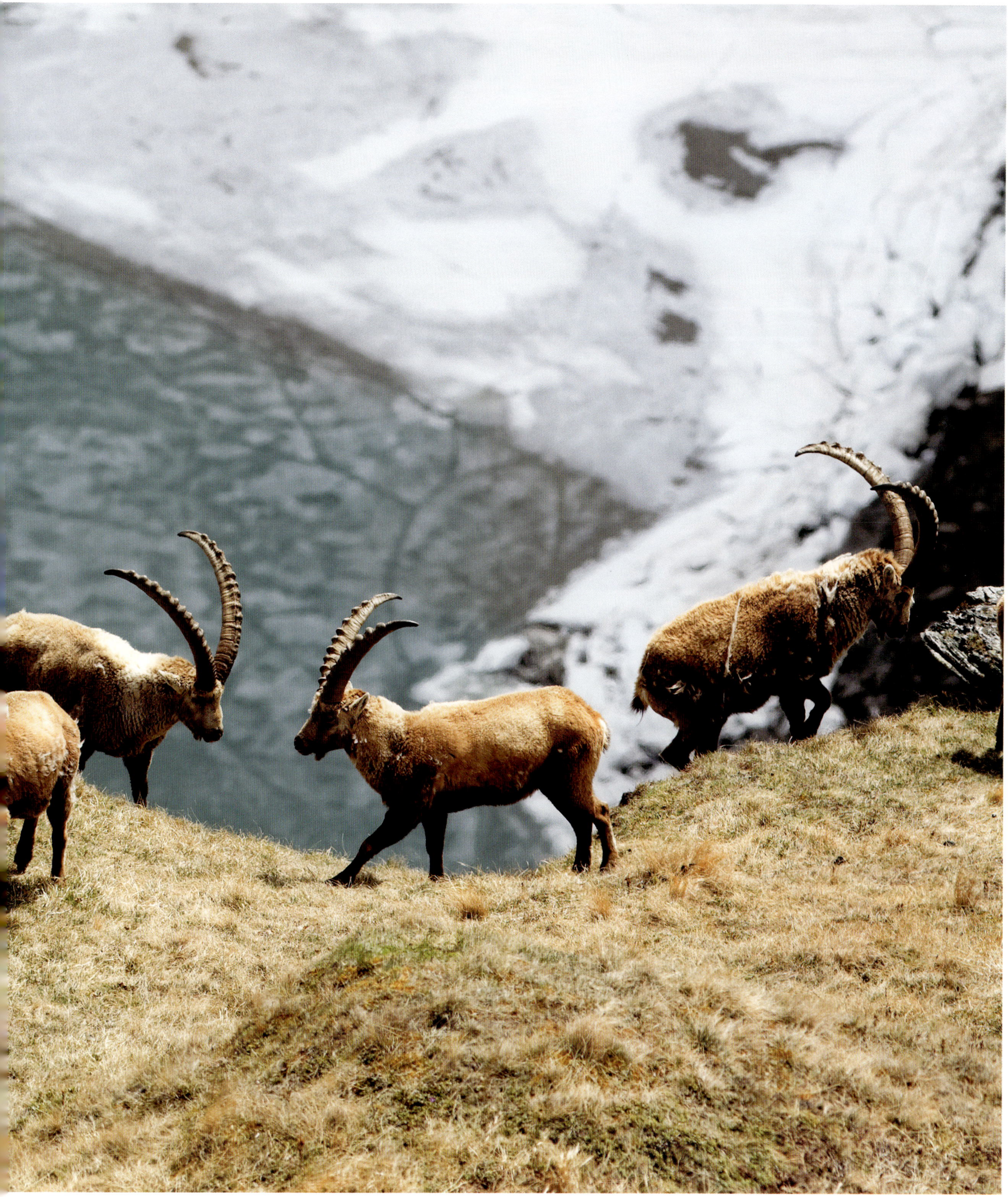

Dans les forêts où ils trouvent durablement refuge, ils deviennent parfois un problème, car ils se nourrissent des écorces. Ils sont donc aussi chez eux parmi les arbres, du moment qu'il existe des zones rocheuses. En principe, de nombreuses hardes investissent la ceinture forestière supérieure en hiver et retrouvent les alpages seulement au printemps.

Il faut enfin rappeler que le chamois a été réintroduit dans des régions alpines à peine plus hautes que la limite des arbres ; il est donc difficile de savoir précisément quel habitat est naturellement le plus adapté pour ces animaux.

Parmi les petits animaux terrestres, on trouve par exemple la salamandre noire (ou alpestre). Sa couleur est uniforme, contrairement à sa proche cousine très répandue à plus basse altitude, la salamandre tachetée, qui présente des taches jaunes. Bien que membre de la classe des amphibiens, la salamandre noire se distingue par son mode de reproduction : c'est en effet un animal vivipare, qui ne dépend pas de l'eau pour son développement. La femelle ne met pas au monde des larves, mais des petits entièrement formés.

MULOTS ET CAMPAGNOLS

Les animaux de petite taille retiennent moins notre attention, mais sont tout aussi importants dans l'écosystème. Prenons par exemple le mulot alpestre, reconnu relativement tard comme une espèce à part entière (1989). Son aire de répartition s'étend sur tout l'arc alpin (mais pas au-delà) et il se rencontre jusqu'à 2 100 m d'altitude, dans des zones boisées ou ouvertes. Des pattes postérieures puissantes et une longue queue lui permettent de grimper sur les rochers.

Le campagnol souterrain de Bavarie est quant à lui en danger. Découvert en 1962 dans la région de Garmisch-Partenkirchen (sud de la Bavière), il en disparaît aussitôt. Ce petit rongeur a ensuite été aperçu dans le chaînon de Rofan, dans le Tyrol (Autriche). Il est donc considéré comme endémique des Préalpes orientales septentrionales. Des études doivent tenter d'établir s'il est présent dans d'autres régions.

◊ *La biologie du tichodrome échelette pose de nombreuses questions ; il existe probablement une sous-espèce strictement alpine. Il niche dans les crevasses et dans les grottes.*

Du côté des insectes, citons par exemple *Bombus alpinus,* un bourdon très velu qui peut aller accomplir son rôle de pollinisateur au-delà de 3 000 m d'altitude, ou *Trechus glacialis,* de la grande famille Carabidés (coléoptères). Terminons ce tour d'horizon avec la minuscule puce des glaciers *(Isotoma saltans),* qui mesure 1,5 à 2,5 mm. Ce n'est en réalité pas une puce, mais un collembole, habitant sur la neige et la glace. Elle se nourrit de restes de plantes, de pollen ou d'algues des neiges. C'est lorsque la température atteint 0°C qu'elle se sent le mieux ; jusqu'à -15°C, elle tient le coup en produisant une substance antigel. En revanche, elle supporte mal la chaleur et une température de 12°C lui est fatale. Au bout de 12 mues, la puce des glaciers est enfin adulte. Elle se repère facilement dans son habitat blanc, sous forme de petit point sombre, d'autant qu'elle vit en vastes colonies. L'espèce passe toute sa vie, qui peut durer jusqu'à deux ans, sur les glaciers ou sur des supports similaires tout aussi hostiles. Bref, ce minuscule insecte impose le respect.

LA FIGURE LA PLUS EMBLÉMATIQUE DES ALPES :
LA MARMOTTE

La marmotte des Alpes *(Marmota marmota)* fait partie des drôles de bêtes dont nous aimons particulièrement observer le comportement, et nous espérons toujours les rencontrer au cours d'une randonnée en pleine nature. Pourtant, les marmottes ne se font pas prier pour poser devant les appareils photo dans des endroits fréquentés par les touristes. Des adultes et des juvéniles sortent ainsi de leur terrier pour dévorer des carottes déposées à proximité. Dans les Alpes orientales cependant, l'animal n'était à l'origine pas présent ; il y a été introduit par l'homme.

La marmotte des Alpes est une espèce typique de la haute montagne : c'est en effet une survivante des glaciations et elle colonise uniquement les milieux qui lui sont familiers depuis cette époque. Habitant à l'origine les toundras d'Europe centrale, elle a finalement été repoussée dans les pelouses alpines au-dessus de la limite des arbres par le réchauffement du climat. Toutefois, il existe encore des populations isolées dans les Carpates et les Tatras, une sous-espèce particulière peuplant d'ailleurs ce dernier massif. Dans les Alpes, les marmottes vivent entre 1 800 et 2 400 m environ ; là où l'être humain a abaissé la limite des arbres, elle se rencontre aussi quelques centaines de mètres plus bas. Elles évitent en tout cas de descendre davantage, car la chaleur les met à rude épreuve. L'avenir nous dira quelles seront les répercussions du dérèglement climatique sur leurs populations.

Les marmottes supportent les conditions inhospitalières de la montagne grâce à une épaisse fourrure et à une période d'hibernation qui, selon les régions, peut durer jusqu'à sept mois. Elles construisent dans le sous-sol un grand réseau de galeries, qui est souvent le fruit du travail de plusieurs générations. Les terriers où elles hibernent se situent à environ 7 m de profondeur et à l'automne, elles colmatent les entrées avec divers matériaux pour se protéger du froid. Si leurs pattes robustes leur permettent de creuser ces impressionnantes galeries, les muscles puissants de leur ceinture scapulaire montrent à quel point ces animaux sont laborieux. Les colonies privilégient les versants bien exposés au soleil, car la neige y fond plus rapidement.

Dès qu'une marmotte sort de sa période d'hibernation (certaines n'y survivent pas en raison de réserves de graisse insuffisantes), elle s'empresse de se nourrir, notamment d'herbe fraîche des alpages, et prend rapidement du poids. Elle ne perd pas de temps non plus pour se reproduire, car il est essentiel que les jeunes disposent d'un maximum de temps pour se préparer à affronter leur premier hiver. En général, le mâle dominant s'accouple avec la femelle dominante. Les mâles de rang inférieur, souvent les enfants du dominant, peuvent participer à la reproduction. Mais seule la femelle dominante donne naissance à des petits ; si une autre en attend, elle subit une telle pression de la part du groupe qu'elle perd la portée. La forte hiérarchisation sociale a donc ses aspects négatifs. Les juvéniles restent très longtemps dans le groupe familial, qui peut compter jusqu'à 20 individus, un nombre élevé qui se révèle être un avantage. En effet, parmi les jeunes marmottes, ce sont les plus âgées qui tiennent chaud aux plus jeunes pendant l'hibernation. Sans cette chaleur, ces dernières ne pourraient pas survivre.

Les marmottes cherchent leur nourriture à proximité du terrier, afin de pouvoir s'y retirer très rapidement en cas de danger. Leur prudence les protège des prédateurs, quoique pas systématiquement. Elles constituent les proies de prédilection de l'aigle royal et représentent 70 à 80 % de l'alimentation de celui-ci. Leur réactivité et leur système d'avertissement sont également peu efficaces contre les menaces aériennes. Elles émettent en effet un long et unique sifflement en cas de grave danger et une série de sifflements plus courts pour signaler une menace de moindre importance.

Traditionnellement, l'homme chassait lui aussi la marmotte : on la consommait et les rumeurs les plus farfelues couraient sur les vertus curatives de sa graisse, dont on faisait de l'huile. Ses dents de rongeur, robustes et de couleur orangée chez les individus les plus âgés, étaient par ailleurs des trophées très prisés. Si cet animal a été introduit dans les Alpes orientales, ce n'est donc pas à cause de son comportement amusant, mais bien pour y être chassé.

Histoire des Alpes

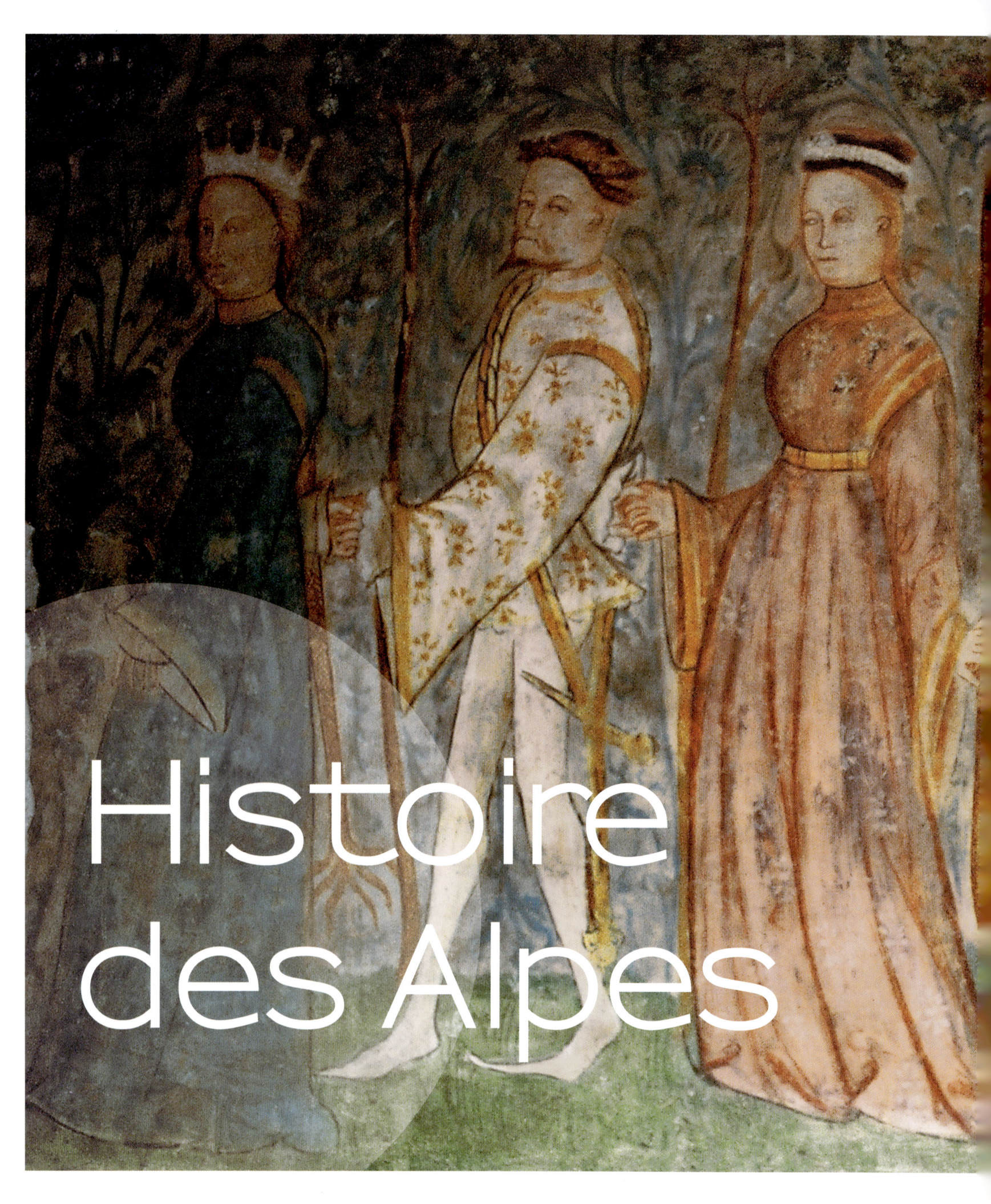

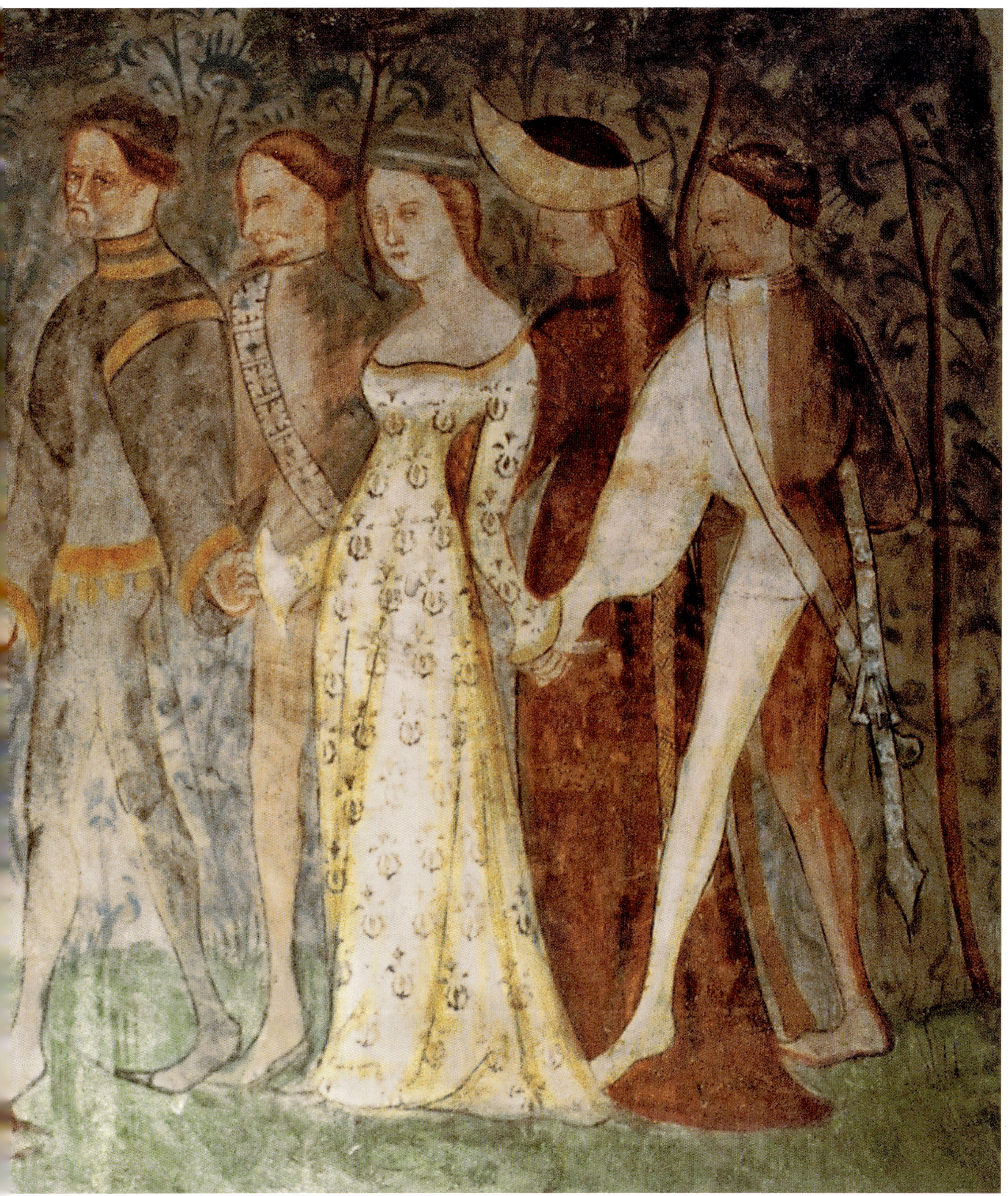

« Nous, les archéologues, sommes probablement les seuls à qui le réchauffement climatique puisse apporter quelque chose de positif. »

Thomas Reitmaier

DE LA PRÉHISTOIRE ET LA PROTOHISTOIRE À L'ÉPOQUE ROMAINE

▲ *Double-page précédente : mur sud de la grande salle du château de Runkelstein, près de Bolzano (Haut-Adige). Cette fresque de 1390 environ représente une scène de bal.*

◀ *Le gracieux éphèbe de Magdalensberg, en Carinthie. Cette statue de bronze a longtemps été considérée comme un original romain datant du Ier siècle avant l'ère chrétienne ; il s'agit en réalité d'une copie du XVIe siècle (Vienne, musée des Beaux-Arts).*

Le peuplement des Alpes remonte à un lointain passé, mais le climat extrême a naturellement effacé de nombreuses traces de cette présence. Toutefois, la couverture glaciaire en a justement conservé des vestiges, permettant ainsi des découvertes fort instructives. En outre, grâce à des outils toujours plus performants, les archéologues sont en mesure d'aller plus loin dans leurs recherches.

Les découvertes réalisées dans des grottes attestent la présence de l'être humain il y a environ 85 000 ans. Les phases de réchauffement du dernier âge glaciaire ont également incité nos ancêtres à s'installer dans les montagnes. Cette présence n'a eu aucune conséquence : même au Mésolithique, où les chasseurs-cueilleurs parcourent le massif pour chasser, pêcher et ramasser des fruits et des plantes, la nature reste intacte. Ces groupes nomades ne s'arrêtaient que quelques jours à un endroit, jusqu'à ce que, justement, les ressources soient épuisées. Les premiers hommes ayant un mode de vie sédentaire arrivent de la mer Méditerranée vers 6 500 avant J.-C., puis de la plaine de Pannonie un siècle plus tard.

Concernant la préhistoire et la protohistoire, nous devons malheureusement nous contenter d'hypothèses, là où des faits auraient été les bienvenus. Les hommes ont probablement découvert assez rapidement que les surfaces ouvertes au-delà de la limite des arbres pouvaient servir de pâturages. La partie méridionale du massif offrait par ailleurs un climat plus doux et les vallées profondes se prolongeaient au cœur des montagnes. Même les zones sèches intra-alpines ont permis le développement de l'élevage, puis de l'agriculture.

Le réchauffement climatique s'avère être le véritable moteur des avancées scientifiques. Et encore une fois, c'est à des randonneurs que l'on doit l'une des extraordinaires découvertes de ces dernières années. Lors de l'été caniculaire de 2003, ils ont en effet trouvé sur le Schnidejoch (2 756 m), à la frontière entre l'Oberland bernois et le Valais, un objet en écorce de bouleau. Des archéologues ont ensuite mené des fouilles sur le lieu de la trouvaille et sont tombés sur les restes très bien conservés d'un étui d'arc ; et les découvertes se sont poursuivies.

◗ *Ötzi, l'homme de Hauslabjoch, reconstitué sur la base des découvertes de 2011, au musée d'archéologie de Bolzano.*

D'après les datations actuelles, les objets retrouvés seraient âgés de 4 800 ans. Ils ont été conservés, en même temps que d'autres objets plus récents, grâce à un champ de glace qui a fini par fondre en 2003. Des jambières en cuir de chèvre tanné, mises au jour en bon état, étaient tout aussi anciennes. Le recours à des outils et à des méthodes scientifiques de pointe a ainsi permis de corriger nos connaissances sur la domestication de la chèvre en Europe.

Pour compléter le tableau, il ne manquerait plus qu'on retrouve un être humain au Schnidejoch. On lui donnerait alors un petit surnom, comme à Ötzi, qui a été la découverte du siècle, si ce n'est du millénaire.

LA MOMIE DU GLACIER DU HAUSLABJOCH

Le 19 septembre 1991 fait partie des dates-clés de l'histoire des Alpes. Ce jour-là, deux randonneurs font une découverte dans les Alpes de l'Ötztal (province de Bolzano, à la frontière de l'Autriche), celle d'une momie naturelle datant du Néolithique. Elle a été libérée des glaces à 3 210 m d'altitude. Son excellent état de conservation est dû à sa congélation dans des glaces stables. Un glacier mobile aurait au contraire mis le corps à rude épreuve.

Cette momie correspond à un homme âgé de 45 à 50 ans, ayant vécu environ 3 200 ans avant l'ère chrétienne, c'est-à-dire au Chalcolithique, période transitoire du Néolithique vers l'âge de bronze. Il mesurait 1,60 m et pesait 50 kg. Sa peau présentait 61 tatouages, dont on ignore s'ils étaient simplement décoratifs ou à vocation thérapeutique. Pour son époque et ses conditions de vie, c'était un homme âgé, aux articulations usées et atteint d'athérosclérose. Il souffrait également d'une trichinose (parasitose due à un ver) et d'une borréliose (infection bactérienne due aux tiques et aux poux) et présentait une intolérance au lactose.

Toutes ces conclusions sont le fruit du travail d'un nombre impressionnant de chercheurs issus des disciplines les plus variées. Il va de soi que la découverte d'Ötzi a été un évènement retentissant ; jamais on n'avait mis au jour un cadavre aussi bien conservé sur un temps aussi long. Et ce n'est pas tout : ses vêtements et ses équipements étaient eux aussi en excellent état. Ils occuperont encore les chercheurs un certain temps, mais ils démontrent en tout cas une grande connaissance de la haute montagne. La musculature puissante des jambes suggère également que cet homme était habitué à se déplacer dans ce relief.

On a découvert assez récemment qu'Ötzi avait connu une mort violente. La pointe en silex d'une flèche lui a transpercé l'omoplate et a atteint une artère, de sorte qu'il a dû se vider de son sang assez rapidement. Les blessures à la main droite suggèrent qu'il avait déjà dû sortir vainqueur d'un combat acharné. Il n'est en tout cas pas mort de faim puisque douze heures avant son décès, il a pris un copieux repas à base de bouquetin. Les cher-

● *Monument dédié à Ötzi, « l'homme de Hauslabjoch », sur le lieu de la découverte de la momie, dans les Alpes d'Ötztal.*

◐ *Reconstitution de la hache en cuivre portée par Ötzi.*

cheurs ont fait une autre découverte intéressante dans son intestin, à savoir du pollen de charme-houblon. Il s'agit d'un arbre des associations forestières méridionales (voir p. 65), qui sauf exception, n'a pas franchi la crête principale des Alpes. L'homme de Hauslabjoch est donc probablement originaire du val Venosta, vallée toute proche au climat relativement doux.

Aujourd'hui, le musée de plein air de l'Ötztal porte son nom et le musée archéologique de Bolzano expose sa momie, ainsi qu'une reconstitution. On y vend même des magnets d'Ötzi. Cela ne compense pas cependant les frais considérables occasionnés par sa conservation dans une chambre froide.

L'âge de bronze contredit lui aussi l'hypothèse selon laquelle les Alpes auraient longtemps été une région repoussante en raison de son inaccessibilité. Les fameuses gravures rupestres de l'austère vallée des Merveilles, dans le parc national du Mercantour, en témoignent. Elles se trouvent à plus de 2 000 m d'altitude et on estime l'âge des plus anciennes à environ 3 600 ans. Leurs auteurs, vraisemblablement des bergers, ont utilisé comme support les surfaces rocheuses polies par les glaciations. Certaines représentations restent aujourd'hui parfaitement mystérieuses.

À partir de 2 000 avant J.-C. commence dans le massif alpin une première période d'exploitation intense des ressources. Les hommes se mettent à réduire les surfaces forestières à la limite des arbres, afin d'étendre les pâturages situés plus haut. On a d'ailleurs retrouvé la trace de cabanes d'alpage datant de l'âge de bronze dans le massif du Dachstein. L'agriculture s'intensifie également. L'approvisionnement des centres miniers a dû représenter un immense défi. Les Alpes orientales, notamment, étaient la principale région où se pratiquait l'extraction du cuivre. Le bassin de Mühlbach am Hochkönig, dans le Land de Salzbourg, est le plus ancien et fait encore aujourd'hui l'objet de recherches. Une intense activité minière avait cours également à Montafon (Vorarlberg, Autriche). Déjà à l'époque, l'intervention humaine à cet endroit a entraîné l'ensevelissement d'une colonie. Une véritable catastrophe environnementale due à la surexploitation de la nature au moment de la transition vers l'âge de fer.

Si les Alpes sont très fréquentées, les cols et les chemins le sont aussi. Les habitants des cités lacustres établies en périphérie nord et sud de l'arc al-

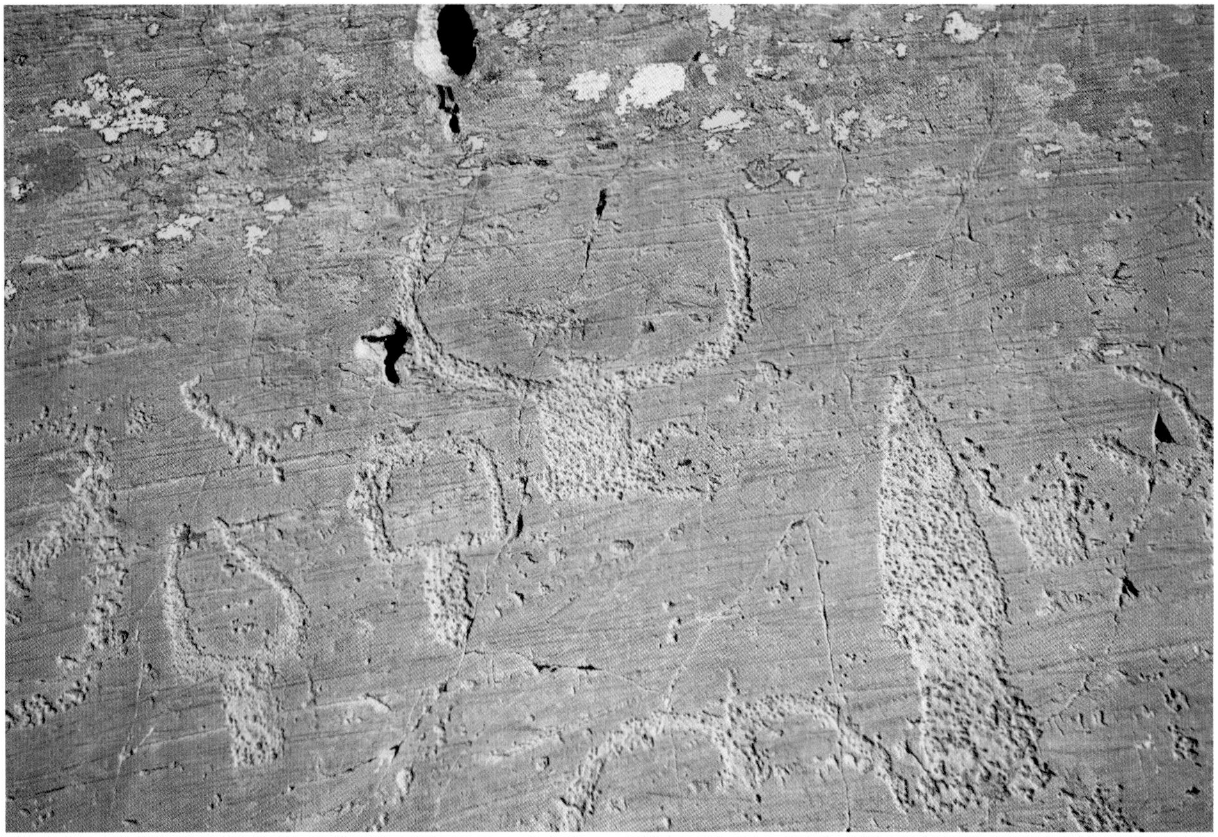

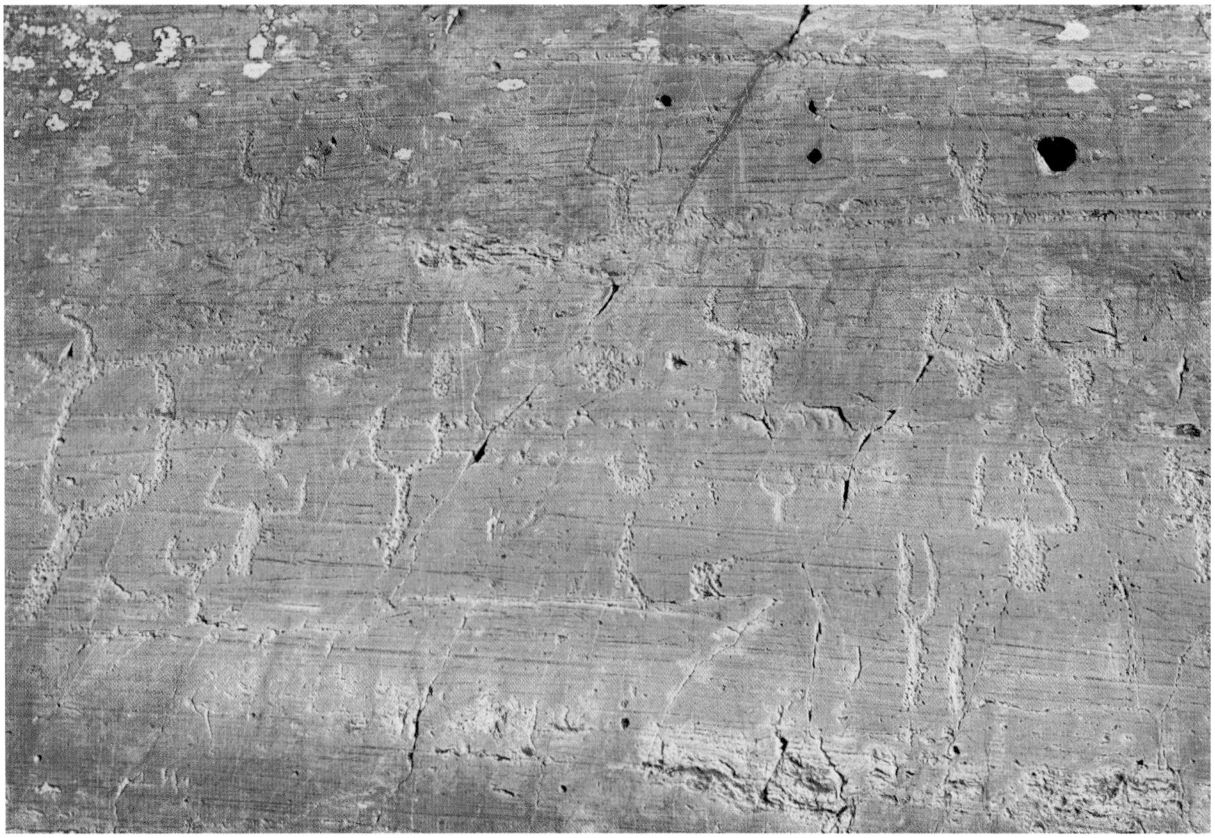

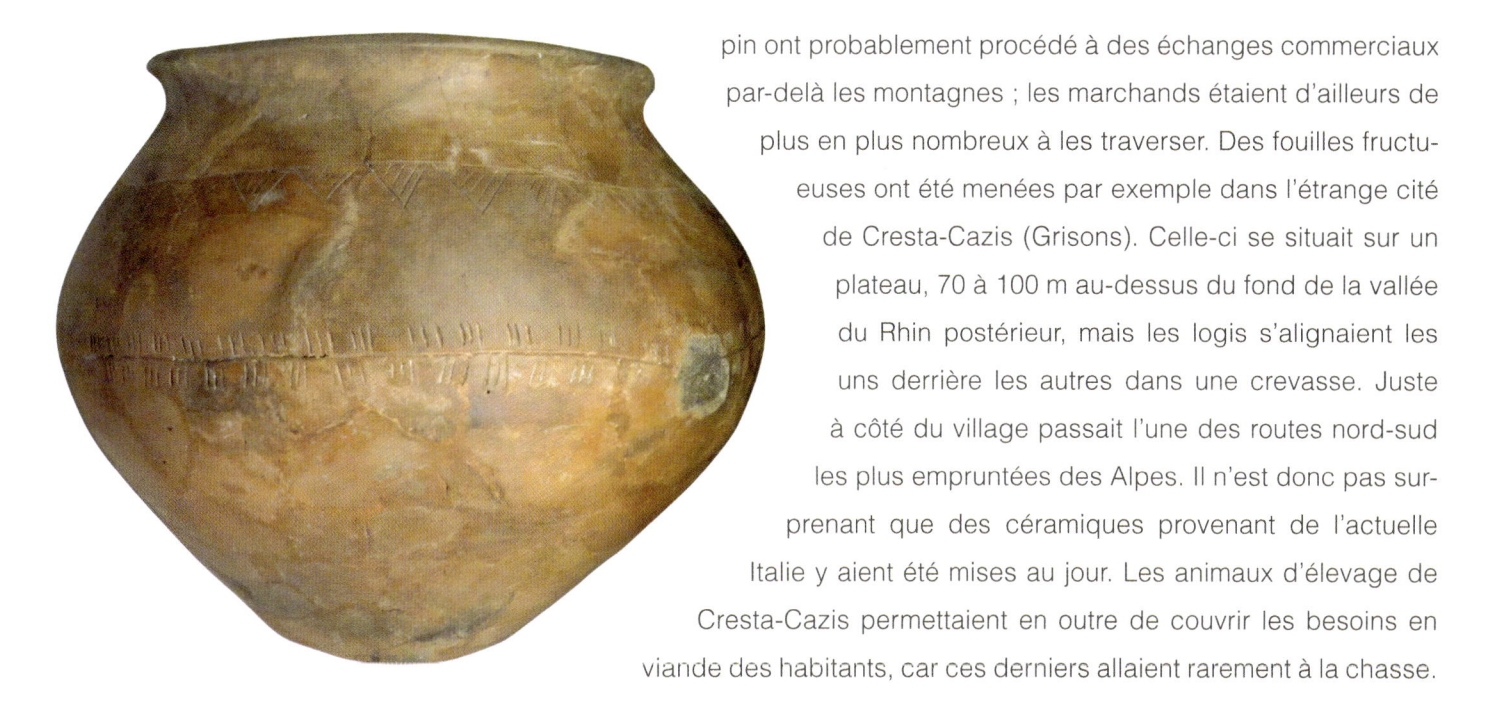

Récipient en argile datant de l'âge de bronze, fabriqué dans la colonie de Cresta-Cazis (Grisons, Suisse).

Gravures rupestres de la vallée des Merveilles (parc national du Mercantour). Celles-ci datent de l'âge de bronze ancien (1800-1500 av. J.-C).

pin ont probablement procédé à des échanges commerciaux par-delà les montagnes ; les marchands étaient d'ailleurs de plus en plus nombreux à les traverser. Des fouilles fructueuses ont été menées par exemple dans l'étrange cité de Cresta-Cazis (Grisons). Celle-ci se situait sur un plateau, 70 à 100 m au-dessus du fond de la vallée du Rhin postérieur, mais les logis s'alignaient les uns derrière les autres dans une crevasse. Juste à côté du village passait l'une des routes nord-sud les plus empruntées des Alpes. Il n'est donc pas surprenant que des céramiques provenant de l'actuelle Italie y aient été mises au jour. Les animaux d'élevage de Cresta-Cazis permettaient en outre de couvrir les besoins en viande des habitants, car ces derniers allaient rarement à la chasse.

Après les âges de la pierre et du bronze, l'âge de fer constitue la toute dernière époque de la Préhistoire (de 1 200 à 25 av. J.-C.). Le premier âge de fer, appelé Hallstatt (jusqu'à -450), doit son nom à un site archéologique autrichien (voir p. 130). Le décor de l'espace alpin prend davantage forme : les découvertes démontrent à la fois une appropriation des paysages et une organisation précise des sociétés.

Que peut-on donc affirmer au sujet des habitants des Alpes de cette époque ? Ils appartenaient à des peuples qui ont été appelés Celtes par les auteurs antiques, mais il n'est pas certain que cette dénomination soit appropriée pour les hommes de Hallstatt. Ce qui est sûr en revanche, c'est qu'au début, le fer n'a pas immédiatement détrôné le bronze comme matériau principal.

La seconde phase de l'âge de fer, la Tène (à partir du Ve siècle avant J.-C.) est marquée vers la fin par la culture de l'écriture. Dans l'est des Alpes, le royaume celtique du Norique joue un rôle important. Il englobe alors de nombreuses régions de l'actuelle Autriche, ainsi qu'une partie de la Bavière et de la Slovénie. Outre les Noriques, qui lui ont donné leur nom, 13 ethnies plus petites se fédèrent au sein de ce royaume – ou y ont été contraintes, comme les Ambisontes, établis entre autres dans la région de Hallstatt et Hallein.

L'OR BLANC –
LES MINES DE SEL DE HALLSTATT ET HALLEIN

En 1734, l'empereur Charles VI, archiduc d'Autriche et père de Marie-Thérèse, décide de ne plus chasser les protestants, qui trouvent alors refuge auprès de l'empereur de Prusse, mais de les envoyer en Transylvanie faire rempart contre les Turcs. En échange de cette installation forcée aux limites de l'empire, il leur accorde le droit de rester protestants. La même année, on découvre dans la mine de Hallstatt un corps remarquablement bien conservé par le sel. Il bénéficie naturellement d'un enterrement chrétien. Les archéologues y pensent encore avec nostalgie : si seulement ils avaient eu accès à ce mineur de l'âge de fer, ils auraient pu élucider bien des mystères.

Hallstatt (Land de Haute-Autriche) est inscrite depuis 1997 au patrimoine mondial de l'Humanité, en raison de la richesse des découvertes archéologiques et des nombreuses tombes mises au jour sur le site. Parmi les quelque 6 000 tombes (selon les estimations), beaucoup contenaient des objets d'une qualité exceptionnelle, qui provenaient de loin et de partout ; ils témoignent de relations commerciales très étendues, ainsi que du mode de vie luxueux des élites locales.

L'étude de la mine de sel de Hallstatt montre par ailleurs que son exploitation remonte au Néolithique. Dès l'âge de bronze, l'activité y est particulièrement intense. Cependant, les éboulements des VIe et Ve siècles mettent (provisoirement) un terme à l'extraction de l'or blanc ; sous terre, les infrastructures sont détruites. C'est justement une catastrophe de cette nature qui a coûté la vie au mineur retrouvé en 1743. Les habitants de Hallstatt n'ont repris l'exploitation de la mine que bien plus tard, et à un emplacement moins risqué.

Hallein a en quelque sorte pris la succession de Hallstatt et l'activité liée au sel atteint son apogée durant la Tène (voir p. 129). Cette commune de l'actuel Land de Salzbourg, à proximité de la frontière bavaroise, idéalement située sur la rivière Salzach, était très bien desservie par les voies de communication. C'est dans le village de Dürrnberg, dans la même région, que commence l'extraction souterraine du sel. Les mineurs travaillaient toute l'année, à l'aide d'outils provenant en partie de l'autre côté de la crête principale des Alpes.

Grâce aux fouilles menées à Dürrnberg, les archéologues ont pu se faire une idée assez précise de l'influence de l'or blanc sur l'activité de la région. Le sel servait manifestement à conserver de grandes quantités de viande de bœuf. L'artisanat de la poterie et du fer forgé se développent également et on produit même du textile pour des marchés étrangers. Les seigneurs du sel faisaient là encore étalage de leurs richesses, se procurant des objets de luxe grâce à leurs relations commerciales parfois lointaines.

Les tombes de la nécropole d'Eislfeld, près de Hallein, renfermaient elles aussi des trésors. Un pichet aux magnifiques décorations a notamment captivé les spécialistes. Cette pièce luxueuse en bronze, devenue un emblème de Hallein, constitue un témoignage exceptionnel de l'artisanat d'art celte.

Les raisons du déclin de l'exploitation du sel au Ier siècle avant notre ère sont incertaines. Il est possible que le sel de mer (commercialisé par les Romains) ait supplanté le sel gemme de Hallein sur le marché. Aujourd'hui, la mine de Hallein-Bad Dürrnberg a été aménagée en musée et la commune a récemment recréé un village celte, lui donnant le nom de Salina. C'est ainsi que l'on honore la mémoire de ces peuples anciens, dont les connaissances en matière d'exploitation minière étaient déjà célébrées par les auteurs antiques.

◬ *Chasseur du Néolithique, habitant une cité lacustre. Cette peinture de 1888 est l'œuvre du Suisse Albert Anker (1831-1910). Ce « bon sauvage » de l'époque romantique fait penser à un Indien.*

◀ *Bijoux issus d'une tombe de seigneur celte (Ve siècle avant notre ère, musée celte de Hallein).*

Le village de Hallstatt, au bord du Hallstättersee, dans le Salzkammergut (Autriche). Il a donné son nom à une époque de la Protohistoire.

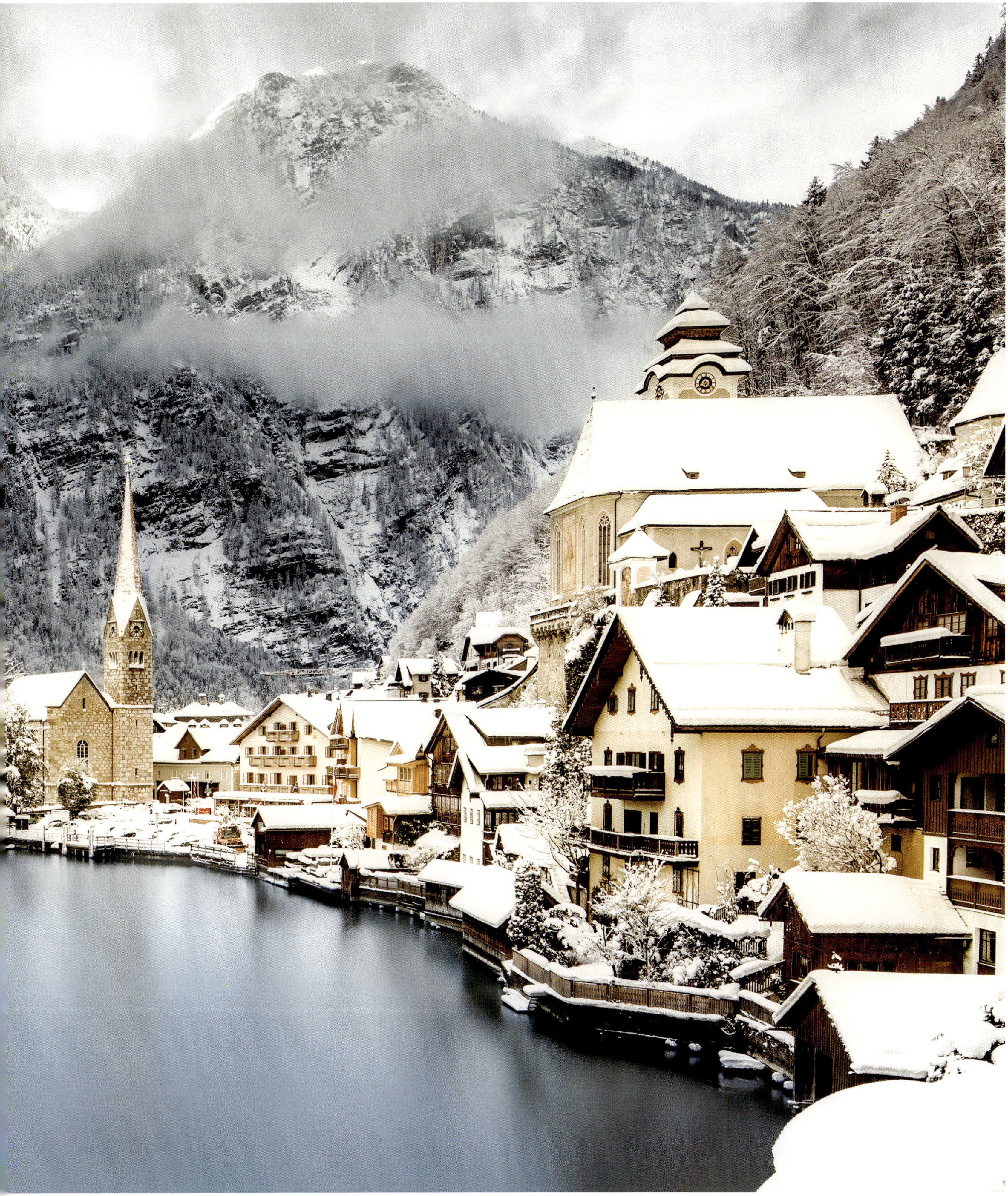

FER NORIQUE

« *Plus dure que le fer sorti des forges du Norique* » écrivait Ovide (43 av. J.-C. – 17 ap. J.-C.) dans ses Métamorphoses à propos de l'insensible Anaxarète. Le grand poète latin prend ici ce matériau en exemple en raison de sa qualité incontestée.

Avant même la romanisation du Norique, la production locale de fer jouissait déjà d'une excellente réputation. Le « ferrum Noricum » désignait en effet un acier particulièrement dur et parfaitement adapté à la fabrication d'armes. Une cité installée sur le Magdalensberg (Carinthie, 1059 m d'altitude) était le centre de distribution de ce matériau très convoité et il semble qu'on y vérifiait aussi la qualité de la marchandise. Aujourd'hui, les vestiges impressionnants de ce centre de commerce ont été transformés en musée. Et bien entendu, le fantastique panorama sur les montagnes ne gâche rien.

▶ *Ce visage identifié comme celui d'Iphigénie (musée régional de Carinthie) faisait partie d'une fresque réalisée vers 20 av. J.-C. et qui aurait orné un vaste bâtiment de la cité commerciale du Magdalensberg.*

Les Noriques sont généralement catégorisés comme Celtes. Cette dénomination apparaît pour la première fois dans les écrits antiques vers 500 av. J.-C. et à partir du IVe siècle, ils sont également appelés Gaulois. Vers -400, les ethnies celtes ont probablement traversé les Alpes, refoulant progressivement les Étrusques du Nord de l'Italie. Les différents groupes s'établissent ainsi dans la région qu'on appellera plus tard la Gaule cisalpine.

D'autres noms de peuples divers nous sont parvenus, qui n'avaient pas nécessairement de racines celtes. Les Illyriens, par exemple, ont longtemps été cités comme des habitants des Alpes, mais leur présence est fortement mise en doute. Quant à la région des Hohe Tauern, elle est nommée ainsi d'après les Taurisques, étroitement liés aux Noriques.

Le nom de ces derniers dérive de celui d'une déesse, Noreia, dont le culte est attesté par des inscriptions retrouvées en Carinthie, en Styrie et en Slovénie, et dont les racines seraient préceltiques. Les Taurisques et les Noriques, qui à l'origine constituaient deux ethnies séparées, ont ensuite été absorbés par des peuples celtes ayant migré dans la région.

Dans les Alpes occidentales, on compte parmi les populations préromaines les Ligures, qui se sont eux aussi mélangés avec les Celtes par la suite. Les Rhètes occupaient pour leur part des régions du Tyrol, du Trentin et de la Basse-Engadine. Certains chercheurs supposent qu'ils étaient à l'origine apparentés aux Étrusques.

On ne sait pas exactement à quel point ces différents peuples entretenaient entre eux des contacts, ni comment chacun a exploité les ressources lors de cette période préromaine. Ce qui est certain en revanche, c'est qu'à la Tène, les Alpes ne correspondent plus, et depuis longtemps, à une nature intacte, vierge de toute intervention humaine. Les archéologues ont d'ailleurs découvert de nombreux indices d'une agriculture alpestre (voir p. 227) très développée avant l'époque romaine.

LES ALPES À L'ÉPOQUE ROMAINE

La petite ville de La Turbie, située dans les Alpes maritimes françaises (et dans le département du même nom), est dominée par un imposant monument, le Trophée des Alpes (*Tropaeum Alpium*), édifié vers 7 av. J.-C. Il commémore la victoire de l'empereur romain Auguste sur les peuples alpins. Pline l'Ancien nous a justement transmis des fragments de l'inscription gravée sur l'une des façades : « sous ses ordres et sous ses auspices, tous les peuples alpins qui s'étendaient de la mer Supérieure jusqu'à la mer Inférieure ont été rangés sous la puissance du Peuple romain. »

Les auteurs romains ont d'abord considéré les Alpes comme une barrière, ce qui semble logique au vu du relief s'élevant brutalement au nord

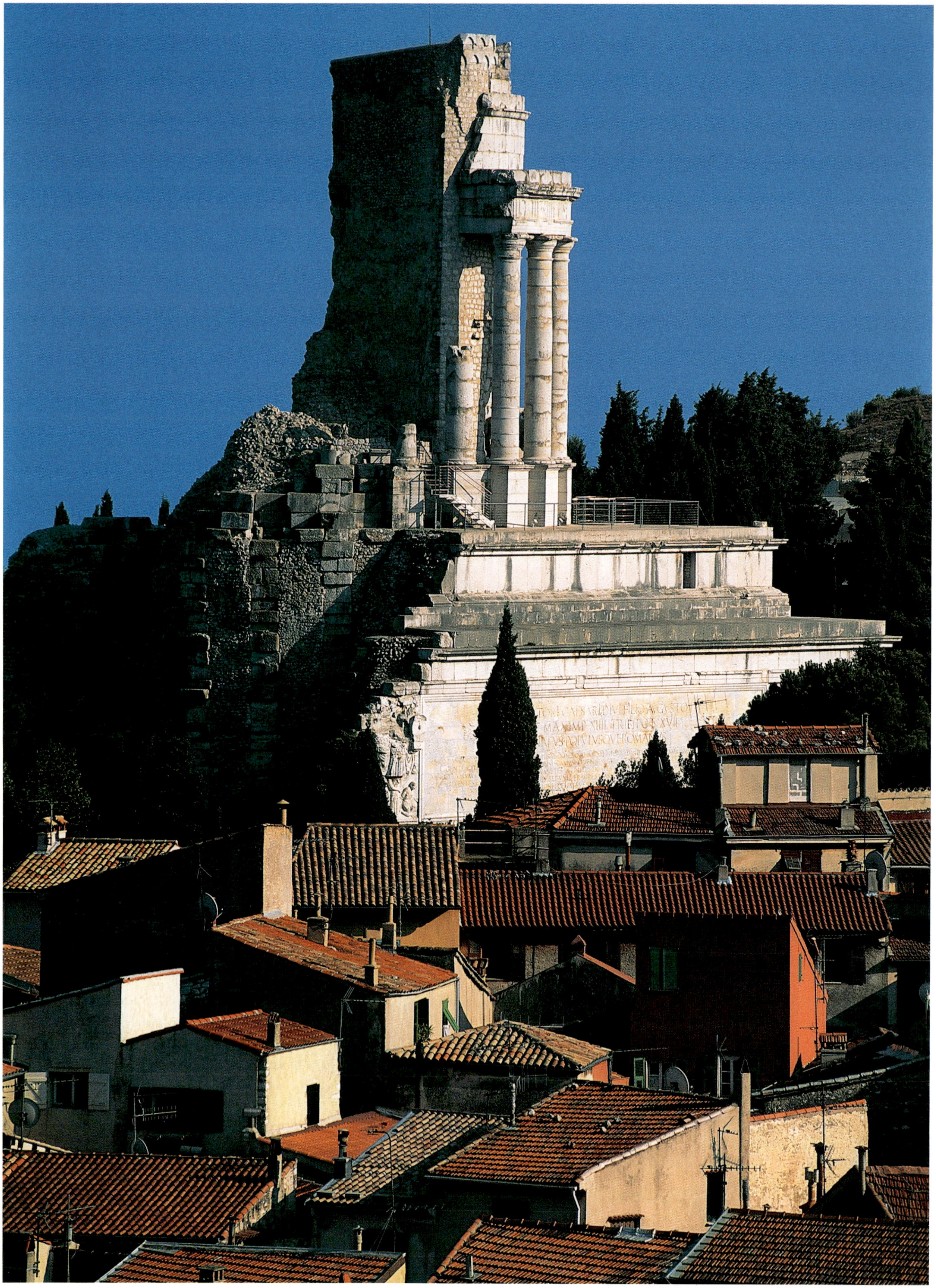

Le Tropaeum Alpium de La Turbie, non loin de la côte d'Azur. Édifié quelques années avant notre ère, ce monument, encore imposant malgré sa destruction partielle au XVIIIe siècle, célèbre l'assujettissement des peuples alpins par l'empereur Auguste.

la plaine du Pô. Ils savaient toutefois que depuis le nord, elles n'étaient pas si inaccessibles. Hannibal (voir p. 177) avait d'ailleurs, avec sa traversée, démontré dès 218 av. J.-C. qu'elles ne constituaient en aucun cas un rempart infranchissable. Après avoir conquis et pacifié les régions tout autour des Alpes occidentales, les Romains entreprennent de soumettre progressivement les peuples des montagnes. Si de simples pressions suffisent parfois, ils s'imposent finalement par les armes et recourent à la déportation et à l'esclavage pour prévenir les révoltes.

En 13 av. J.-C., Rome contrôle enfin l'ensemble de l'arc alpin, qu'elle divise en provinces, avec un découpage assez inégal : quatre petites provinces à l'ouest (Alpes-Maritimes, Alpes cottiennes, grées et pennines) et deux grandes au centre et à l'est (Rhétie et Norique). Ces deux dernières s'étendaient d'ailleurs bien au-delà du massif. La Rhétie avait pour capitale Augsbourg, tandis que celle du Norique, qui remontait jusqu'au Danube, se situait en Carinthie. Ce découpage se maintiendra au-delà de la période romaine.

Les nouveaux maîtres des lieux entreprennent d'améliorer les voies de communication, afin de garantir la circulation dans les Alpes ; ils réduisent le nombre de routes, mais les renforcent en conséquence. Les cols jouent évidemment un rôle essentiel. Ce n'est d'ailleurs pas un hasard si le Trophée des Alpes a été érigé à La Turbie à l'altitude modeste de 480 m : il s'agit du plus ancien col aménagé par les Romains. En hiver, c'était l'unique point de passage permettant de relier à pied l'Italie à la vallée du Rhône.

Naturellement, les Romains ne construisent pas leurs centres urbains au niveau des cols, mais en contrebas. Depuis la ville piémontaise de Suse par exemple, on rejoint aisément les cols de Montgenèvre et du Mont-Cenis. Et si la ville n'avait pas été détruite en 312 par l'empereur Constantin, pour s'être battue aux côtés du mauvais potentat, elle présenterait des vestiges encore plus imposants de l'époque romaine. L'arc de triomphe d'Auguste a toutefois été épargné et témoigne aujourd'hui de la grandeur passée de la cité.

Médaillon d'une stèle funéraire représentant un couple ; l'épouse porte une coiffe norique (musée universel de Joanneum, château d'Eggenberg, Styrie).

Le roi ligure Marcus Julius Cottius (les Alpes cottiennes lui doivent leur nom) dédie en effet le monument au grand empereur en 8 av. J.-C., ce qui pose la question des conditions de vie des indigènes. Les écrits des auteurs antiques évoquent de nombreuses tribus, notamment dans un contexte guerrier, mais nous manquons d'informations plus détaillées. Les marchands étrangers étaient sans aucun doute dépendants de l'aide des locaux lorsqu'ils parcouraient le massif. On a également trouvé une remarque concernant les bêtes de somme et de trait, plus petites que celles des plaines, mais beaucoup plus adaptées au relief. C'est encore l'exploitation du minerai qui intéresse le plus les auteurs. L'historien grec Polybe (200-120 av. J.-C.), qui contrairement à beaucoup de ses collègues avait réellement vu les Alpes, raconte ainsi une découverte spectaculaire dans la région des Taurisques : on y aurait extrait une quantité d'or tellement importante qu'elle aurait provoqué la chute du cours de l'or dans toute l'Italie.

Les mentions de produits alpins restent rares : bois, résine, poix, cire, miel et fromage. Pline fait l'éloge du fromage des Ceutrons et le vin de Rhétie aurait été la boisson préférée d'Auguste. On n'a toutefois pas identifié avec certitude de quelles zones agricoles ils provenaient. L'évocation de ces produits montre en tout cas que les Alpes n'étaient pas perçues uniquement comme un désert de glace.

◗ *Suse (Piémont, Italie), située au pied du massif du Mont-Cenis, était la capitale d'un peuple allié aux Romains. Le roi local fit donc construire en 8/9 av. J.-C. un arc de triomphe à la gloire de l'empereur Auguste.*

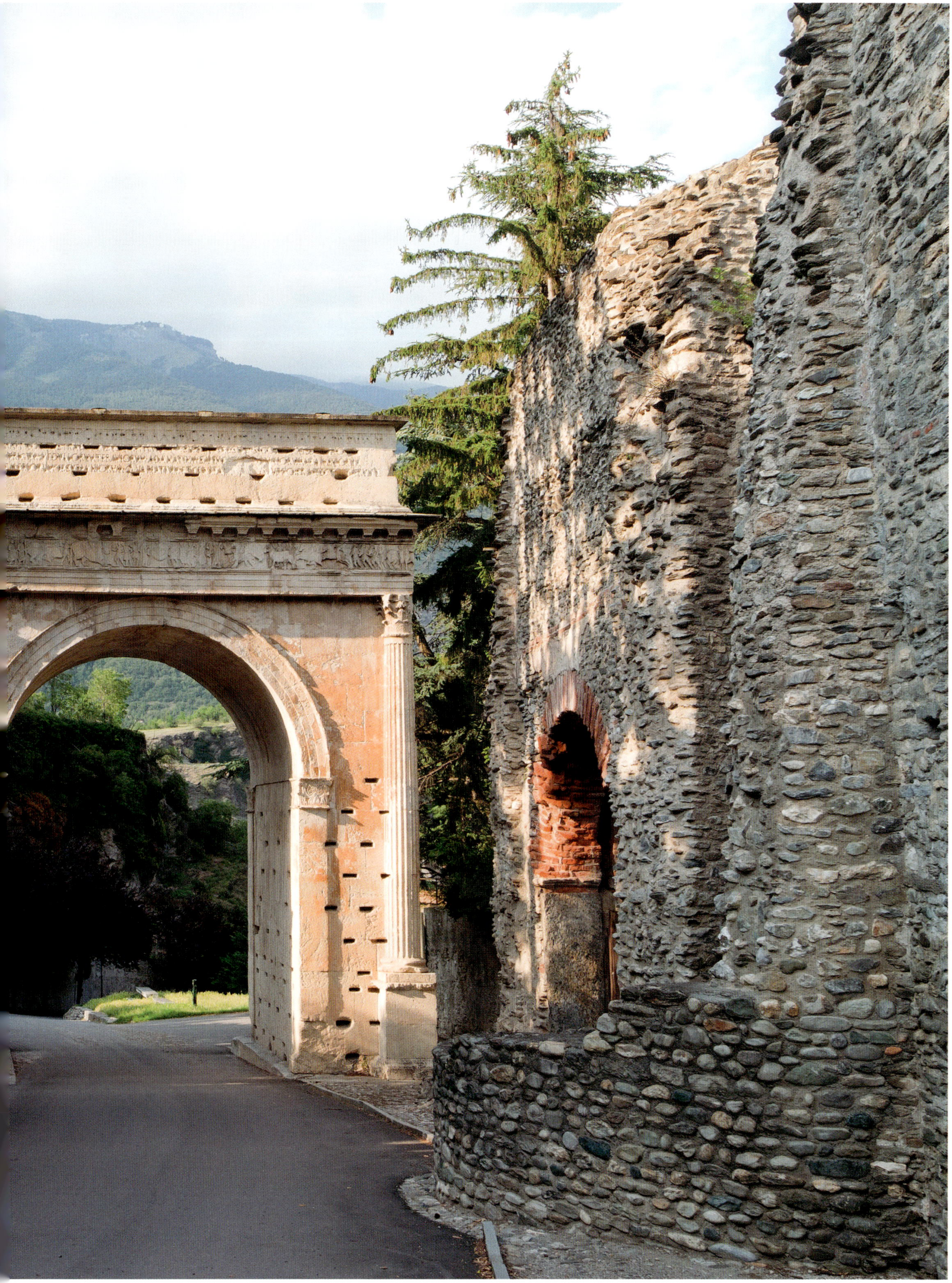

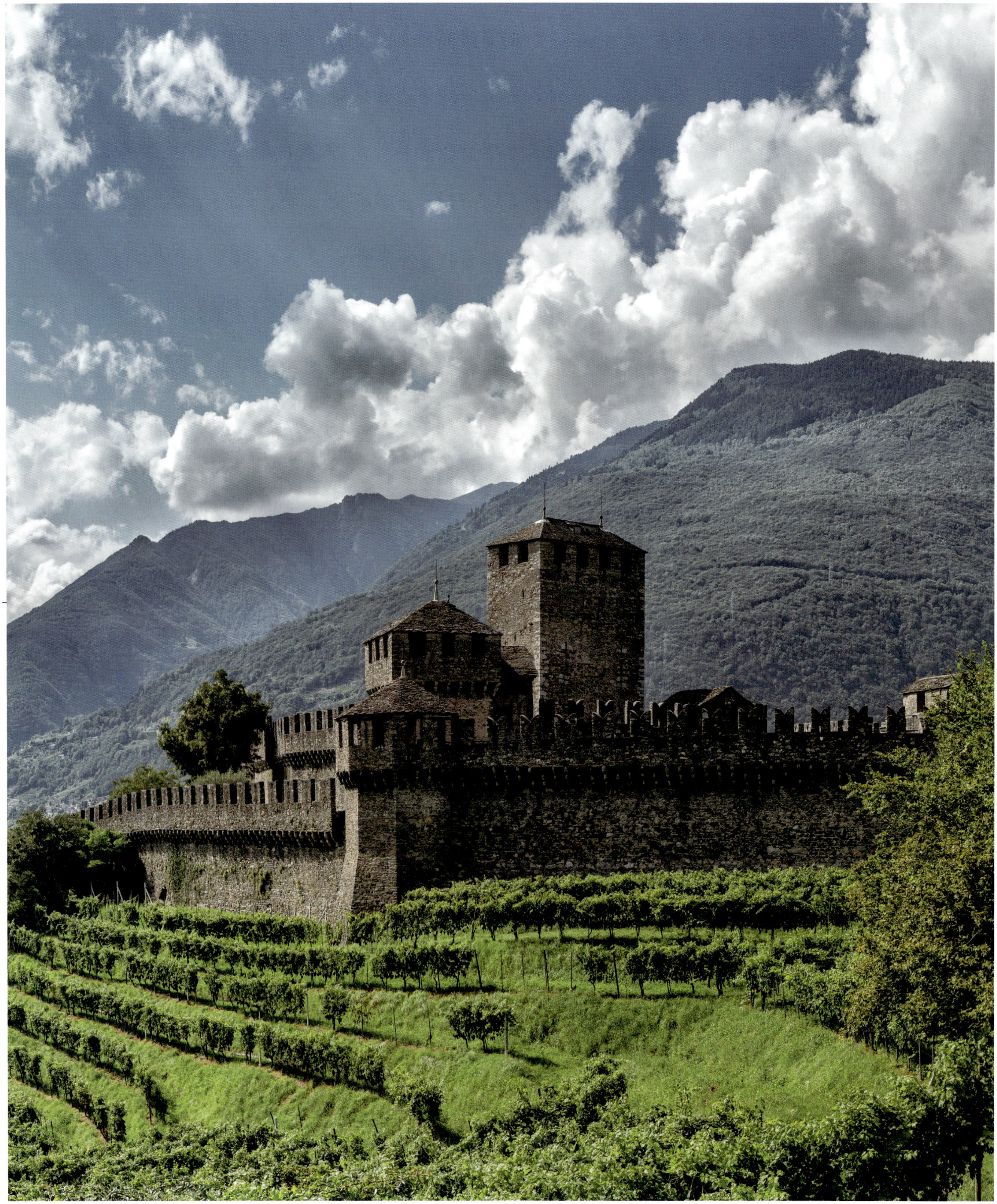

LES ALPES DU MOYEN ÂGE

Avec l'agrandissement des entités territoriales, les centres du pouvoir se déplacent et s'éloignent des Alpes, qui deviennent d'autant plus importantes en tant que région de transit. Le long des principales routes notamment, les villes se renforcent et leurs besoins croissants ont une influence sur les campagnes environnantes. Alors que le pouvoir central de l'empire décline, la souveraineté de certaines régions alpines se consolide. Outre les princes, les évêques jouent à cette occasion un rôle déterminant.

◀ *Le château de Montebello n'est que l'une des trois forteresses de Bellinzone, chef-lieu du canton du Tessin. Depuis 2000, l'ensemble est inscrit au patrimoine mondial de l'Humanité. La ville possède par ailleurs un riche patrimoine architectural hérité du Moyen Âge et de la Renaissance.*

Nous avons mentionné des « tribus », déjà connues dans l'Antiquité. Au temps des invasions barbares, ces peuples sont supposés être romanisés, mais certains groupes avaient probablement conservé leur propre identité ethnique malgré la domination romaine.

Après l'effondrement de l'empire, les espaces alpins passent d'une domination à une autre. Les royaumes des Ostrogoths, des Burgondes et des Lombards se partagent l'arc alpin et l'Empire romain d'Orient maintient ses prétentions depuis Byzance. Au sud-est, les Avars, probablement originaires de Mongolie, font une percée dans le massif. Lorsque les grandes invasions prennent fin, les Alémans, les

Bavarii et les Slaves du Sud forment l'essentiel de la population alpine. Ce n'est qu'au VIIIe siècle que la situation s'éclaircit dans l'ensemble des Alpes. Les Carolingiens prennent le pouvoir et même les ducs bavarois de la dynastie des Agilolfinges doivent se soumettre.

Au départ, l'effondrement du pouvoir n'est pas forcément synonyme de disparition des structures traditionnelles. Mais dès le VIe siècle, les puissants tentent de réorganiser leurs royaumes. Ils créent notamment de nombreux monastères. En 515, le futur roi des Burgondes Sigismond fait construire l'abbaye de Saint-Maurice (canton du Valais), qui avait sûrement pour mission de protéger la route menant au col du Grand-Saint-Bernard. D'ailleurs, les évêchés contribuent de manière significative à l'administration profane et à la stabilité du pouvoir.

Le christianisme fait le lien entre l'Antiquité et le début du Moyen Âge. Il n'est donc pas étonnant de retrouver dans la répartition des évêchés le découpage des anciennes provinces romaines : petits diocèses à l'ouest, grands diocèses au centre et dans l'Est des Alpes. Le cas de la ville d'Embrun, devenue capitale de la province des Alpes-Maritimes en 364 sous le nom d'Eburodunum, est intéressant. Alors que de nombreux évêchés ont changé de siège épiscopal, elle est restée un archevêché depuis l'époque carolingienne jusqu'à la sécularisation de 1801.

Au Moyen Âge, les frontières ne sont pas des limites clairement définies et l'insécurité globale entraîne au niveau régional l'émergence de seigneurs locaux au pouvoir relativement fort. Ils dépendent lointainement du pouvoir central correspondant, mais garantissent une certaine stabilité. Dans la région de Coire en Rhétie, proche d'une frontière, les Victorides, tout en représentant le pouvoir central franc, ont régné quasiment en maîtres absolus jusqu'en 765. Soit deux frères de la famille se répartissent les pouvoirs civils et religieux, soit un seul homme assume toutes ces charges, c'est-à-dire qu'il dispose à la fois des recettes fiscales et des biens de l'église. Charlemagne reprendra le contrôle de cette partie de la Rhétie, qui présentait l'intérêt d'abriter d'importants points de passage des Alpes.

▲ L'abbaye bénédictine Saint-Michel-de-la-Cluse, située dans le val de Suse, à 962 m d'altitude (à l'arrière-plan se dessinent les Alpes cottiennes). Le site était déjà fortifié avant la conquête romaine. Le cœur de l'édifice date de la fin du xe siècle.

MÜSTAIR
ET LE VAL VENOSTA

Qu'ont en commun le trône de Charlemagne et le plus ancien plafond à solives d'Europe ? À part l'âge, c'est le damier (jeu du moulin) qui est gravé sur les deux structures. Le premier se trouve dans la cathédrale d'Aix-la-Chapelle, le second dans la chapelle Sainte-Croix du monastère de Müstair, localité la plus orientale de la Suisse (Grisons), à la frontière italienne.

Cette anecdote est bien sûr marginale et ne signifie pas que le roi des Francs a fondé ce monastère, d'autant que la chapelle en question n'est pas l'élément central de l'édifice. L'abbaye Saint-Jean-Baptiste abrite toutefois une statue grandeur nature du souverain. Celle-ci ne date pas de la construction à la fin du VIIIe siècle, mais probablement de 1165 environ, année de la canonisation de Charlemagne, mais nous n'avons pour l'instant aucune certitude.

Cela n'enlève rien, bien sûr, au charme et à l'importance du monastère, qui est inscrit au patrimoine mondial de l'Humanité depuis 1983. Rien que les fresques de son église, réalisées vers 800, justifient cette décision. Si les couleurs de l'époque carolingienne ont perdu de leur éclat, les représentations de la vie du Christ et du roi David (tous deux originaires de Bethléem) démontrent l'étendue du talent du peintre.

La peinture murale spectaculaire de l'abside centrale, plus jeune que les autres d'environ 400 ans, illustre le festin d'Hérode ; au premier plan, Salomé présente la tête du saint patron de l'abbaye.

Les documents relatifs à la fondation des monastères soulignent régulièrement leur éloignement du monde et leur isolement, ce qui ne se vérifie pas dans le cas de Müstair. Cette localité était en effet située au carrefour de voies de communication alpines importantes et servait même, par intermittence, de résidence aux évêques de Coire. Müstair leur doit d'ailleurs d'abriter le plus ancien édifice profane (conservé) des Alpes : la tour Planta, donjon crénelé érigé au Xe siècle.

◀ *Müstair, monastère Saint-Jean-Baptiste. À droite, la tour Planta érigée vers l'an mille ; à gauche, la chapelle carolingienne Sainte-Croix.*

▶ *À Naturno (val Venosta, Tyrol du Sud), les fresques de l'église Saint Procule dateraient du VIIe siècle. La peinture de la « balançoire » représente le saint patron, évêque obligé de fuir sa ville en se laissant descendre le long des remparts.*

◁ *Müstair (Suisse), monastère Saint-Jean-Baptiste. La sculpture de Charlemagne a jusqu'à présent échappé à une datation précise. La fresque romane du banquet d'Hérode (avec Salomé présentant la tête de Jean-Baptiste) orne l'abside centrale depuis environ 1200.*

Mais revenons aux vestiges, dans l'ensemble assez rares, de l'art carolingien. La vallée voisine, le val Venosta où l'Adige prend sa source et qui au Moyen Âge appartenait également à la Rhétie, en présente un certain nombre. L'église Saint-Benoît de Malles Venosta date ainsi d'avant 800. Sous ses fresques carolingiennes se trouve l'image d'un noble franc.

Près de Naturno, à la sortie du val Venosta, la petite église Saint-Procule datant du VIIe siècle, vaut elle aussi le détour. Les historiens de l'art entreprennent régulièrement de déterminer l'âge de ses fresques les plus anciennes ; les estimations varient entre le VIIe et le XIe siècle. Ils ont toutefois tendance à privilégier les périodes les plus précoces, d'où le qualificatif de « pré-carolingiennes ». La peinture la plus connue est celle de la « balançoire » : il s'agit probablement de saint Procule, évêque de Vérone, contraint de fuir la ville en se laissant glisser le long des remparts. Le troupeau représenté en face suggère qu'il aurait été honoré en tant que protecteur du bétail.

LE MARBRE DE LASA

Le musée de l'abbaye de Müstair présente des dalles de marbres magnifiquement sculptées de l'époque carolingienne. Des œuvres composées du même matériau et de la même époque (ou légèrement plus récentes) ont également été retrouvées dans l'église Saint-Benoît-de-Malles Venosta.

Cette localité se situe dans le val Venosta (Tyrol du Sud) à la frontière suisse, à proximité de Lasa, dont l'église romane est elle aussi décorée de plaques de marbre dans l'abside. Citons par ailleurs le menhir de Laces, bien plus ancien : il a été dressé il y a plus de 4 000 ans, mais sa découverte a lieu seulement en 1992 dans l'église Notre-Dame.

Dans tous les cas, il s'agit de marbre de Lasa. Les tailleurs de pierre appellent parfois d'autres pierres calcaires « marbre », du moment qu'elles peuvent être polies, mais à Lasa, on produit du marbre au sens strict. Géologiquement, c'est une roche métamorphique composée de calcite, qui possède une structure dense et cristalline. Le marbre de Lasa se distingue par sa dureté et sa résistance aux intempéries. Aujourd'hui, les carrières de Covelano et d'Acqua Bianca sont encore exploitées (à 2 200-2 500 m d'altitude). Le sculpteur autrichien Paul Strudel (1648-1708) a réalisé des statues des Habsbourg en marbre de Lasa ; lui et ses frères ont d'ailleurs dirigé l'exploitation de ce matériau en tant qu'entrepreneurs. Au XIXe siècle, ce marbre est particulièrement prisé, notamment après l'exposition universelle de 1873 à Vienne. Le mémorial dédié à Heinrich Heine dans le Bronx (New York), par exemple, est fait de marbre de Lasa, tout comme le sol de la gare Grand Central Terminal (1910) de Manhattan.

◭ *Fragments de marbre carolingiens du monastère Saint-Jean-Baptiste de Müstair. Ils datent de la construction de l'abbatiale (vers 775).*

MOYEN ÂGE CENTRAL ET BAS MOYEN ÂGE

Depuis le Bas Moyen Âge, la population alpine croît, tout comme dans le reste de l'Europe, et à partir de l'an mille, le paysage est clairement structuré par les activités humaines. Même les régions montagneuses au climat particulièrement rude et les vallées latérales isolées sont conquises, les forêts défrichées. Dans les contrées habitées depuis toujours, les paysans sont en mesure d'affirmer leurs droits anciens, alors que dans les espaces nouvellement occupés, leur situation vis-à-vis des seigneurs locaux est plus précaire.

Avec le temps se développent des formes d'agriculture adaptées aux différentes altitudes. Dans les Alpes centrales, on pratique par exemple la « transhumance en trois étapes ». La ferme principale, située dans la vallée et entourée de champs, constitue le premier niveau. Le niveau intermédiaire ne permet pas l'exploitation agricole et accueille le bétail ; ce sont les alpages inférieurs, situés sur les parcelles défrichées sous la limite des arbres, où l'on installe de petites fermes de moyenne montagne. Les hauts alpages constituent bien sûr le dernier niveau. Malgré l'abandon de nombreux alpages (voir p. 223), la transhumance en trois étapes de la forêt de Bregenz se pratique toujours aujourd'hui et a été inscrite sur la liste autrichienne du patrimoine culturel immatériel de l'Unesco.

Les fermes du Moyen Âge étant des structures autosuffisantes, certains paysans doivent cultiver leurs céréales dans des endroits défavorables. Ils connaissaient toutefois un certain nombre d'astuces, comme prolonger la maturation des plantes en les accrochant sur un cadre.

En périphérie des Alpes, les régions se développent de manière différente. Au nord, où les précipitations sont abondantes, l'élevage devient une activité majeure et permet de fournir les villes environnantes en beurre, en fromage et en viande. Au sud, des cultures spécifiques permises par le climat plus doux, notamment la viticulture, jouent un rôle essentiel. Le châtaignier y est également cultivé pour diverses utilisations, tandis que la forêt est repoussée bien plus loin qu'au nord.

· Rex ascendit montsenys ·

· h· Rex ascendit g̃nõ año x· vviij die octobris ·

Une légende alpine évoque la grande catastrophe européenne qui va mettre un coup d'arrêt à ce développement. Alors que tous les autres étaient morts de la peste, les deux derniers survivants de l'épidémie dans la région de Wildschönau (Tyrol, Autriche) se tombent dans les bras. Par chance, ils étaient jeunes et de sexe différent et ont pu ainsi engager le repeuplement de la vallée.

Vers 1350, la peste s'abat en effet sur les Alpes, provoquant leur dépeuplement. Les régions montagneuses ont ensuite bien plus de mal que les régions de plaine à se rétablir. Et à peu près au même moment, il se produit un changement climatique connu sous le nom de « Petit Âge glaciaire », avec pour conséquences une dégradation générale des conditions de vie et un développement ralenti. Certains observateurs considèrent même (en exagérant un peu) que l'arc alpin n'est sorti du Moyen Âge qu'au moment de la révolution industrielle.

« PORTIERS DES ALPES » : LA MAISON DE SAVOIE

Le mont Blanc, plus haut sommet des Alpes, se situe en Savoie, région qui a donc conservé (comme les deux départements Savoie et Haute-Savoie) le nom de l'ancien comté.

La maison de Savoie a été la plus longue dynastie de l'histoire européenne et a également porté le titre de roi d'Italie de 1861 à 1946.

La cathédrale de Saint-Jean-de-Maurienne abrite quelques tombes de cette lignée, notamment celle, assez pompeuse, d'Humbert Ier de Savoie (mort en 1048), représenté sous forme de gisant. Sa loyauté envers l'empereur Conrad II lui a permis d'obtenir un certain nombre de fiefs et de fonder les États de Savoie. Mais au-delà des territoires, il a surtout pu mettre la main sur trois cols alpins très fréquentés. De nombreux sujets en tirent leurs ressources grâce à l'activité des muletiers et des auberges.

◀ *Manuscrit de Baudouin de Trèves : L'Expédition romaine de l'empereur Henri VII. Sacré empereur à Rome en 1312, le Luxembourgeois Henri VII meurt un an plus tard. Cette page représente sa traversée des Alpes au Mont-Cenis, avec une armée.*

Vieille ville d'Annecy avec le palais de l'Isle situé sur le Thiou. En 1401, la ville revient à la maison de Savoie et après l'expulsion des évêques de Genève en 1536, elle devient un siège épiscopal. Au XVIIe siècle, c'est un bastion de la Contre-Réforme, une situation profitable sur le plan économique et culturel.

Othon Ier (décédé en 1060), fils d'Humbert, acquiert par le mariage le comté de Turin. Sa fille Berthe épouse quant à elle l'empereur Henri IV, signe de la considération dont jouit la dynastie du comté. Si des territoires sont régulièrement perdus au profit des concurrents voisins, de nouveaux viennent compenser les pertes. Par la suite, Thomas Ier (1177–1233) obtient le titre de vicaire impérial, devenant ainsi l'un des plus puissants souverains du Saint-Empire.

La Savoie prospère sous Amédée VIII (1383–1451), qui achète en 1416 le titre de duc auprès de l'empereur Sigismond et récupère le

Piémont. Après avoir abdiqué en faveur de son fils, il exerce pendant dix ans la fonction d'antipape.

Si les limites des territoires varient, leur stabilité interne repose sur un aménagement cohérent. La vallée d'Aoste et les vallées adjacentes bénéficient ainsi de l'irrigation, tandis que les torrents de montagne sont canalisés pour protéger les riverains des inondations. Les exportations florissantes de bois, de bétail, de fromage et d'articles métalliques permettent par ailleurs de remplir les caisses du duché. À la fin du XVe siècle cependant, la Savoie se retrouve mêlée au conflit opposant le roi de France et le duc de Bourgogne Charles le Téméraire, puis un peu plus tard à celui opposant la France et le Saint-Empire romain germanique. La Savoie et le Piémont en sortent ravagés à la fin du Moyen Âge. Mais comme l'histoire le montrera, la maison de Savoie n'a pas dit son dernier mot.

LES WALSER – HISTOIRE D'UNE COLONISATION INTERNE

À l'origine, les Walser sont des Valaisans (*Walliser* en allemand), qui ont tourné le dos à leur région, le Haut-Valais, à partir de la fin du Moyen Âge central. Habitant déjà les Alpes, ils migrent pour ainsi dire de l'intérieur, vers les vallées les plus reculées et vers des régions isolées au-dessus de la limite des arbres, que personne n'avait encore colonisées. Dans le canton des Grisons, le hameau walser de Juf, par exemple, est la localité la plus haute de Suisse. La commune de Galtür, dans la vallée de Paznaun, touchée en 1999 par une avalanche dévastatrice, est également marquée par la présence walser.

Les migrations des Walser commencent avant l'an 1200. Ils s'établissent tout d'abord au sud du col du Simplon, c'est-à-dire à proximité de leur région d'origine, mais de l'autre côté de la crête principale des Alpes. Au XIIIe siècle, des groupes partent vers le sud et s'installent dans les hautes vallées alpines de l'actuelle Italie et de la Savoie.

Les Walser migrent également en direction de l'est et se fixent dans l'actuel Liechtenstein et dans le Vorarlberg (Autriche), où ils occupent

Le village de Niederwald, dans le canton du Valais, est à l'origine une colonie walser. Cette photographie présente l'architecture typique des maisons walser : une construction en mélèze au-dessus d'un rez-de-chaussée en pierre. La maison à droite montre aussi la division caractéristique entre bâtiment avant et bâtiment arrière.

environ un quart du territoire. Ils ont même donné leur nom à deux vallées, le Großes Walsertal et le Kleinwalsertal. Il arrivait parfois qu'après s'être installés quelque part, ils repartent vers une autre région. Des Walser ont ainsi quitté le val Formazza pour fonder Bosco-Gurin, qui est aujourd'hui le seul village germanophone du Tessin.

Si les raisons de ces migrations sont totalement inconnues, il est toutefois difficile d'imaginer que les Walser n'ont pas été poussés par la nécessité, car *a priori*, les nouvelles régions colonisées n'offraient en aucun cas de meilleures perspectives de vie. Dans le Vorarlberg, la chronologie démontre leur inhospitalité : ce sont les régions qui ont été investies en dernier. Ce qui est certain, c'est que les nouveaux habitants étaient bien accueillis par les seigneurs locaux, car ils contribuaient largement à l'aménagement du territoire. Des privilèges importants leur étaient donc accordés : ils pouvaient exercer eux-mêmes les juridictions inférieures et léguer à leurs descendants les terres qui leur avaient été attribuées.

LES *SCHWAIGHÖFE* – *AUTRE FACTEUR DE COLONISATION INTERNE*

À partir XIIe siècle, et surtout aux XIIIe et XIVe, des fermes d'élevage autonomes se développent en haute montagne. Ces structures ne doivent pas être confondues avec les alpages, qui eux sont exploités de manière saisonnière.

Ces fermes sont créées par les seigneurs locaux, propriétaires des terrains, et souvent par les monastères. À l'instar des colonies de Walser, elles servent à mettre en valeur des régions montagneuses difficilement accessibles, notamment dans la Bavière et le Tyrol actuels. Appelées *Schwaighöfe* en allemand, elles sont avant tout tournées vers l'élevage. Le seigneur fournit d'ailleurs le bétail, en plus de la maison et des autres installations.

Il verse également à ces fermes des subventions sous forme de semences. Les *Schwaighöfe* étant souvent situées à la limite altitudinale pour la culture céréalière, elles ont régulièrement besoin d'aide. En effet, malgré le choix de variétés plus adaptées, les mauvaises récoltes sont fréquentes. En temps de crise, il arrivait même que des fermes peu rentables soient abandonnées et deviennent par la suite de simples alpages.

▼ *Le village de Brandberg, dans le val de Ziller (Zillertal, Tyrol autrichien), est issu de cinq « Schwaighöfe » créées au XIIe siècle par l'archevêque de Salzbourg.*

Le point commun de toutes ces communautés émigrées et dispersées était leur dialecte alémanique, qui les isolait fortement dans un environnement latin. Si dans de nombreuses régions italiennes, le *walserdeutsch* est aujourd'hui quasi éteint, il subsiste malgré tout à travers les toponymes. Dans tout l'espace alpin, ce sont environ 150 localités qui ont été fondées par les Walser, avec un ancrage particulièrement important dans le Nord du Piémont. Ainsi, 300 km (à vol d'oiseau) séparent les communautés du Kleinwalsertal et de la vallée d'Aoste (Gressoney, Issime). Aujourd'hui, les Walser s'efforcent d'entretenir leur héritage culturel, à l'aide de plusieurs musées locaux ou virtuels (sur Internet) et de rencontres régulières.

*Le village walser de Bosco-Gurin (double nom italien et walser), fondé au XIII*e *siècle. Il est inclus dans le projet de futur parc national du Locarnese, qui s'étendrait de Brissago (lac Majeur) jusqu'aux montagnes voisines du village.*

VILLES DES ALPES

Aujourd'hui comme par le passé, l'importance des villes alpines est souvent sous-estimée. Qu'est-ce qui définit une ville ? Vers 1500 déjà, les avis étaient partagés : lorsqu'en 1497, le voyageur rhénan Arnold von Harff traverse les Alpes depuis le nord, il dénombre environ 20 villes, alors que pour le diplomate florentin Francesco Vettori, qui traverse le massif depuis le sud à peu près à la même époque, seules deux localités méritent cette dénomination, à savoir Trente et Bressanone. Ce dernier avait en effet pour point de comparaison des centres urbains tels que Florence et Milan, et donc une autre définition de la ville.

Il est certain que les villes intra-alpines ne pouvaient rivaliser avec les métropoles des plaines. Il n'existait pas non plus de villes-États comme dans le Nord de l'Italie, sauf peut-être Bellinzone, relativement autonome. Cependant, on estime qu'au Moyen Âge et au début de l'époque moderne, environ 20 % de la population alpine vit en ville, c'est-à-dire dans des communes de plus de 5 000 habitants.

Mais au-delà des chiffres, d'autres critères sont à prendre en compte. Des localités abritant des marchés s'établissent le long des grandes routes commerciales, formant de véritables chapelets urbains, dont l'histoire reflète elle aussi la dynamique du développement urbain de l'époque.

VILLES D'ART ET D'HISTOIRE

En tant que carrefours commerciaux, les villes des Alpes permettent aussi les échanges culturels, comme on peut s'en apercevoir aujourd'hui sur la route menant au col du Brenner.

Bolzano, centre de commerce situé au croisement de plusieurs voies de communication, en est un bon exemple. La famille de marchands florentins Boccione de Rossi s'y est installée, germanisant au passage son nom en *Botsch* et choisissant la chapelle Saint-Jean du monastère dominicain local comme lieu de sépulture. En 1330, des peintres italiens s'inspirant de Giotto décorent ce lieu de prière de fresques flamboyantes, annonciatri-

L'EXEMPLE DE HALL EN TYROL (AUTRICHE)

La ville de Hall s'est développée grâce à l'exploitation du sel. Cette activité a interrompu le trafic fluvial sur l'Inn vers l'amont, car des écluses avaient été installées pour intercepter le bois amené par flottage pour approvisionner la mine de sel.

Très tôt, Hall dépend de la campagne environnante pour son ravitaillement et la production agricole s'adapte aux besoins de ce centre urbain. Si la commune a acquis dès les années 1280 le droit de marché, ce n'est qu'en 1303 qu'elle est élevée au rang de ville. Son importance croissante est reconnue en 1356 lorsqu'elle obtient le droit de tenir deux foires, où certains produits viennent de loin. Elle est même autorisée à exercer un droit d'étape sur les marchands étrangers.

En 1477, le duc Sigismond décide de battre la monnaie à Hall, et non plus Merano, probablement en raison de sa proximité avec le bassin minier de Schwaz. Les bourgeois participent eux aussi aux investissements et à l'essor économique de la ville et certains d'entre eux s'enrichissent considérablement. Mais Hall ne tarde pas à être détrônée par Innsbruck, toute proche. Aujourd'hui, les habitants se plaisent néanmoins à rappeler que leur centre historique très bien conservé est plus grand que celui de la métropole voi-sine !

▲ *Centre historique de Hall.*

◉ *Le Triomphe de la mort, dans la chapelle Saint-Jean du monastère dominicain de Bolzano. Cette chapelle était le lieu de sépulture d'une famille italienne de marchands, qui a fait venir des peintres de l'école de Giotto. Leur style pictural n'a rien à voir avec l'art gothique pratiqué dans la région et annonce la rupture à venir : c'est ainsi que la (pré-)Renaissance s'est invitée à Bolzano.*

ces de la pré-Renaissance dans une région encore totalement imprégnée par la peinture gothique du Nord. On ignore si les peintres locaux étaient déjà profondément marqués par ce renouveau artistique ou s'ils se sont contentés de suivre les instructions des commanditaires. Dans tous les cas, ils se sont efforcés (avec plus ou moins d'aisance) de s'approprier cette forme d'expression nouvelle.

Vipiteno est également un bon exemple, dans la direction inverse. Cette ville située juste au sud du col du Brenner s'est enrichie grâce au commerce, mais aussi grâce à l'exploitation des mines du Wipptal. L'ambitieuse bourgeoisie locale commande alors auprès de Hans Multscher, peintre et sculpteur originaire d'Ulm déjà renommé à l'époque, un retable monumental. Celui-ci est achevé en 1459 après plusieurs années d'intense travail. Cette œuvre aura une influence considérable dans l'espace alpin et a manifestement été étudiée de près par Michael Pacher (voir p. 50).

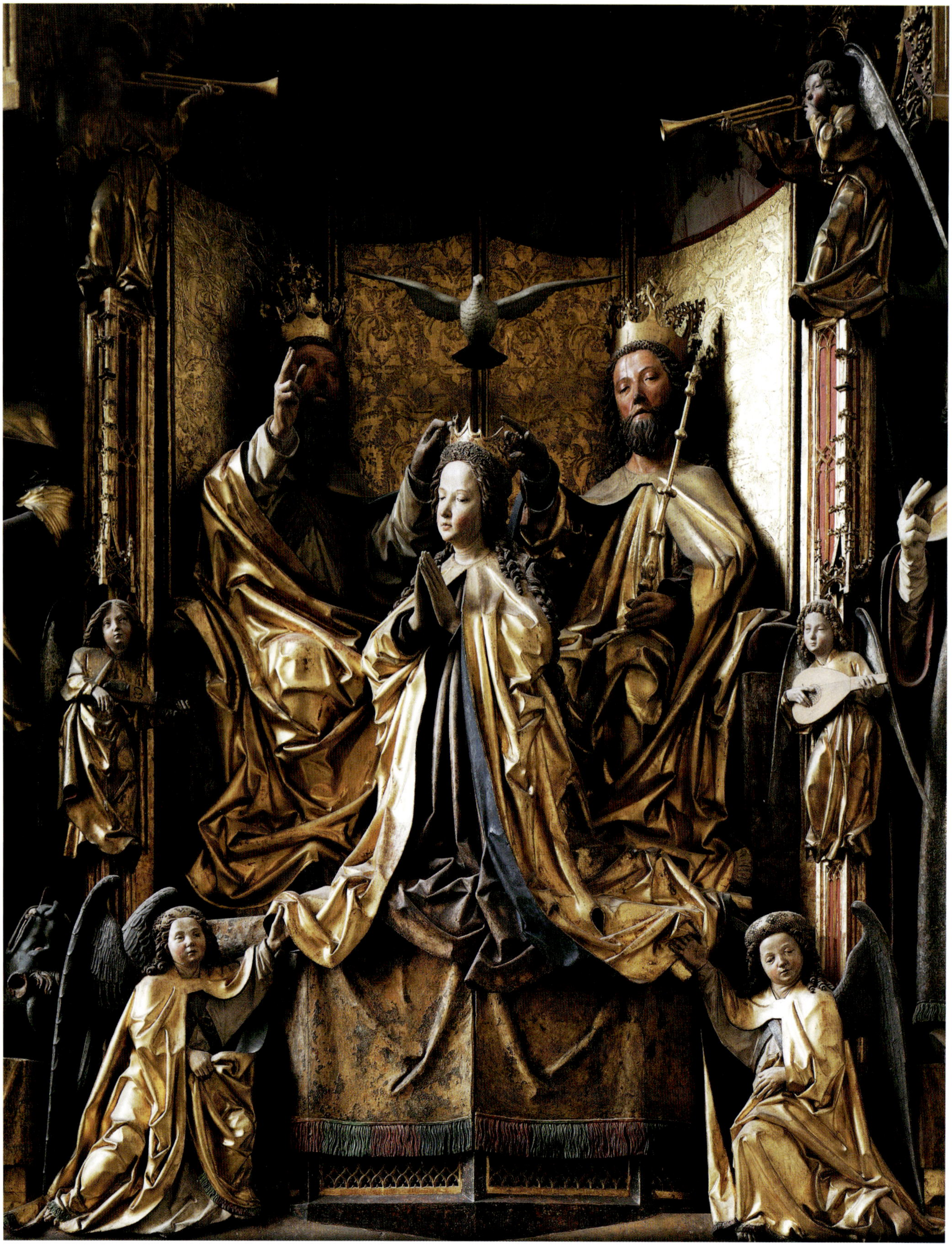

D'après les documents qui nous sont parvenus, un transfert culturel d'une autre nature a lieu en 1410. À l'époque, le comte Frédéric IV de Tyrol (dit « à la Bourse vide ») expulse l'évêque de Trente, non sans piller son palais au passage. Dans le butin : « six fourchettes ». Visiblement, l'usage de ce couvert ne s'était pas encore imposé à la cour de Merano, si bien que le chroniqueur a trouvé intéressant de le mentionner dans la liste.

INDUSTRIE MINIÈRE

Au Haut Moyen Âge, l'exploitation minière reste une activité majeure, notamment dans les bassins des Alpes orientales. Outre le cuivre, les mines de Schwaz (Autriche, Tyrol) extrayaient de telles quantités d'argent qu'elles sont à l'époque réputées avoir le meilleur rendement au monde. Vers 1500, cette ville située dans la basse vallée de l'Inn compte 20 000 habitants, se classant ainsi au deuxième rang des plus grandes communes de l'empire des Habsbourg. Les Fugger, famille de marchands implantée à Augsbourg, doivent une bonne partie de leur légendaire fortune aux gisements de Schwaz, que seules les mines du Nouveau Monde parviendront à détrôner.

L'extraction du minerai de fer de l'Erzberg, en Styrie, est mentionnée pour la première fois en 1171. La carrière est progressivement étendue au cours des siècles, mais dès le Moyen Âge, il s'agit du plus grand site d'extraction du fer en Europe centrale, à une époque où la demande en métaux précieux est très forte sur tout le continent. Le site est toujours en activité aujourd'hui.

◀ *L'église paroissiale de Gries à Bolzano abrite l'œuvre d'un artiste novateur pour l'époque : le retable du couronnement de Marie (dont voici un détail) de Michael Pacher (voir p. 50). La faible largeur de l'ouvrage ne l'a pas empêché de donner un caractère vivant à la scène grâce à une impression de profondeur.*

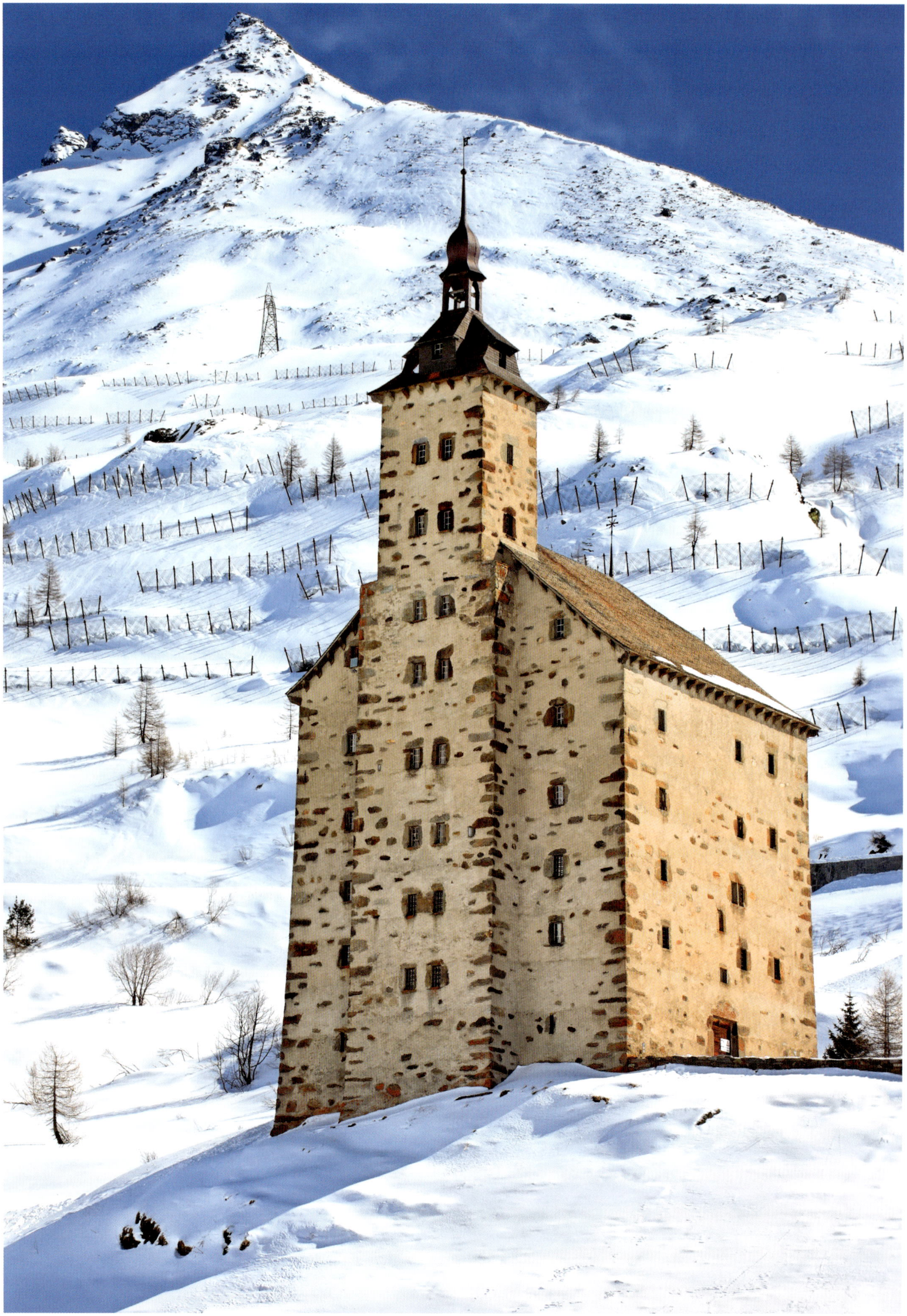

DE L'ÉPOQUE MODERNE À L'ÉPOQUE CONTEMPORAINE

À l'époque moderne, alors que les grands États européens se consolident, les Alpes se retrouvent de plus en plus à la marge de ces différentes puissances. Tout en s'éloignant, les montagnes suscitent en même temps une fascination croissante, empreinte de nostalgie.

UNE NOUVELLE IMAGE DES ALPES (DE LA RENAISSANCE AUX LUMIÈRES)

◀ *L'ancien hospice du col du Simplon (construit vers 1660) dans son décor de neige. Sa construction est l'œuvre d'un riche marchand de Brigue et de l'entrepreneur Kaspar von Stockalper, qui a également fait aménager la route du col.*

En 1492, alors que Christophe Colomb découvre l'Amérique, une autre « conquête », spectaculaire et presque aussi périlleuse, a lieu dans les Alpes.

Situé dans le sud-ouest du massif, le mont Aiguille (2 087 m) vaincu cette année-là présente toujours cette forme étrange qui lui vaut de figurer dans n'importe quel livre consacré aux Alpes. Il se termine en effet par une muraille rocheuse surmontée d'un petit plateau. Les falaises extrêmement

🔺 *Derrière Chichilianne se dresse le mont Aiguille avec son sommet à pic.*

abruptes mesurent jusqu'à 300 m de haut. Au nom du roi, Antoine de Ville, capitaine dans l'armée française, entreprend avec quelques hommes de gravir cette montagne. « C'est le plus horrible et épouvantable passage que je vis jamais », écrira-t-il, tout en reconnaissant que le paysage magnifique au sommet en valait la peine. Belles et terribles à la fois : c'est la perception des Alpes qui va s'imposer pour longtemps.

Le plus ancien texte qui s'intéresse en détail au massif alpin, le *De Alpibus Commentarius* (commentaires sur les Alpes), est l'œuvre d'un Suisse, Josias Simler (1530-1576). Le problème, c'est qu'il n'a jamais mis les pieds à la montagne ! La question qui se pose alors est la suivante : comment les habitants des Alpes percevaient-ils leur propre région et comment se sont-ils adaptés aux conditions de vie ?

Pour les XVIe et XVIIe siècles, il est difficile d'y répondre. Les rares sources dont nous disposons ne permettent pas de se faire une idée globale de la vie rurale alpine. Parmi elles, on trouve une remarque de Martin Luther dans ses *Propos de table* (1535), qu'un participant à ses assemblées a notée : « Les Suisses sont très vigoureux, mais parce qu'ils habitent dans les Alpes, ils n'ont point de champs, seulement des prairies. Par conséquent, les hommes font la traite et le fromage en temps de paix ».

S'il explique que les Suisses accomplissent, malgré leur robustesse, un travail féminin, Luther met toutefois en avant un phénomène évident. De nombreuses régions suisses du Nord des Alpes ont en effet su tirer parti de leur situation difficile et dépasser le système de l'autosuffisance : alors que la culture y est une activité particulièrement pénible, les précipitations abondantes se chargent de faire croître l'herbe et les plantes.

Là où les paysans peuvent disposer plus ou moins librement de leur terre, ils réduisent la culture céréalière au strict minimum et développent l'élevage. L'expression *Hirtenland* (pays des bergers) se popularise, parfois avec une connotation négative. Dans la pièce de théâtre de Schiller *Guillaume Tell* par exemple, le jeune Rudenz, aveuglé par l'ambition, méprise les Suisses, ce « peuple de bergers », ce qui déclenche bien sûr la colère de son adversaire, héros libéral et patriote (voir p. 273).

Au pays des bergers, les champs des vallées laissent place à des prairies de fauche et l'exploitation des alpages (voir p. 227) s'intensifie. Cette spécialisation n'aurait pas été possible sans les débouchés qui existaient en dehors des Alpes pour les produits laitiers et la viande. La demande pour ces denrées était en effet très forte dans les grands centres urbains de part et d'autre du massif. Certains paysans s'enrichissent même grâce au commerce de viande avec la Lombardie.

LA « DÉCOUVERTE » DES ALPES

« En effet, c'est une impression générale qu'éprouvent tous les hommes, quoiqu'ils ne l'observent pas tous, que sur les hautes montagnes, où l'air est pur et subtil, on se sent plus de facilité dans la respiration, plus de légèreté dans le corps, plus de sérénité dans l'esprit […]. Il semble qu'en s'élevant au-dessus du séjour des hommes, on y laisse tous les sentiments bas et terrestres, et qu'à mesure qu'on approche des régions éthérées, l'âme contracte quelque chose de leur inaltérable pureté. »

Jean-Jacques Rousseau, *Julie ou la Nouvelle Héloïse* (1761)

▲ *Ce portrait de Jean-Jacques Rousseau (1712–1778) en costume arménien a été réalisé par l'Écossais Allan Ramsar.*

Cette description préromantique des Alpes aura un fort retentissement. Le roman épistolaire *Julie ou la Nouvelle Héloïse* du Genevois Jean-Jacques Rousseau (1712–1778) est en effet l'un des plus grands succès du XVIII siècle. Il met en scène un amour impossible entre un bourgeois et une noble dans un décor alpin, la nature étant invoquée en opposition aux barrières sociales arbitraires.

Avec Rousseau s'ouvre l'époque des Lumières. Jusque-là, les Alpes apparaissaient essentiellement comme une région affreuse et hostile. Cette diabolisation peut sembler surprenante, mais le relief extrême et les dangers associés ont façonné la perception du public, notamment de ceux qui ne les avaient jamais vues.

On remarque toutefois que très tôt, quelques voix discordantes s'élèvent pour donner une tout autre vision des montagnes, comme le Florentin Pétrarque (1304–1374) avec son œuvre poétique *L'Ascension du mont Ventoux*. Il semble qu'il ait lui-même gravi ce sommet en 1336, même si cette réalité fait encore débat.

Environ deux siècles plus tard, le naturaliste suisse Conrad Gesner (1516–1565) exprime sa ferme intention de « faire chaque année l'ascension de quelques montagnes ». S'il y trouve bien sûr un intérêt scientifique et reconnaît les bienfaits pour la santé d'une telle activité physique, c'est surtout la satisfaction éprouvée devant le « spectacle » des montagnes qui le pousse à aller « dresser la tête jusqu'aux nuages ».

Mais dans l'ensemble, les Alpes sont surtout vues comme une bizarrerie de la Création. Au XVIII siècle pourtant, à mesure que cette vision change, de nombreux écrivains s'emparent du sujet, comme le poète allemand des Lumières (établi à Hambourg !) Barthold Heinrich Brockes (1687–1747).

▼ *Jakob Alt (peintre germano-autrichien) : vue sur le Dachstein depuis le Plassen (vers 1825). Cette œuvre montre le peintre et son fils en redingote et haut-de-forme, en train de dessiner. Ces êtres étrangers au décor somptueux des montagnes ont interrompu leur activité pour se verser un petit remontant. À côté d'eux se tient un porteur, probablement autochtone.*

La glorification jusque-là très ponctuelle des Alpes prend de l'ampleur au point de ne plus pouvoir être ignorée. Si elle se manifeste en particulier dans les beaux-arts, elle est aussi liée, en poésie et en peinture, à l'intérêt croissant pour les sciences naturelles. Autre point important : au départ, ce sont essentiellement les Alpes suisses que l'on exalte.

Dans les régions germanophones, l'œuvre la plus représentative de ce phénomène est celle du naturaliste, médecin et écrivain bernois Albrecht von Haller (1708–1777). Les 49 strophes de son texte lyrique *Les Alpes* (1729) ont eu un écho remarquable chez ses contemporains. Traduit en français en 1752, ce long poème est librement adapté en prose.

En célébrant les Alpes, Haller fait avant tout l'éloge de ses habitants, vantant leur vie simple, loin de la corruption des villes et de la noblesse :

« Un sang pur coule dans leurs veines ; aucun poison héréditaire, fruit des dérèglements d'un père vicieux, ne s'y est glissé ; il n'est ni corrompu par le chagrin, ni enflammé par des vins étrangers, ni gâté par un venin lascif, ni aigri par des ragoûts artificieux ».

Dans la deuxième partie, Haller propose un voyage poétique dans l'univers alpin, exaltant sa beauté et celle des fleurs : « La noble gentiane élève sa tête altière au-dessus de la foule rampante des plantes plébéiennes ». Il s'agit probablement d'une référence à la gentiane jaune (voir p. 90), dont « [le] frère même couvert d'un tapis bleu s'humilie devant elle ».

L'engouement des contemporains pour son œuvre, dans laquelle Haller célèbre donc la vie libre dans les montagnes suisses, est immense. Pourtant, ce penseur des Lumières est tout sauf un partisan d'une révolution à la française. Il fait simplement l'éloge de la simplicité et insiste sur le bonheur de ceux qui suivent ce mode de vie : « Peuple heureux, la noire engeance des vices ne s'empara jamais de vos cœurs […] / Heureux qui comme vous laboure son héritage avec des bœufs qu'il a élevés lui-même ; […] Content de son sort, il n'en souhaite point d'autres. Assurément, le Ciel ne peut rien ajouter à son bonheur. »

Dans les montagnes, la nature apparaît ainsi préservée de toute déformation ou contrefaçon. Elle et ses habitants ne sont pas encore soumis au « progrès », contrairement aux villes, responsables de la corruption : « Heureux qui est privé de ces avantages dangereux ! ». Il s'agit donc de revenir à nos racines : « Heureux siècle d'or, présent de la bonté suprême ! Pourquoi le Ciel a-t-il borné ta durée ? »

L'idée de la liberté comme un élément de l'état de nature est reprise au Biedermeier, (période consécutive à l'époque napoléonienne dans les États germaniques, de 1815 à 1848). Cette vision idyllique est notamment incarnée par les romans *Heidi* de Johanna Spyri, femme de lettre suisse allemande. Les Alpes deviennent alors une destination de prédilection pour de nombreux voyageurs nostalgiques d'une sorte de pureté originelle.

LE XIXᵉ SIÈCLE

Le XIXᵉ siècle marque un tournant. Avec la constitution et la consolidation des États-nations européens, le massif alpin occupe de plus en plus une position marginale sur le plan politique. L'exemple le plus révélateur est sûrement celui de la maison de Savoie (voir p. 149), qui avait entre-temps acquis le titre de roi de Sardaigne et choisi Turin, proche des Alpes, comme capitale pour l'ensemble des États de Savoie. Après 1850, la dynastie saisit l'occasion de monter sur le trône d'Italie, qui devient une monarchie constitutionnelle. L'empereur Napoléon III encourage l'unification italienne et y gagne un allié puissant. En échange, la maison de Savoie lui cède en 1860 sa région d'origine, ainsi que le comté de Nice. Enfin, Rome étant la capitale « naturelle » du Royaume, les Alpes se retrouvent à la marge de cette jeune Italie.

C'est ainsi que prend fin la longue opposition de la maison de Savoie à la France, qui avait entraîné la construction de forteresses impressionnantes dans la région frontalière du Piémont. Les installations défensives d'Exilles (val de Suse), de Bard (vallée d'Aoste) et de Fenestrelle témoignent aujourd'hui de ces relations hostiles. Au XIXᵉ siècle encore, on renforce et on réaménage ces bastions. La forteresse de Fenestrelle est de loin la plus vaste d'Europe et détient un second record avec ses escaliers couverts composés de 4 000 marches.

L'Autriche, qui a perdu en 1859 la guerre contre la Sardaigne et, au passage, ses possessions du Nord de l'Italie, se désintéresse également des régions alpines. Ce n'est qu'à la fin de la première guerre mondiale, que le pays deviendra une « république des Alpes ». Quant à la Bavière, monarchie constitutionnelle depuis 1818, elle est intégrée à l'Empire allemand en 1870. Depuis Berlin, la partie alpine de la région semble là aussi bien marginale.

L'autre pays alpin se nomme officiellement la Confédération suisse depuis 1803. Le processus par lequel la Suisse en vient à se considérer comme une nation se prolonge toutefois jusqu'à la fin du XIXe siècle. Mais au sein de l'ancienne Confédération déjà, les centres politiques s'étaient déplacés vers le Moyen-Pays (ou Plateau suisse), où vit dès 1800 environ 60 % de la population. L'arc qui s'étire entre les Alpes et le Jura devient donc le poumon économique du pays, reléguant les régions montagneuses au second plan.

Avec l'industrialisation, l'écart se creuse entre les foyers urbains et les régions isolées. L'espace alpin reste globalement à la traîne par rapport aux centres économiques et financiers et toutes les vallées ne profitent pas de l'activité liée aux voies de communication très empruntées. Alors que les villes de plaine s'étendent au-delà des fortifications érigées au Moyen Âge,

▼ *Le fort de Bard dans la vallée d'Aoste.*

les villes alpines manquent de place dans les arrière-pays pour approvisionner une population plus importante.

De nombreux habitants des Alpes quittent alors leur région d'origine pour se mettre en quête d'un travail. Mais bientôt, un mouvement inverse se met en place : fuyant les villes grises et polluées, des « étrangers » arrivent, séduits par les images de nature sauvage et de paysages romantiques. Ce ne sont certes pas des migrations de masse, mais elles prennent de l'ampleur.

LE XXᴱ SIÈCLE

Le XIXᵉ siècle s'achève avec le début de la première guerre mondiale. Les évènements historiques remettent les Alpes sur le devant de la scène : la région est en effet au centre des actions militaires. En matière de « guerre de montagne », on cite souvent les batailles du col du Stelvio, à la frontière suisse, et le front qui s'étendait de là jusqu'au lac de Garde. Le caractère impitoyable des combats entre les armées italienne et austro-hongroise était totalement disproportionné par rapport à d'éventuelles avancées, pour l'une ou l'autre partie. Le relief et le climat extrême ont durement éprouvé les soldats, provoquant plus de décès que les actions adverses. Cent ans après, les commémorations de 2014 ont permis de souligner à nouveau le caractère terrible et absurde de ces évènements.

Si la Suisse avait renforcé les fortifications à ses frontières, en particulier dans l'Engadine, son intégrité territoriale n'a toutefois pas été menacée pendant la guerre. En raison de la neutralité du pays, la ville de Genève est ensuite choisie pour accueillir le siège de la Société des Nations en 1920.

C'est la partie autrichienne de la double monarchie des Habsbourg que la défaite modifie le plus : la superficie du pays qui s'appelle désormais l'Autriche est nettement réduite. Plusieurs régions alpines sont perdues, mais la perte la plus douloureuse est celle du Tyrol du Sud au profit de l'Italie (Haut-Adige), car la nouvelle frontière divise le Land en deux parties (Tyrol du Nord et Tyrol oriental).

▲ *Une autre vision des montagnes : la tranchée toujours visible dans le massif du Tofane, près de Cortina d'Ampezzo, est un vestige de la première guerre mondiale. Les soldats italiens et austro-hongrois se sont affrontés à cet endroit en juillet 1915. Les combats meurtriers de cette première offensive dans les Dolomites n'ont en rien modifié la ligne de front.*

LES ENFANTS DE SOUABE
ET LES CHANTEURS TYROLIENS

Dans le journal le plus populaire de Souabe, un auteur inconnu du XIXe siècle s'emporte contre une pratique courante depuis la fin du XVIIe : le commerce des « enfants de Souabe ». Cette dénomination fait référence aux enfants travailleurs de différentes régions alpines qui étaient envoyés en Haute-Souabe, au nord du lac de Constance. Aujourd'hui, de nombreux projets et expositions font revivre ce chapitre de l'histoire, notamment la ferme-musée Wolfegg, dans le district de Ravensbourg ; il existe même un guide de randonnée consacré aux sentiers empruntés par les « enfants de Souabe ».

« Est-ce pour une fête de Pâques particulière que l'on amène des enfants de si loin et en si grand nombre ? Oui, c'est bien une foire pascale à laquelle ils se rendent, mais pas de nature religieuse, avec consécration et communion ; c'est un marché aux enfants, un lieu d'achat et de vente où ces enfants sont la marchandise. »
Extrait du journal *Die Gartenlaube* (1866)

Originaires de la vallée toute proche de Montafon (actuel Vorarlberg, Autriche), mais aussi du Liechtenstein, du Tyrol et du haut pays des Grisons, ils sont

Les « enfants de Souabe » étaient réunis à Ravensbourg, où ils étaient « expertisés ». La photo de Peter Scherer (ci-dessus) a été publiée dans un journal viennois avec la légende « marché aux esclaves moderne ». En 1866, un journaliste du Gartenlaube (journal souabe) intitule son émouvant article « Un commerce d'enfants ».

ainsi plusieurs milliers, vers 1850, à être envoyés chaque année à l'étranger. Ils viennent surtout de régions particulièrement pauvres, où un grand nombre d'enfants représente un risque pour les familles. Âgés de 5 à 14 ans, ils travaillent dans les fermes, les plus jeunes pouvant servir de bergers.

Peu avant Pâques, ils préparent leur paquetage, pour ensuite ne revenir chez eux qu'à la fin de l'automne. Dans leur région d'origine, ils sont dispensés de l'école obligatoire, et dans le royaume de Wurtemberg, cette obligation introduite en 1836 s'applique uniquement aux enfants du pays. Ils se rassemblent sur les marchés, notamment à Ravensbourg, puis à Friedrichshafen, où les fermiers viennent s'acheter des petites mains.

En revanche, même si le travail passe au premier plan, le « salut de l'âme » des enfants n'est pas négociable : ils n'ont donc le droit de s'employer que dans les régions catholiques du Wurtemberg.

> **« Ils yodlaient magnifiquement ; leurs voix étaient cristallines et pures comme l'air des montagnes. Les frères et sœurs Rainer ont chanté leurs chansons des Alpes avec autant de naïveté, de fidélité et de sincérité que chez eux, dans les montagnes. »** Extrait du journal livonien (actuelle Lettonie) *Das Inland* (1830)

Ce chroniqueur enthousiaste de 1830 a assisté à une représentation des Rainer, fameux chanteurs amateurs des montagnes. Comme d'autres groupes du même genre, tels que les frères et sœurs Strasser, eux aussi célèbres, ils étaient originaires du Zillertal, dans le Tyrol autrichien. Selon la tradition, le chant était une activité secondaire : sur les marchés d'hiver et de Noël des plaines, les montagnards proposaient des chants traditionnels de leur région natale. Très

Les frères et sœurs Rainer, en ménestrels tyroliens, lors de leur représentation au château de Windsor.

vite, cela devient une activité à part entière, car à l'aube de la période romantique, ils conquièrent de nombreux auditeurs. Les chanteurs exerçaient dans la rue, puis dans les marchés et les salons.

Ce sont les frères et sœurs Rainer qui obtiennent la plus grande notoriété ; on leur doit d'ailleurs d'avoir propagé le chant de Noël *Douce nuit*. Ils trouvent un bienfaiteur enthousiaste en la personne de Georges IV, roi d'Angleterre, et deviennent ainsi rapidement à la mode à Londres. Leurs tournées emmènent ces chanteurs tyroliens jusqu'aux États-Unis, où ils sont considérés comme le modèle suivi par les *singing families* américaines. Quelques contemporains ont parfois émis des doutes quant à l'authenticité de ces groupes. Si certains étaient peut-être des précurseurs de la « musique du monde », ils ont en tout cas largement contribué au rayonnement du Tyrol à l'étranger.

En 1837, les protestants du Zillertal entreprennent un dernier voyage sans chant et sans retour. Expulsés par l'État, ils étaient toutefois assurés de pouvoir s'installer en Prusse.

Quant à la Slovénie, auparavant intégrée à l'Autriche-Hongrie, elle rejoint en 1918 le Royaume des Serbes, Croates et Slovènes. Ce dernier exprime ses prétentions sur les régions frontalières de la Carinthie et envoie même ses troupes marcher sur la capitale régionale Klagenfurt. Cependant, lors du plébiscite de 1920, la population de la Carinthie du Sud, bien que slovénophone, choisit le rattachement à l'Autriche. Aujourd'hui, la région est encore agitée par des querelles à propos des panneaux de signalisation bilingues (allemand-slovène).

Pendant la seconde guerre mondiale, la Suisse fait des Alpes un poste avancé de la défense du territoire. Cernée par les grandes puissances, elle trouve en effet dans le massif montagneux un allié naturel contre les menaces qui viennent de toute part, et met en place dans la région un ensemble de fortifications : le fameux « Réduit national ». Durant la guerre froide, il est encore, avec les Alpes, un symbole de l'identité nationale. Selon les historiens, son pouvoir dissuasif aujourd'hui serait quasi nul.

Côté allemand, la « forteresse des Alpes » est bien évidemment réputée imprenable. Dans la dernière phase de la guerre, elle se révèle finalement n'être qu'une lamentable fiction, inventée par l'organe de propagande nazi.

Si des sites militaires restent actifs sans les Alpes après la seconde guerre mondiale, une longue période de paix commence à partir des années 1950. Parmi les faits marquants de l'histoire récente, il y a la naissance d'un nouveau pays alpin : après une courte période de conflit, la Slovénie prend son indépendance en 1991 et ratifie dès 1995 les accords-cadres de la Convention alpine (voir p. 17).

Après ce grand panorama historique, il est temps de s'intéresser à des problématiques propres à l'arc alpin et aux évolutions qui y sont liées. Comment traverser les Alpes ? La question s'est posée à toutes les époques et ce n'est pas fini.

LE TYROL DU SUD

En 1919, la partie du Tyrol située au sud du Brenner est définitivement cédée à l'Italie. Le nouvel État ignore totalement les exigences d'autodétermination des Tyroliens germanophones. Les espoirs qu'ils ont placés dans le gouvernement national-socialiste, alimentés par l'annexion de l'Autriche en 1938, sont déçus lorsqu'Hitler déclare inaltérable la frontière du Brenner. Les Tyroliens du Sud sont alors incités à rejoindre le Reich.

Après la seconde guerre mondiale, les conflits continuent d'agiter la région. Si l'Autriche et l'Italie signent en 1946 l'Accord De Gasperi-Gruber, qui accorde au Tyrol du Sud une certaine autonomie politique et administrative, ces engagements sont constamment contournés dans la pratique.

Parallèlement, un Comité pour la libération du Tyrol du Sud commet des attentats sanglants, tuant policiers et soldats. Les autorités réagissent de leur côté par des mesures brutales.

Il faut attendre huit ans avant qu'en 1969, un deuxième statut d'autonomie voie le jour, et encore trois avant qu'il entre en application sous forme de loi constitutionnelle. L'entrée en vigueur de cette dernière s'étale même jusqu'en 1992. La province autonome de Bolzano (ou Haut-Adige) forme aujourd'hui une grande région avec la province autonome de Trente (ou Trentin), mais le gouvernement de Bolzano garde le contrôle sur les processus d'autodétermination du Tyrol du Sud. Aujourd'hui, des voix s'élèvent à nouveau pour réclamer la sécession pure et simple de la province.

Forteresse de Sand in Taufers (Campo Tures en italien), dans le Tyrol du Sud.

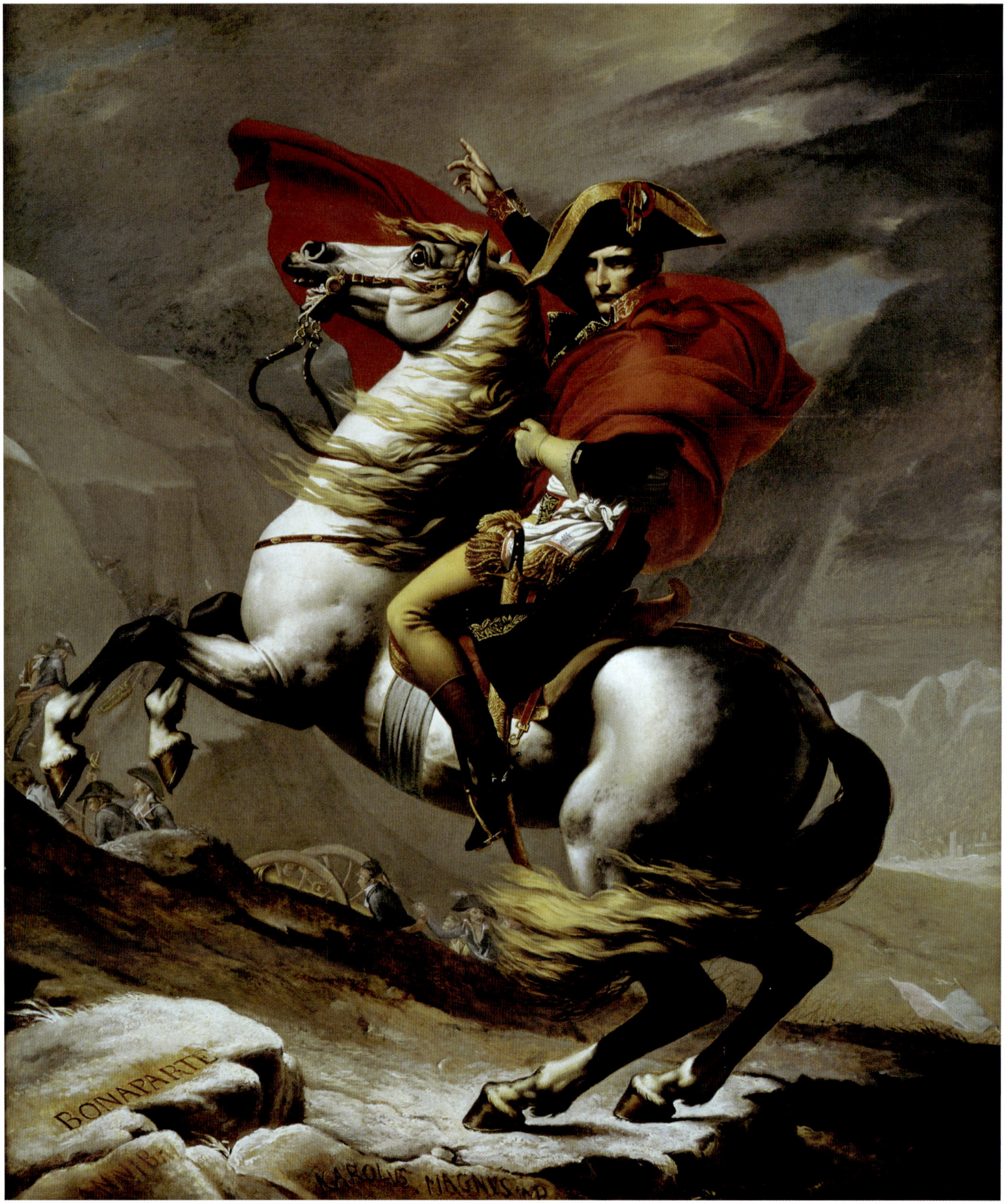
BONAPARTE
KAROLVS MAGNVS IMP

TRAVERSER LES ALPES

Un voyage rapide et sûr : c'est ce qu'ont souhaité, à toutes les époques, tous ceux qui devaient parcourir l'arc alpin. D'Hannibal aux tunnels de base, la traversée des Alpes est une longue histoire. Pas seulement l'histoire des cols et de la percée des tunnels, mais aussi celle des chemins et des routes.

Derrière l'éminent cavalier sur son cheval fougueux, le décor grandiose du second plan semble s'effacer. Pas de doute, ce tableau de *Bonaparte franchissant le Grand-Saint-Bernard* est un concentré de propagande. Le peintre Jacques-Louis David en a réalisé plusieurs versions, plus ou moins différentes, entre 1800 et 1802. Les commandes pour ce portrait équestre sont si nombreuses, qu'il doit appeler ses collègues à l'aide.

Tout comme les sommets de l'arrière-plan, les trois rochers occupant le premier plan se remarquent à peine. Les inscriptions qu'ils portent servent clairement à glorifier le cavalier ; sur celui du milieu est gravé le nom d'Hannibal. Les historiens romains ont en effet raconté la traversée des Alpes de ce dernier, à qui ils vouent un immense respect pour cette folle entreprise. Leurs écrits mentionnent 50 000 (ou 25 000) fantassins et 9 000 (ou 12 000) cavaliers. Mais ils rendent avant tout hommage à un spectaculaire outil de guerre : 37 éléphants, dont 7 seulement seraient parvenus

◀ *Jacques-Louis David*, Bonaparte franchissant le Grand-Saint-Bernard *(1800). En réalité, Napoléon a traversé les Alpes sur un mulet, escorté par l'armée.*

jusqu'à la plaine du Pô. Les auteurs antiques parlent également de chutes de neige survenues à l'automne de cette année 218 av. J.-C. Toutefois, les spécialistes du climat estiment qu'à cette époque, la limite des arbres se situait 200 à 300 m plus haut qu'aujourd'hui, ce qui remet en question l'idée d'une progression à travers les rochers et la glace.

Malheureusement, les historiens romains ne donnent aucune indication quant à l'itinéraire du général carthaginois et de son armée dans le massif. Depuis peu, des archéologues pensent avoir trouvé des indices tangibles démontrant que les troupes d'Hannibal auraient gagné l'Italie en passant par le col de la Traversette, situé à 3 000 m d'altitude.

Un peu plus tard, les Romains souhaitent pouvoir eux aussi traverser les Alpes rapidement et sans danger. Après l'aménagement de la route permettant de franchir le Grand-Saint-Bernard sous l'empereur Claude (qui règne de 41 à 54 ap. J.-C.), ce col devient l'un des plus importants des Alpes occidentales. Situé à 2 472 m d'altitude, il relie la vallée d'Aoste à la vallée supérieure du Rhône. Les fouilles réalisées sur place ont mis au jour un sanctuaire consacré au dieu celte Poennius, que les Romains dédient par la suite à Jupiter. Le col s'appelle d'ailleurs pendant très longtemps le col du Mont-Joux (de *Jovis,* Jupiter).

Dans les Alpes orientales, la *Via Claudia Augusta* devient la principale voie de communication. Depuis la plaine du Pô, elle permet de rejoindre l'espace danubien et même la capitale de Rhétie, Augsbourg, à partir de 40 ap. J.-C., *via* les cols de Resia et de Fern (actuel Tyrol). Vers 200, cette route perd cependant de son importance, celle reliant Vérone à Augsbourg par le col du Brenner étant désormais le chemin le plus court.

Revenons au tableau de David et aux trois rochers du premier plan. Le nom de Napoléon est évidemment écrit sur le plus gros d'entre eux. Quant au troisième, il porte l'inscription *Karolus magnus Imp*. L'empereur Charlemagne est ici convoqué pour servir la propagande de Napoléon Bonaparte, alors que celui-ci n'est encore que Premier consul de la République. Historiquement, ils ont effectivement un point commun : Charlemagne avait lui aussi intérêt à aménager et à sécuriser les cols alpins pour ses campagnes en Italie. En 773, lors de la guerre contre les Lombards, il traverse ainsi les Alpes avec deux armées, gagnant depuis Genève le col du Mont-Cenis, tandis que son oncle passe par le Grand-Saint-Bernard.

Si le franchissement du col du Grand-Saint-Bernard représente un vrai défi, l'altitude n'est pas le seul critère. En réalité, la route ne présentait pas d'obstacles majeurs à la circulation. Il n'est donc pas surprenant que saint Bernard de Menthon, en l'honneur duquel le col a ensuite été renommé, ait fondé en 1050 un hospice à cet endroit (en tout cas, selon la légende). Les saint-bernards, ces fameux chiens de montagne employés pour les recherches de victimes d'avalanches, lui doivent également leur nom. Le musée d'Histoire Naturelle de Berne rend d'ailleurs hommage à l'un d'eux, Barry, le « plus célèbre chien de sauvetage au monde ».

Au Moyen Âge, alors que les routes romaines parcourant le massif se délabrent, le chemin antique du Grand-Saint-Bernard semble avoir été préservé. Le rôle des monastères est déterminant au Bas Moyen Âge et au Moyen Âge central : les moines de Disentis/Mustér (Grisons), par exemple, sont chargés de garantir la sûreté de la circulation au col du Lukmanier (1 915 m). Plusieurs empereurs romains germaniques, dont Frédéric Barberousse, l'emprunteront pour passer en Italie.

▼ *Des saint-bernards photographiés (quoi de plus logique !) au col du Grand-Saint-Bernard.*

À la fin du XIIe siècle, le trafic commercial dans le massif alpin s'accroît considérablement. Les cols qui avaient été délaissés sont à nouveau très empruntés, mais leur importance varie en fonction de la conjoncture, et plus précisément des périodes d'essor et de déclin des centres commerciaux situés de part et d'autre des Alpes. Lorsqu'au XIIe siècle Milan et la Lombardie se renforcent économiquement, et qu'en France, les foires de Champagne attirent de nombreux marchands étrangers, le col du Simplon en bénéficie, car il se situe sur le plus court chemin reliant ces deux marchés. Le Grand-Saint-Bernard se retrouve ainsi marginalisé. Après 1300 en revanche, ces foires perdent de leur pouvoir d'attraction et les campagnes militaires d'Amédée V de Savoie rendent les chemins peu sûrs ; les marchands européens privilégient alors le col du Saint-Gothard, situé plus à l'est.

On ne soulignera jamais assez qu'au Moyen Âge, la traversée des Alpes est une entreprise dangereuse pour les hommes et les bêtes de somme. On craint autant les coulées de boues et les chutes de pierres que les intempéries soudaines. La présence de monastères et d'hospices sur le chemin est donc cruciale. À proximité des cols, ils ne doivent pas être éloignés de plus d'une journée de voyage. Des guides connaissant bien la région et les évolutions météorologiques sont également nécessaires. Leur activité conduit souvent à la création en contrebas des cols de coopératives de transport, constamment en concurrence les unes avec les autres. Dans beaucoup d'endroits, ces sociétés ont aussi pour mission d'entretenir leur tronçon de chemin.

Il est de fait essentiel que les chemins soient praticables, comme le montre l'exemple du Saint-Gothard. Alors que l'ascension du côté sud ne

◀ *William Turner (1775–1851), Le Pont du diable et les gorges de Schöllenen (aquarelle de 1803/1804). En réalité, le pont possédait un parapet, mais cela ne correspondait pas au sujet romantique de l'œuvre.*

pose pas de difficultés particulières, le parcours septentrional est semé d'embûches. Les gorges de Schöllenen, dans la haute vallée de la Reuss, compliquent énormément le voyage, car il faut les éviter en faisant un long détour, jusqu'à ce que, vers 1200, la construction du fameux « pont du diable » permette de les franchir.

Dans tous les cas, les gorges, traversées par des eaux déchaînées, constituent des tronçons extrêmement dangereux, comme la tristement célèbre Viamala (« mauvais chemin » en romanche). Cette section du Rhin postérieur, longue de 8 km, se trouvait sur le chemin conduisant aux cols de Splügen et du San Bernardino (à ne pas confondre avec le Grand-Saint-Bernard). Les Romains avaient certes réussi à s'aménager un passage dans

▶ *Rudolf Koller (1828-1905), La Poste du Gothard. À en juger par la fougue des chevaux, la calèche dévale la pente à toute vitesse. Le veau qui fuit au premier plan semble être la victime imminente de cette course folle.*

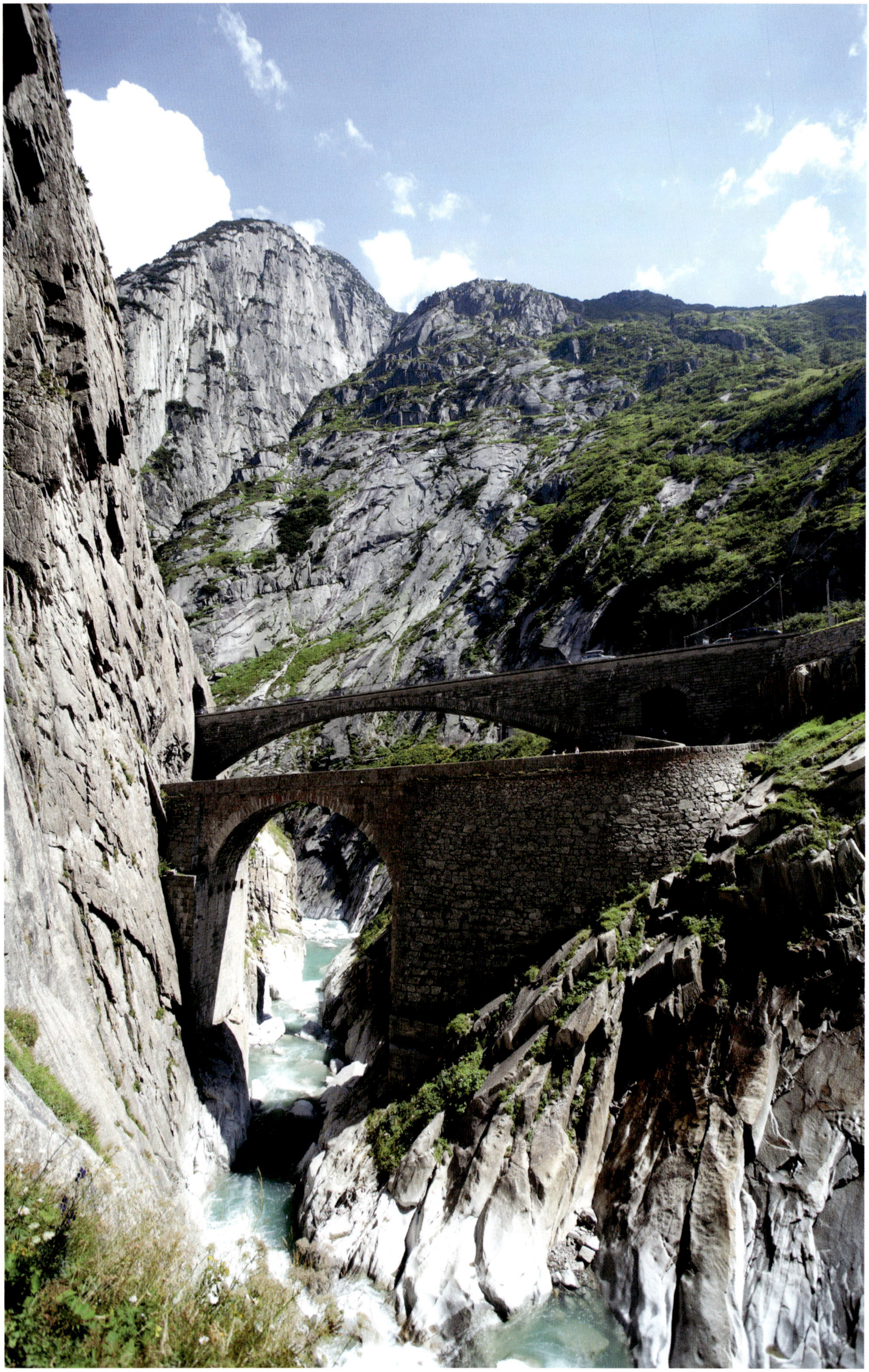

Les deuxième (derrière) et troisième (devant) ponts du diable des gorges de Schöllenen.

la roche, mais il s'était effondré. En outre, depuis que l'évêque de Coire s'était battu pour développer le trafic sur la route du col du Septimer, situé plus à l'ouest, il existait désormais une alternative praticable.

En 1473, les communes environnantes décident finalement de remettre en état le chemin de la Viamala. Elles parviennent également à construire un pont en pierre au-dessus du Rhin postérieur. Le Splügen devient alors, et pour longtemps, l'un des cols les plus importants de Suisse. Conservant néanmoins leur caractère inquiétant, les gorges inspireront l'écrivain John Knittel pour son roman *Via Mala*.

HEINRICH KUNTER, PIONNIER DES ROUTES PRIVÉES

À l'est de Bolzano, les gorges de l'Isarco sont un peu la Viamala de la route du Brenner. Leur contournement était source de difficultés et de perte de temps pour les marchands ; depuis 800 environ, le chemin les faisait remonter jusqu'à la commune de Renon avant de redescendre dans la vallée.

Mais si la route du Brenner permettait aux seigneurs locaux d'engranger des recettes non négligeables, ils n'avaient rien fait pour remédier au problème. Heinrich Kunter (décédé vers 1317), un marchand local concerné, soumet alors une proposition au comte de Tyrol, que ce dernier accepte volontiers. Il fait aménager à ses frais un chemin passant par les gorges, en échange de quoi il est autorisé (d'abord pendant dix ans) à empocher des droits de passage. On lui accorde également le droit de construire deux auberges, sources de revenus complémentaires.

Après le décès prématuré du marchand, sa veuve reprend le flambeau et veille à l'exécution du contrat. Ce n'est qu'à la fin du XVe siècle que la gestion du chemin redevient l'affaire des seigneurs locaux. Sigismond, dit le Riche, alors régent du Tyrol, transforme même le chemin de terre en voie permettant le passage de véhicules. Aujourd'hui, une plaque rappelle cette action pionnière de Kunter, qui n'est plus visible sur le terrain.

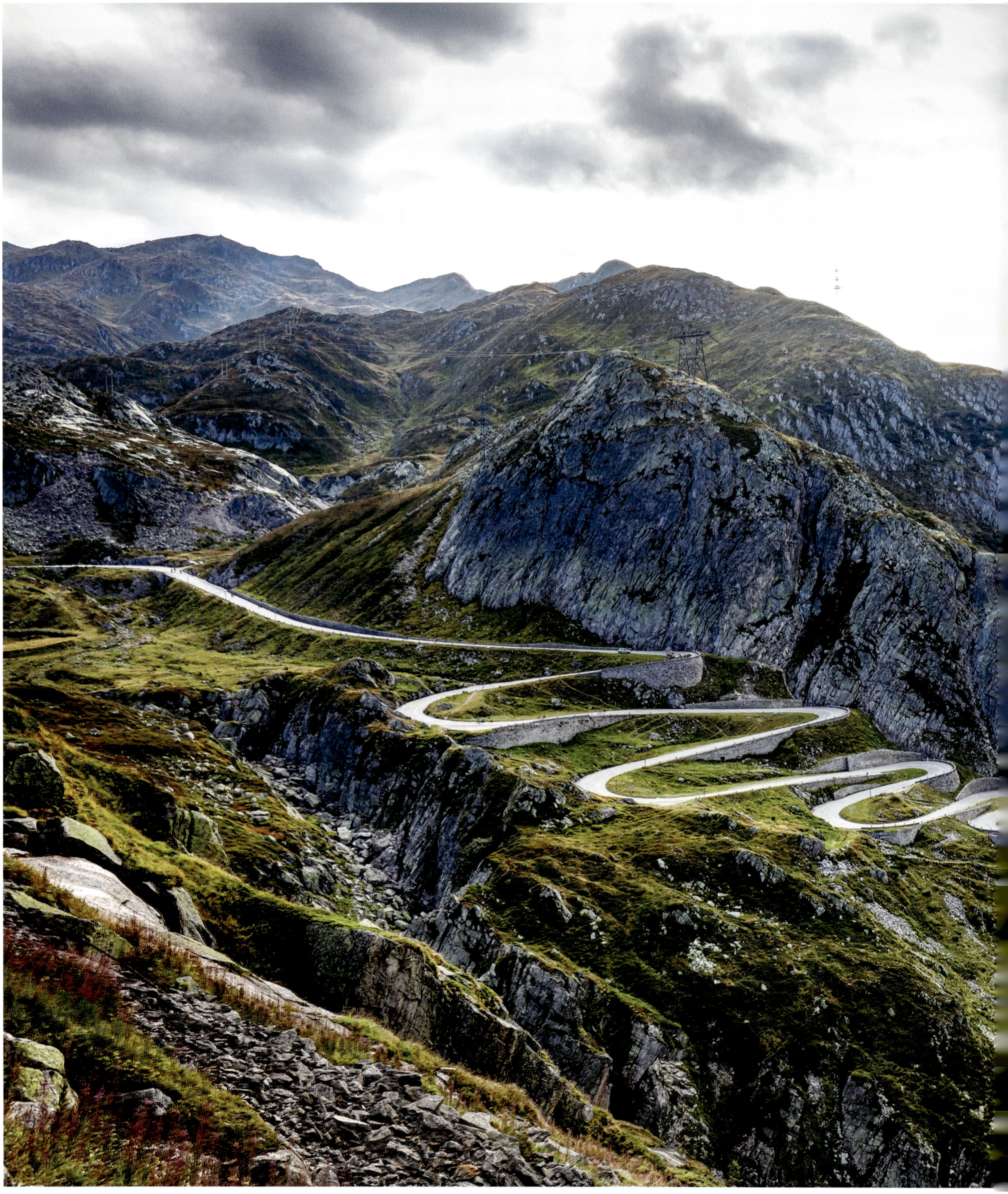

La route menant au col du Saint-Gothard, du côté de la Léventine.

ROUTES ET RAIL

La première route véritable conduit aux Alpes valaisannes par le col du Simplon. Construite de 1801 à 1805 par Napoléon pour permettre le passage de son artillerie, elle est alors considérée comme une merveille de l'ingénierie moderne et, comme telle, attire les premiers touristes. Alors que le Simplon avait connu des hauts et des bas en tant que voie commerciale, elle garantit désormais la liaison la plus rapide entre Paris et Milan.

Mais elle ne tarde pas à perdre à nouveau sa position dominante, en raison de la construction d'autres routes du même type. En 1830, on en compte déjà 14 ; par la suite, on passe à une trentaine. Dans l'ensemble, ces routes vont satisfaire pendant une période étonnamment longue aux exigences du trafic de transit. Le pavage destiné à les consolider intervient en effet relativement tard : la chaussée du col du Saint-Gothard, par exemple, construite entre 1827 et 1830, n'est renforcée qu'à partir de 1940.

Le rail représente pour les ingénieurs un défi encore plus grand que la route. Bien que le chemin de fer soit le moyen de transport privilégié de l'ère industrielle, il s'impose assez lentement dans les Alpes. Il se développe pourtant, les intérêts militaires jouant là encore un rôle déterminant. À partir de 1854, une ligne de chemin de fer relie Vienne à Trieste, principal port de l'Autriche-Hongrie, en passant par le col du Semmering et le massif des Karavanke. Très vite, d'autres liaisons ferroviaires sont mises en service, comme celles du Brenner (1867), de Fréjus (1871) et du Gothard (1882). En 1905/1906, trois lignes importantes sont inaugurées en un an : celles des Tauern et de Phyrn en Autriche, celle du Simplon en Suisse.

La construction des voies de chemin de fer dans les Alpes s'accompagnant de coûts très élevés, on donne systématiquement la priorité à la traversée du massif, c'est-à-dire aux liaisons nord-sud. Dans le sens est-ouest, la stratégie consiste d'abord à contourner le massif plutôt qu'à le traverser. Ainsi, ce n'est qu'en 1915 que la ligne traversant les Länder de Salzbourg et du Tyrol est aménagée en double-voie. Aujourd'hui, les liaisons est-ouest restent peu nombreuses.

◬ *La ligne de chemin de fer du Semmering (Autriche), qui comptabilise 41 km, 16 viaducs, 100 ponts, 15 tunnels et une inscription au patrimoine mondial de l'Humanité. Un tunnel de base est également en construction et doit entrer en service en 2026.*

PASSER SOUS LA MONTAGNE : LA CONSTRUCTION DES TUNNELS

Les avantages d'un tunnel sont particulièrement évidents dans les Alpes : les liaisons souterraines sont en effet protégées des intempéries et permettent d'éviter les virages en épingle, qui demandent un gros investissement sur le plan technique. La plus ancienne percée alpine est le tunnel de la Traversette, dit aussi pertuis du Viso, construit entre 1479 et 1483 (si tôt !) et long de 100 m à l'époque (contre 75 m actuellement). Ce passage souterrain a été aménagé sur la route du sel entre la Provence et la plaine du Pô. Situé à la frontière avec la France, il garantit au petit marquisat de Saluces des revenus non négligeables sous forme de droits de douane.

C'est sur la route du col du Saint-Gothard que l'on creuse en 1707/1708 le premier véritable tunnel d'une voie transalpine : le Trou d'Uri. Long de 64 m, ce chemin souterrain est assez haut pour accueillir les bêtes de somme (mais pas d'éventuels cavaliers dessus !). Il reste longtemps sans égal, jusqu'à la construction de tunnels plus spectaculaires.

Le plus ancien des grands tunnels alpins traverse la pointe du Fréjus (2 932 m), au départ sur 12,2 km, en montant légèrement du nord au sud. Sa construction (de 1857 à 1871) s'est déroulée beaucoup plus vite que prévu, grâce à deux avancées techniques : alors qu'au début, les mineurs doivent creuser à l'aide de perforateurs manuels, ils utilisent par la suite des marteaux perforateurs à air comprimé ; la mise à feu électrique des charges explosives accélère elle aussi considérablement les travaux.

Lors de son ouverture, le tunnel du Fréjus (parfois appelé tunnel du Mont-Cenis) est le plus long au monde. Mais dès 1882, le tunnel ferroviaire du Saint-Gothard établit un nouveau record avec ses 15 km. Cette belle performance cache cependant des conditions de travail scandaleuses pour les ouvriers. La presse internationale rend publique cette situation insoutenable et une commission d'enquête suisse confirme que le

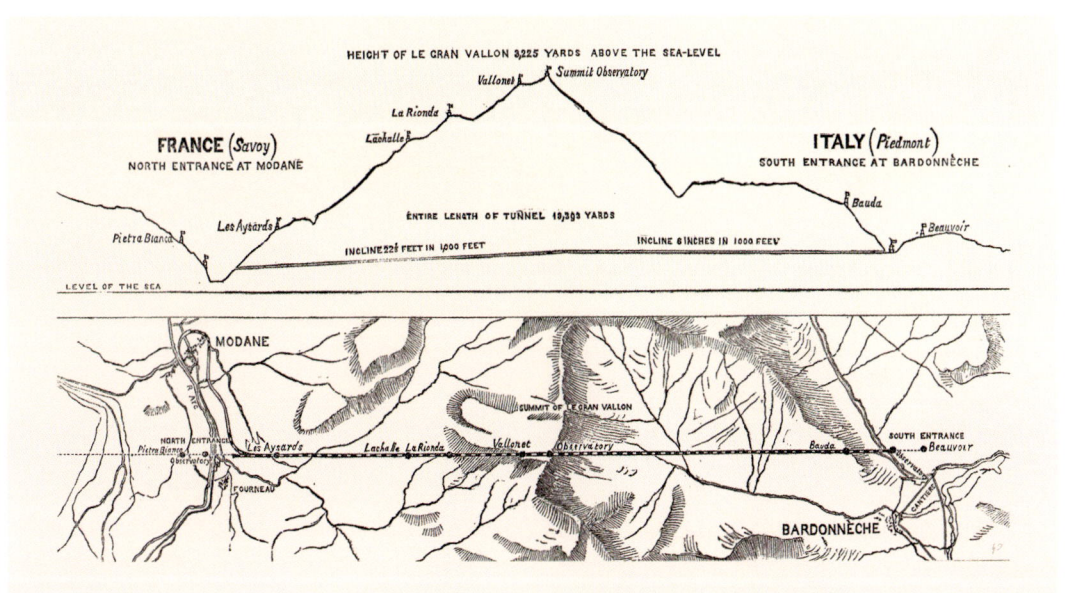

Le tunnel ferroviaire du Mont-Cenis, inauguré en 1871, sur une gravure d'époque. En bas : le plan de construction.

◉ *Construction du tunnel du Saint-Gothard, gravure de 1880 environ. La mise en service date du 2 mars 1880.*

chantier repose purement et simplement sur l'exploitation humaine, sans que cela change quoi que ce soit. Malgré les économies réalisées sur le dos des ouvriers, le budget initial est largement dépassé. Seul le recours à des capitaux extérieurs permet de terminer les travaux.

LES TUNNELS DE BASE

Aujourd'hui, ce sont les tunnels de base qui ont la cote. Si une liaison souterraine doit remplacer une liaison en surface, et ainsi permettre d'économiser du temps et de l'énergie en limitant le dénivelé, il semble logique de percer le tunnel à la plus basse altitude possible. L'idée est séduisante, mais les coûts plutôt dissuasifs.

Les deux tubes du tunnel du Simplon constituent presque un tunnel de base : ses entrées se situent à 686 m au nord et 634 m au sud, tandis qu'à l'intérieur les voies ne montent que jusqu'à 705 m, et tout cela sur une longueur de 19 km. Lors de sa mise en service en 1906, il était bien évidemment le plus long tunnel ferroviaire du monde. Un journal zurichois a célébré cette merveille de la technique dans un long article, en soulignant avant tout son intérêt économique : « L'idée du tunnel du Simplon réside dans le souhait tout naturel, justifié par l'énorme trafic mondial et la concurrence, […] d'établir une liaison nouvelle favorisant la circulation et le commerce internationaux entre l'est et l'ouest ».

La liaison ferroviaire transalpine entre Bâle et Milan passe désormais par le tunnel du Simplon, qui depuis 2007, est précédé plus au nord par le tunnel de base du Lötschberg (voir p. 23), long de 37 km. Sur l'axe Zurich-Milan, un autre tunnel de ce type a été mis en service en 2016, celui du Saint-Gothard, qui s'étire sur 57 km. Sur cette même ligne, la construction du tunnel de base du Ceneri (15 km), situé entre Bellinzone et Lugano, doit s'achever en 2020. Ces deux grandes lignes sont bien sûr intégrées au réseau européen et doivent permettre de donner la priorité au chemin de fer, moins polluant, pour le transport de marchandises.

Le tunnel du Saint-Gothard, particulièrement impressionnant, possède déjà un statut quasi mythique. Situé à 550 m (maximum), il remplace le tunnel du même nom construit autrefois à 1150 m d'altitude. Sans égal dans les Alpes, il est pour l'instant le plus long tunnel ferroviaire au monde.

Même le futur tunnel de base du Brenner ne le détrônera pas, avec ses 55 km prévisionnels. Situé entre Innsbruck et Fortezza, il doit passer sous le col du Brenner. Sa mise en service est prévue pour 2032, mais il a déjà des répercussions positives au-delà de sa région. Dans la basse vallée de l'Inn (Tyrol), les voies d'accès ont d'ores et déjà été partiellement transférées sous terre, ce qui laisse entrevoir aux riverains, notamment au-dessus d'Innsbruck, une future baisse du trafic de poids lourds sur l'autoroute traversant la vallée.

Le tunnel de base du Mont d'Ambin actuellement en projet devrait permettre de rapprocher deux centres économiques, Lyon et Turin. Mais ce projet controversé n'en est encore qu'aux projections, et même ses partisans ne sont sûrs de rien.

Dans le cas des tunnels de base, on part du principe que les Alpes représentent un obstacle à la circulation. Nous avons beaucoup parlé de la Suisse, car c'est le pays le plus concerné. Sachant que ce sont des tunnels typiquement ferroviaires, ils posent la question des infrastructures de transport au niveau européen. En effet, malgré les appels à la protestation, le transport routier prend de l'ampleur. On ignore si les nouvelles liaisons ferroviaires alpines souterraines changeront la donne. En tout cas, le trafic routier fait à nouveau l'objet de débats : récemment, les Suisses ont approuvé la construction d'un deuxième tube au niveau du tunnel routier du Saint-Gothard, destiné à assurer la continuation du trafic pendant l'assainissement du tunnel et à améliorer la sécurité.

Les opposants, qui considèrent que la Suisse est déjà un « enfer du transport », voient leur conviction renforcée. Mais la décision d'autoriser ces travaux repose peut-être sur l'idée qu'un tube de plus ou de moins ne changera forcément grand-chose…

Test de circulation au niveau du tunnel de base du Saint-Gothard.

193

TRAVERSER LES ALPES

Les Alpes aujourd'hui –
Fascination et dangers

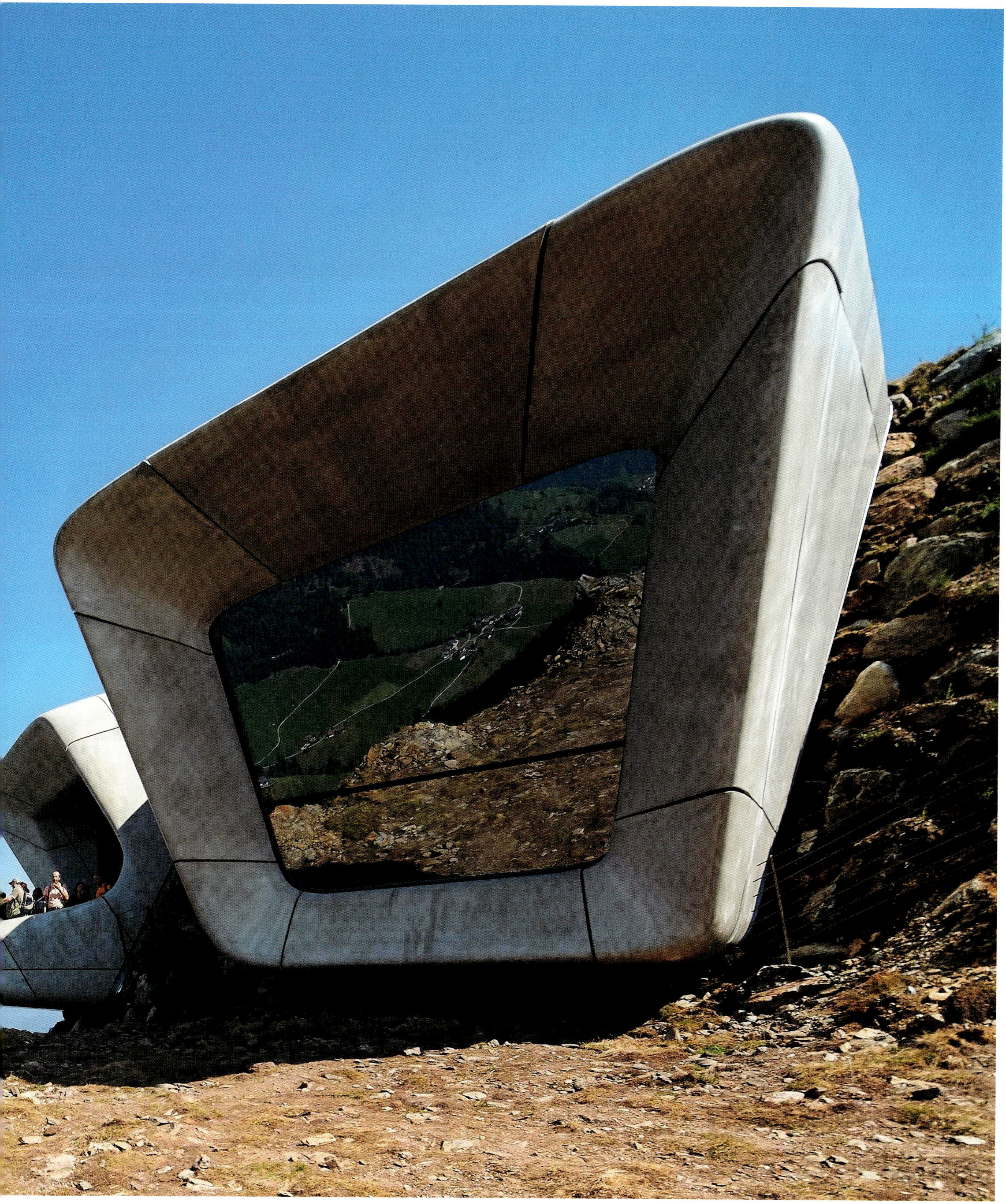

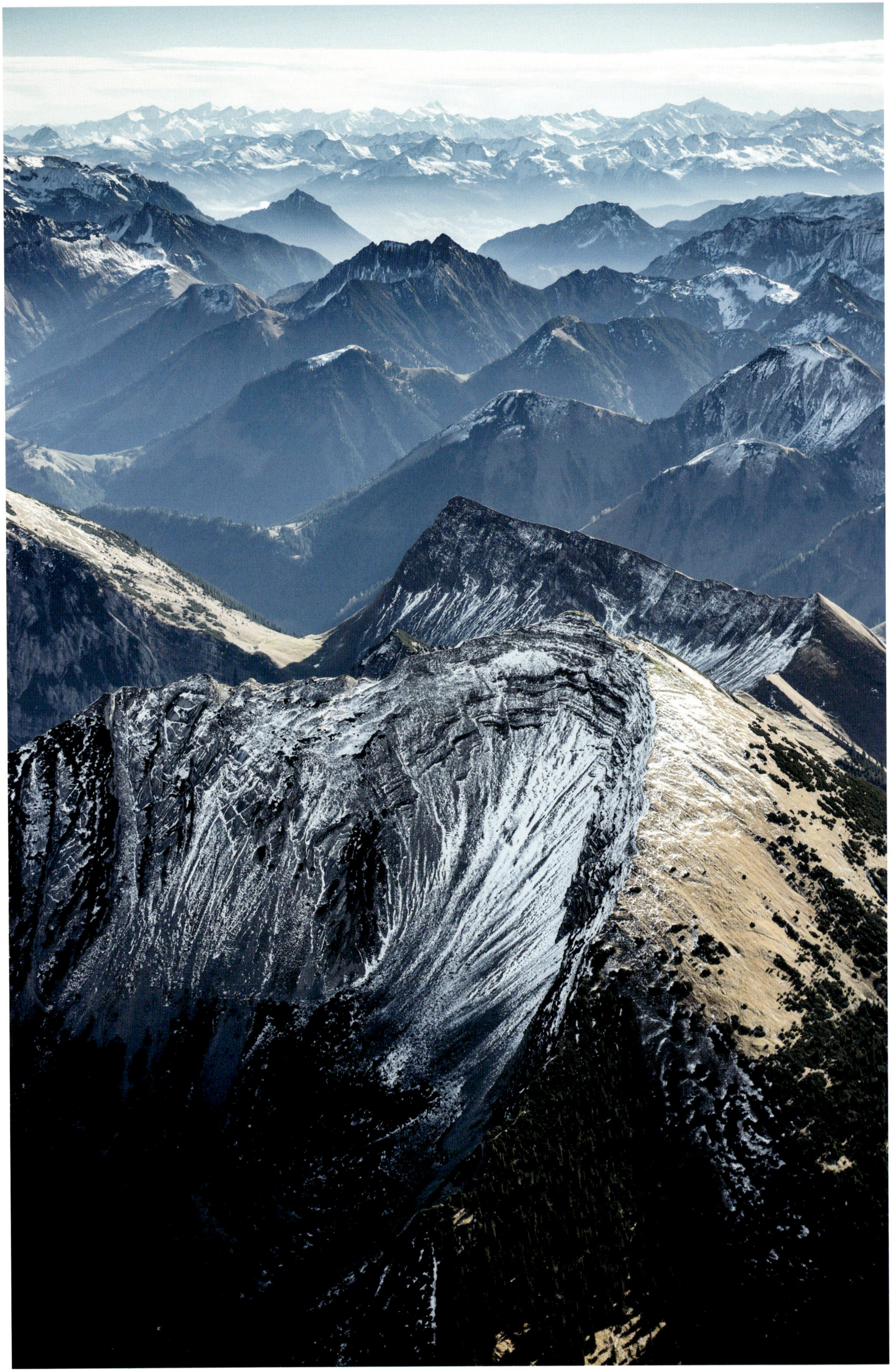

ENGAGEMENT POUR LES ALPES – DÉFENSEURS ET ACTEURS

Double page précédente : sixième et dernier Messner Mountain Museum (série de musées de montagne créée par l'alpiniste Reinhold Messner). Le bâtiment, incluant un balcon et une fenêtre panoramique en forme de téléviseur, a été conçu par l'architecte Zaha Hadid (voir p. 206). Construit sur le plan de Corones, dans les Dolomites, il propose un parcours sur le thème de l'alpinisme, ainsi qu'une vue à couper le souffle.

Vue aérienne de la chaîne des Alpes près de Garmisch (Bavière), en direction du sud.

De nombreux acteurs ont à cœur de défendre la région ; les concepts, initiatives et débats au sujet du massif alpin et de son avenir ne manquent pas. Il n'est donc pas évident de s'y retrouver dans tous les réseaux, projets, associations, coopérations et groupes de travail qui existent actuellement.

L'instrument le plus important est sûrement (pour l'instant ?) la Convention alpine (voir p. 17), traité international et juridiquement contraignant pour le développement durable et la protection des Alpes. Elle a été ratifiée par les huit pays alpins (Allemagne, France, Italie, Autriche, Suisse, Slovénie, Liechtenstein et Monaco). La Conférence alpine, dont le siège permanent se trouve à Innsbruck, réunit les parties contractantes et adopte diverses résolutions.

Il existe des protocoles d'exécution pour neuf principaux domaines : aménagement du territoire et développement durable, protection de la nature et entretien des paysages, agriculture de montagne, forêts de montagne, tourisme, protection des sols, énergie, transports et enfin, règlement des différends. Ces protocoles doivent également être ratifiés, mais cette procédure de confirmation a fait apparaître les divergences d'intérêts entre les parties. Ainsi, la Suisse a signé la convention-cadre, mais aucun protocole. Si la Convention alpine doit servir de manière très complète à protéger l'arc alpin, c'est aussi la mission que s'est donnée la Commission internationale pour la protection des Alpes (CIPRA). Fondée dès 1952, cette organisation faîtière non gouvernementale fédère plus de 100 organisations locales situées dans les différents pays alpins. Dès le départ, la CIPRA s'est rapprochée de l'Union internationale pour la conservation de la nature (UICN) et a connu quelques succès dans sa lutte contre la primauté des intérêts économiques dans l'espace alpin.

En 1972, c'est au tour de la Communauté de travail des régions alpines (Arge Alp) de voir le jour. C'est là encore une organisation transfrontalière, qui regroupe 10 régions, cantons ou provinces d'Allemagne, d'Autriche, d'Italie et de Suisse. L'organe supérieur d'Arge Alp, dont les bureaux se trouvent également à Innsbruck, est la Conférence des chefs de gouvernement. Depuis 1997, l'Alliance dans les Alpes est elle aussi active ; ses quelque 300 membres se définissent comme le « Réseau des communes alpines ».

Les communes portant le titre de *Ville des Alpes de l'Année* forment pour leur part une association du même nom, qui sur proposition d'un jury international désigne les prochains membres, à savoir des villes engagées dans le développement durable. Il faut aussi mentionner les 25 (pour l'instant) communes touristiques de six pays, qui se sont regroupées autour du projet Perles des Alpes, s'engageant ainsi à promouvoir un tourisme respectueux de l'environnement.

Mais l'organisation qui fait le plus de bruit actuellement est la toute récente EUSALP. Par rapport à la Convention alpine, cette Stratégie macro-régionale pour la région alpine élargit considérablement les zones concernées, ce qui transparaît notamment dans le nombre d'habitants : elle inclut ainsi 76 millions de personnes, au lieu des 15 millions de la Convention (voir p. 17). Selon sa définition, Munich, Vienne, Milan, Lyon et Marseille sont des villes de l'espace alpin.

Ces chiffres et principes cachent une menace implicite : pour l'Union européenne, l'espace alpin deviendrait de plus en plus insignifiant sans cette stratégie. Les acteurs des régions intra-alpines ont beau grincer des dents, l'UE peut s'attendre à ce qu'ils acquiescent à ses directives afin d'obtenir des fonds.

La Stratégie européenne bénéficie en outre de la crise que traverse la Convention alpine. Celle-ci se fonde sur la conviction qu'il faut « harmoniser les intérêts économiques et les exigences écologiques », mais ce prin-

△ *Randonneurs sous la croix sommitale de la Zugspitze (massif du Wetterstein, Alpes bavaroises).*

cipe a perdu de sa force de persuasion. Actuellement, la feuille de route d'EUSALP en est encore au stade de la concertation ; seul l'avenir nous dira quelles seront les conséquences pour l'arc alpin lui-même.

VILLES ET URBANISATION

Nous avons parlé de l'association *Ville des Alpes de l'Année*. D'une certaine manière, elle vient compléter la Convention alpine qui, curieusement, passe la question des villes sous silence. Cette situation est révélatrice de l'embarras, voire de la perplexité, que suscite la gestion des structures urbaines dans l'espace alpin. L'association attire donc l'attention sur le rôle sous-estimé des villes, d'autant que les deux tiers des habitants des Alpes vivent aujourd'hui dans des régions urbanisées, qui ne représentent que 40 % du territoire. D'ailleurs, ce sont justement les villes qui devraient relever le défi de mettre en pratique le développement durable au sens de la Convention.

◁ *En 2013, Lecco (Italie, Lombardie), située au bord du lac de Côme, a décroché le titre de Ville des Alpes de l'Année, notamment pour sa gestion responsable de l'eau. Sur la gauche, un emblème de la ville : le campanile de San Nicolò. À l'arrière-plan : le Monte Resegone (1857 m).*

Les Alpes sont un cas tout à fait révélateur du monde moderne, mais la mise en œuvre de politiques municipales respectueuses de la nature y est particulièrement délicate. Ce sont justement des villes de taille moyenne, et non les grandes agglomérations, qui se voient décerner le titre de *Ville des Alpes de l'Année*. Si du point de vue des fétichistes de la croissance, le relief fait du tort aux villes alpines, il les empêche justement de croître et de s'étaler autant que les villes des plaines.

Cependant, cela n'exclut pas que des villes alpines continuent à se développer. Dans le Tessin, Lugano et sa périphérie se sont élargies pour former aujourd'hui une grande aire urbaine : une croissance suburbaine désordonnée caractérise ainsi la zone allant de Bellinzone à la connexion avec l'autoroute italienne A9. On constate le même phénomène plus au nord, dans la vallée tyrolienne de l'Inn (ligne du Brenner).

Mais l'urbanisation ne commence pas forcément avec les Alpes. Les grandes métropoles des plaines environnantes s'étalent parfois au point de parvenir jusqu'au massif ; le sud du Tessin, par exemple, est en passe de s'intégrer à la périphérie milanaise, malgré la frontière.

GRENOBLE ET INNSBRUCK, LES GRANDES VILLES INTRA-ALPINES

Certes, avec 152 000 habitants, Salzbourg se classerait entre Grenoble (162 000) et Innsbruck (130 000), mais du fait de sa position périphérique et donc de la possibilité de gagner du terrain sur la plaine des deux côtés du Salzach, nous devons ici l'exclure. Très différentes l'une de l'autre, les deux plus grandes villes intra-alpines présentent néanmoins un certain nombre de points communs.

Grenoble, située à la confluence de l'Isère et du Drac, était autrefois la capitale du Dauphiné. Avec le reste de ce territoire jusque-là indépendant, elle passe sous domination française en 1349. Ville de la noblesse, elle connaît un essor considérable à partir de 1600. Elle prend pourtant résolument parti contre la royauté au moment de la Révolution ; d'après la légende, elle aurait même modifié son nom en « Grelibre ».

Dans les années 1920, Grenoble se transforme en ville moderne, en particulier grâce à l'électricité produite par la « houille blanche » (énergie engendrée par des chutes d'eau). L'Exposition internationale de la houille blanche et du tourisme, qui se tient en 1925, atteste de ce développement et fait sensation dans toute l'Europe.

Aujourd'hui encore, la métropole régionale mise sur un aménagement urbain ambitieux et se distingue d'autres grandes villes par la présence de nombreux instituts de recherche et de développement, notamment dans le domaine des technologies de pointe. Les banlieues sensibles ne manquent pas, les questions sociales venant contredire les clichés de la paisible vie en montagne. Grenoble a donc peu d'occasions de se présenter sous l'angle historique, malgré une impressionnante ceinture de fortifications sur les hauteurs (construite après 1870).

Il en va autrement à Innsbruck. Capitale officielle du Tyrol à partir de 1848, elle doit en partie son attractivité au fait qu'elle est l'une des résidences préférées des Habsbourg, comme en témoigne le superbe château d'Ambras datant de la Renaissance. Mais la ville, située au pied du Brenner, ne souhaite pas briller uniquement par son patrimoine architectural chargé d'histoire. L'idée d'essayer d'inscrire le centre ancien au patrimoine mondial de l'Humanité n'a d'ailleurs pas rencontré beaucoup de succès. Les élus craignaient en effet la « muséification » de leur ville. Les bâtiments d'avant-garde, tels que les grands magasins Kaufhaus Tyrol de David Chipperfield (2010) ou les Galeries de l'hôtel de ville de Dominique Perrault (2002), leur ont semblé tout aussi importants que le Petit toit d'or (Goldenes Dachl), l'Arc de triomphe ou la résidence impériale (Hofburg). Ce sont deux édifices tout à fait extraordinaires, bien qu'à l'intérieur, on y retrouve les mêmes chaînes et la même médiocrité qu'ailleurs en Europe.

Grenoble et Innsbruck, ou plutôt leurs universités, sont en tout cas unies par un intense travail de recherche sur les Alpes. L'Institut de géographie alpine, qui dépend de l'université de Grenoble, a même fêté son centenaire il y a quelques années.

◖ *Vue sur Innsbruck depuis la colline du Bergisel. Au milieu, l'église de l'abbaye de Wilten ; à droite, l'abbaye elle-même. Au fond : le massif des Karwendel.*

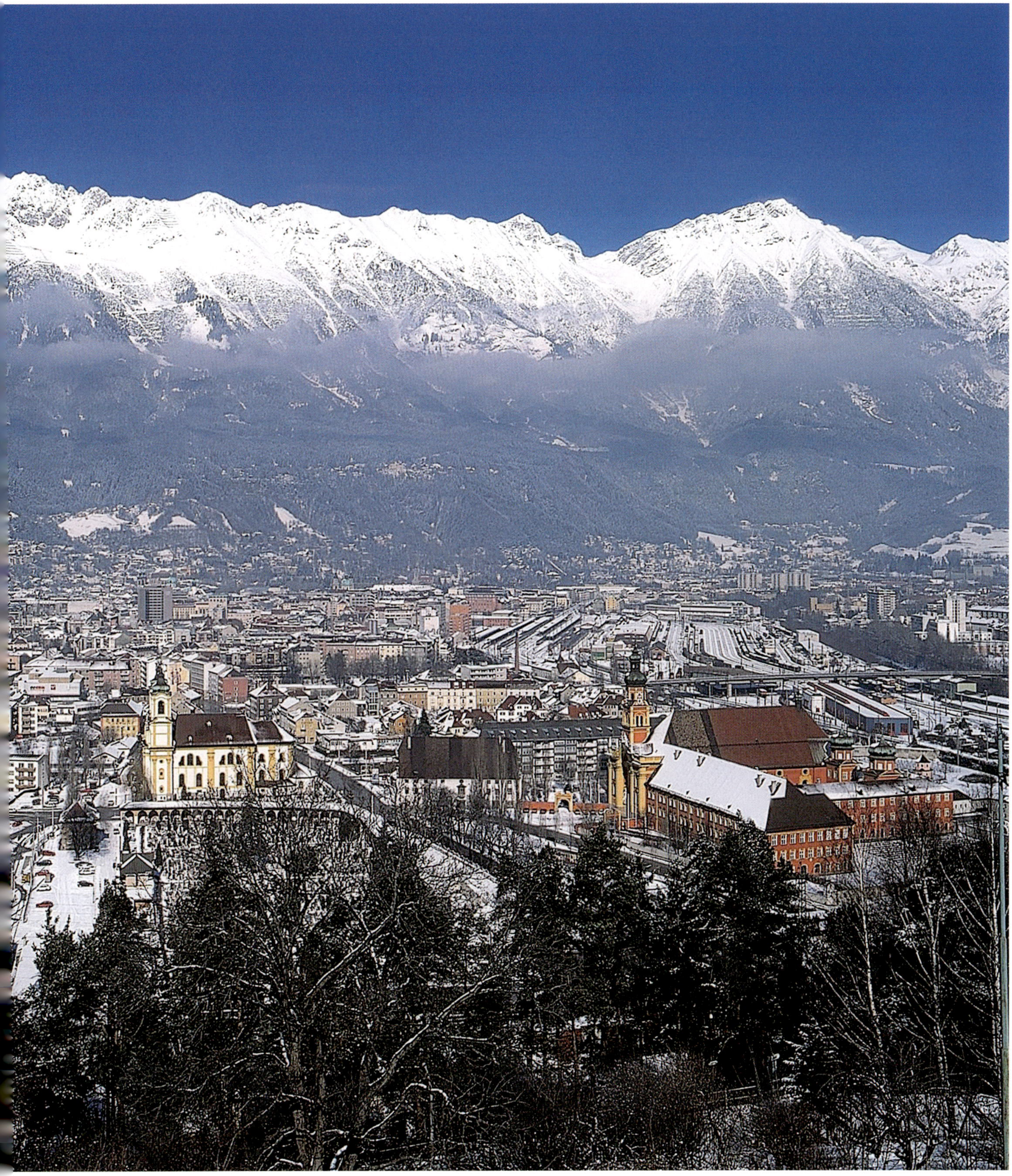

« L'ornement est un crime. »

Adolf Loos, architecte autrichien, 1913

ARCHITECTURE D'AVANT-GARDE

Un village pittoresque et sa petite église devant un décor de montagnes : c'est généralement l'image qu'évoquent les Alpes. Mais le présent réserve d'autres défis aux architectes, d'autant que les centres de sports d'hiver doivent attirer un public dont les attentes sont influencées par les bâtiments imaginaires de films du type James Bond. *Les animations sportives contribuent ainsi au développement de l'architecture dite évènementielle.*

De nombreuses vallées alpines possèdent leur musée dédié aux paysans des montagnes, parfois sous forme de musée de plein air, et comptent également de vrais bâtiments anciens à l'abandon. Mais d'un autre côté, il y a aussi la toute nouvelle architecture alpine, qui n'hésite pas à « mettre le paquet ». Il s'agit de construire en haute montagne des structures audacieuses et les résultats sont splendides. L'architecte visionnaire Bruno Taut (1880-1938) rêvait justement à son époque de mettre en scène les Alpes comme un palais de verre.

◄ *Le musée d'Art (Kunsthaus) de Bregenz, conçu par le Suisse Peter Zumthor pour le compte du Land de Vorarlberg (Autriche) et achevé en 1997. D'après l'architecte, « le Kunsthaus est mis en valeur par la lumière du lac de Constance […]. Vu de l'extérieur, il a l'allure d'un diffuseur de lumière ».*

⏶ *Innsbruck, le nouveau Hungerburgbahn. Ce funiculaire relie depuis 2007 le centre-ville et la terrasse panoramique de Hungerburg, située à environ 860 m d'altitude devant le chaînon de l'Inntal, en traversant l'Inn au passage. La station basse (Station Congress) et la station haute (Hungerburg, voir les deux illustrations), ainsi que les stations intermédiaires, ont été réalisées selon les plans de Zaha Hadid. Des auvents tout en courbes, comportant une enveloppe de verre, se déclinent à toutes les stations ; leur forme est censée apporter une touche nostalgique en rappelant celle des glaciers.*

TÉLÉPHÉRIQUES ET REFUGES

Dans les années 2000, l'exploitation de l'ancien funiculaire d'Innsbruck, le Hungerburgbahn datant de 1906, prend fin, ce qui n'a pas manqué de déclencher la ferme opposition des habitants et des nostalgiques. Le nouveau funiculaire et ses stations, inaugurés en 2007, ont été imaginés par l'architecte Zaha Hadid (1950-2016), à qui la ville devait déjà la réfection du tremplin de saut à ski de Bergisel en 2002.

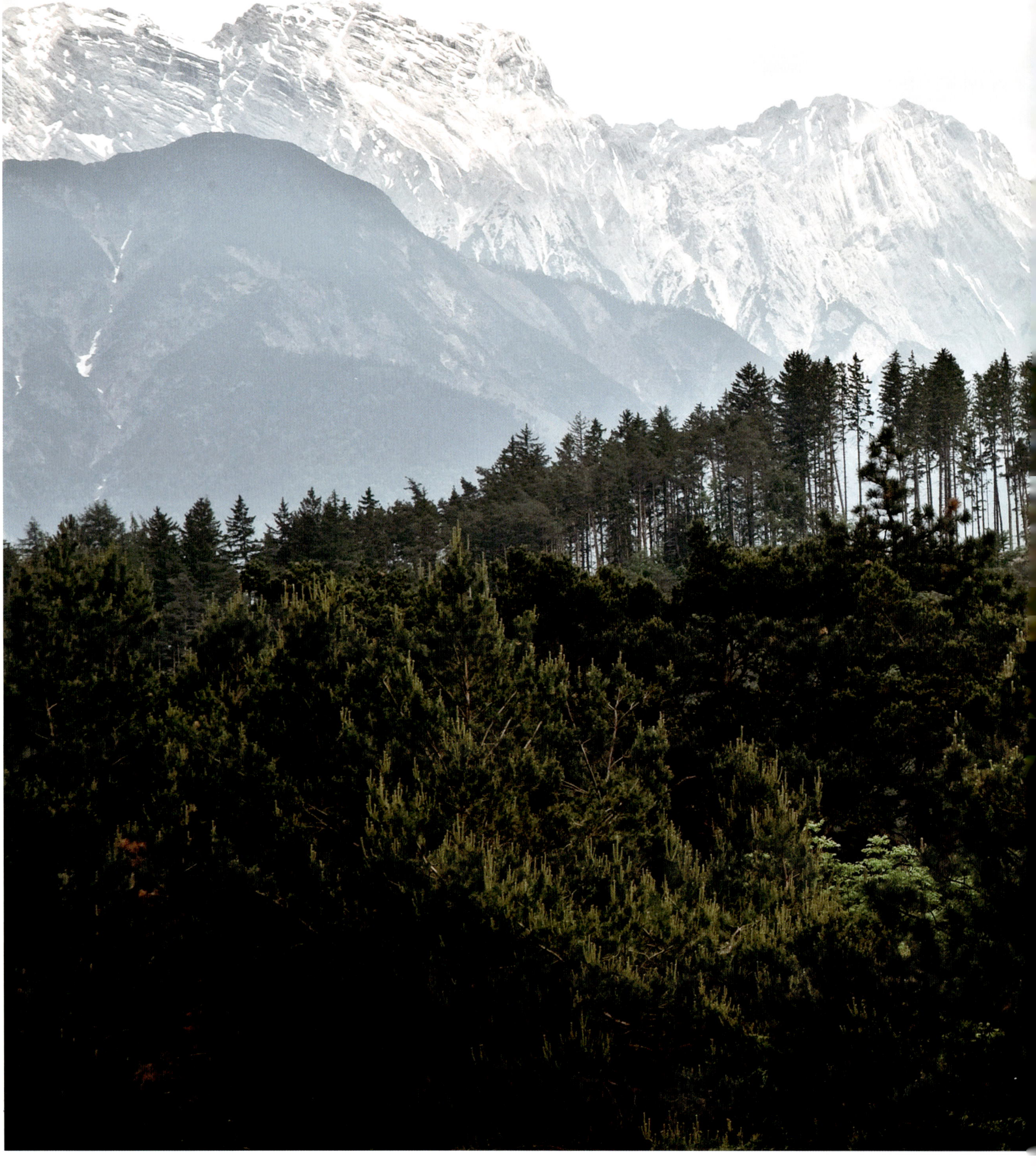

Le nouveau tremplin de saut à ski de Bergisel (2002), d'après les plans de Zaha Hadid.

Le design futuriste de l'ensemble a été justifié par la volonté de souligner le statut de métropole alpine d'Innsbruck. Si la plupart des téléphériques et trains de montagne ne sont pas aussi modernes, certains de ces moyens d'ascension constituent de véritables bijoux d'architecture.

Outre leur mission essentielle consistant à attirer une clientèle nombreuse, ils remplissent d'autres fonctions. Les stations d'altitude proposent ainsi des services gastronomiques (parfois haut de gamme) et des plates-formes offrant un panorama spectaculaire. Certaines télécabines permettent déjà, pendant la montée, d'avoir une vue à 360°. Et pour le confort des voyageurs, le téléphérique de Kitzbühel (Autriche) comporte même des sièges en cuir chauffants...

Dans le contexte du réchauffement climatique, on peut avoir l'impression que ces constructions coûteuses et sophistiquées doivent en quelque sorte conjurer les conditions hivernales. Dans le cas du téléphérique du Gaislachkogel, sur la commune de Sölden (Ötztal, Tyrol), le restaurant de la station terminale, appelé *Ice Q*, se réfère clairement à Q, inventeur génial fournissant James Bond en gadgets divers. Le village profite en effet d'avoir été le lieu de tournage de l'un de ces films d'action pour faire sa publicité. En haut, à environ 3 000 m, la neige est pour l'instant au rendez-vous. Le palais de verre gastronomique a été conçu par Johann Obermoser (né en 1954).

Le *Café 3440*, perché sur le glacier du Pitztal, offre une architecture encore plus audacieuse, aux lignes aériennes. Le chiffre correspond à l'altitude, qui constitue un record dans les Alpes. Sa forme peut se comparer à celle d'un coquillage qui s'avance au-dessus des falaises, la terrasse extérieure flottant dans le vide. Les photographes s'amusent ainsi à mettre en scène le bâtiment comme s'il n'avait aucun ancrage au sol.

Le bureau d'architectes suisse Herzog & de Meuron a dessiné une autre station d'altitude remarquable : celle du Chäserrugg, ouverte en 2015, dans les Préalpes appenzelloises. Le bâtiment renoue pour sa part avec les formes et matériaux traditionnels, tandis que le restaurant met lui aussi la tradition à l'honneur en servant des spécialités locales.

Le plus sympathique (selon l'auteur !) est peut-être le restaurant entièrement rénové de la station de montagne du téléphérique du Kanzelwand (Kleinwalsertal, Vorarlberg). Angelika Blüml et Klaus Noichl y ont créé une architecture pleine d'élégance et de charme en 2004. Rien que l'idée de placer l'espace panoramique du restaurant un peu plus bas que le long bâtiment qui y mène produit un effet stupéfiant. En outre, la situation de la station sur la crête en fait ici une étape vers le sommet.

Après les téléphériques, quelques mots sur la nouvelle génération de refuges. Ils sont maintenant en concurrence avec de véritables hôtels d'altitude. D'ailleurs, la différence entre les deux concepts tend à s'estomper : le refuge de l'Olperer, situé à 2 389 m dans les Alpes de Zillertal et ouvert en 2008, compte en effet plus de cinq chambres pour quatre personnes. Le bâtiment bien pensé d'Hermann Kaufmann, de style traditionnel, comporte une façade à pignon ouvrant sur la vallée et s'intègre parfaitement dans le paysage alpin. Bien évidemment, ce refuge met l'accent sur une gestion respectueuse de l'environnement.

Trônant à 3 835 m, le refuge du Goûter est l'un des plus hauts des Alpes. Situé sur l'aiguille du Goûter, il a été inauguré en 2014. Il est accessible depuis la gare terminale du tramway du Mont-Blanc (gare du Nid d'Aigle), une ligne de chemin de fer à crémaillère dont le parcours s'étend

🔻 *« Fait pour 007 » déclare une publicité touristique à propos du restaurant d'altitude* Ice Q, *attenant à la station de téléphérique du Gaislachkogel.*

sur 12,4 km. Le refuge possède une forme ovoïde avec une structure en bois et un revêtement en acier inoxydable, et surtout, il est quasiment autonome en ce qui concerne l'approvisionnement en énergie. Quant à l'eau potable, elle est fournie par la neige derrière le bâtiment. C'est sûrement en raison de son architecture de science-fiction que ce refuge est devenu si attrayant. Mais il présage aussi parfois du réchauffement climatique : en juillet 2015, il a dû être fermé, car le pergélisol (couche du sol gelée en permanence) fondait de plus en plus, menaçant les randonneurs de chutes de pierres pendant la montée.

Ouverte en 2009, la nouvelle cabane du Mont-Rose, située à 2 883 m d'altitude au-dessus de Zermatt, a vu le jour à l'initiative du Club alpin suisse. Il s'agit d'un projet tout à fait inhabituel puisque la construction et le fonctionnement de ce refuge ont fait et font l'objet d'une coopération inédite : l'École polytechnique fédérale de Zurich (EPFZ) a en effet souhaité marquer son 150e anniversaire avec un projet s'inscrivant bien au-delà de l'institution, dans l'espace public. En concevant ce refuge, l'université s'est donné pour objectif de proposer une « architecture innovante dans les conditions extrêmes de la haute montagne », mais aussi de tester « de nouvelles technologies pour la conception, les calculs et la réalisation ».

L'architecte et professeur à l'EPFZ Andrea Deplazes (né en 1960) a donc élaboré avec ses étudiants un projet de polygone aux lignes vigoureuses, qui évoque un grand prisme de cristal. Le suivi de l'exploitation constitue également une mission passionnante et un domaine de recherche très large.

La nouvelle cabane du Mont-Rose, refuge de montagne du Club alpin suisse. Si le design est résolument contemporain, elle est aussi à l'avant-garde en matière de production et de consommation énergétique.

214

LES ALPES AUJOURD'HUI

ARCHITECTURE DES VALLÉES ALPINES

Les refuges solitaires des Alpes nous font oublier que l'on construit essentiellement loin des sommets. Située à 1 800 m d'altitude, la station de ski d'Avoriaz (Haute-Savoie) occupe une position intermédiaire. Créée à partir de 1966 sur un ancien alpage, c'est un complexe touristique de premier plan, mais sans la dimension « industrielle » de certaines stations. Avoriaz a effectivement fait le choix ambitieux de bannir les voitures du village et de donner la priorité à l'efficacité énergétique. Une seule agence d'architecture a conçu les immeubles comptant jusqu'à 13 étages ; Jacques Labro a ainsi créé sur plus de cinquante ans une station de sports d'hiver où la neige participe au design de l'ensemble : elle ne doit pas recouvrir uniquement les éléments horizontaux, mais aussi adhérer aux façades, qui sont inclinées pour cette raison. Ce n'est que lorsque la neige fond sur les revêtements en cèdre que la magie de cet univers hivernal est rompue.

Le grand complexe des Arcs, établi sur l'aiguille Rouge (Savoie), a quant à lui obtenu le label « Patrimoine du XXe siècle » pour ses bâtiments inspirés notamment des travaux de l'architecte franco-suisse Le Corbusier.

À Davos (voir p. 247), en Suisse, l'architecture du Bauhaus a laissé son empreinte. C'est ici que se constitue dans les années 1960 la *Tessiner Schule,* l'« école tessinoise » d'avant-garde, cherchant à faire la synthèse entre régionalisme et modernité. Ses représentants se penchent de manière approfondie sur les structures urbaines et urbanisées du Tessin ; de ce mouvement est issue l'Académie d'architecture de Mendrisio, fondée en 1996.

Pour les passionnés d'architecture, la maison Kalman, à Brione, est encore aujourd'hui un lieu de pèlerinage. Elle a été construite en 1975 d'après les plans de Luigi Snozzi (né en 1932), doyen de l'école tessinoise. Cet architecte est également donné en exemple pour avoir redonné vie au village de Monte Carasso (Tessin) grâce à ses travaux. Quant à Mario Botta (né en 1943), il est un peu le porte-parole du mouvement dans l'enseignement. Outre sa chapelle « Granato » dans la région du Zillertal (Tyrol autrichien), son église de montagne de Mogno (val Maggia, Tessin) compte parmi les

▲ *Le refuge du Goûter, à 3 835 m d'altitude : un abri innovant à tous les points de vue. Mais la construction de ce bâtiment d'avenir n'aura servi à rien s'il n'y a plus de permagel pour maintenir les roches aux alentours.*

◀ *La station de sports d'hiver d'Avoriaz (Haute-Savoie), plus qu'une cité-dortoir pour les skieurs.*

nouvelles constructions les plus emblématiques des Alpes. Mario Botta a aussi dessiné les plans de la station supérieure du téléphérique des Diablerets (à environ 3 000 m d'altitude), dans les Alpes vaudoises.

▶ *Mario Botta a conçu l'église Saint Jean-Baptiste dans le village de montagne de Mogno (val Maggia, Tessin).*

En Autriche, le Land du Vorarlberg se présente aujourd'hui comme une « région modèle pour la construction écologique et efficace sur le plan énergétique ». Depuis les années 1990, il encourage en effet l'architecture de haute qualité, toujours en veillant à l'aspect artisanal et en privilégiant en particulier le bois. Dans la même région, le projet *Vision Rheintal* cherche à aller encore plus loin, en repensant l'aménagement urbain de la vallée du Rhin entre Feldkirch et Bregenz. Celle-ci est confrontée au problème que rencontrent de nombreux axes alpins, à savoir la concentration et la prolifération sauvage et linéaire de zones commerciales, stations-service, etc. Le projet *Vision Rheintal* pourrait ainsi permettre de développer un modèle qui s'opposerait à l'urbanisation chaotique d'un espace de vie.

L'architecte suisse Peter Zumthor (né en 1943) s'inscrit parfaitement dans les projets du Vorarlberg ; en 1997, ce sont ses plans qui sont retenus pour le musée d'Art de Bregenz (voir p. 204). La réalisation de la maison de l'artisanat du Bregenzerwald, inaugurée en 2013 à Andelsbuch, témoigne de son attachement à l'artisanat local. Peter Zumthor est surtout reconnu au niveau international pour les thermes de Vals (Grisons, Suisse), achevés en 1996. Les 15 blocs de structure simple qui composent le bâtiment évoquent sur le plan formel la carrière locale d'où proviennent les 60 000 dalles de gneiss assemblées avec précision. Ces thermes renoncent à tous les éléments ludiques pour privilégier le calme et le ressourcement.

En 1992, l'association Sexten Kultur (« culture à Sesto », commune du Tyrol du Sud) crée le prix d'architecture *Nouvelle construction dans les Alpes,* destiné à faire découvrir des projets exemplaires et à promou-

△ *L'église de Botta, un véritable coup de maître, à l'intérieur comme à l'extérieur. Ici : le chœur.*

voir la construction contemporaine dans le massif alpin. Si son budget est modeste, elle parvient néanmoins à attirer un excellent jury.

Peter Zumthor a évidemment fait partie des lauréats, tout comme Valerio Olgiati (né en 1958). On doit à ce dernier la Maison jaune, blanchie à la chaux, inaugurée à Flims (Oberland bernois) en 1999. Pour reconvertir ce bâtiment traditionnel en mauvais état, l'architecte a fait le choix provocant d'une construction abstraite et énigmatique. Cet aspect brut caractérise également son centre des visiteurs du Parc national Suisse à Zernez. En surélevant le bâtiment sur un socle de béton brut, il souligne là encore sa volonté de pureté et de simplicité.

Avec le projet *Constructive Alps,* la Suisse et le Liechtenstein ont mis en place un autre prix d'architecture, qui récompense des projets de construction, mais aussi de rénovation, alliant esthétisme et durabilité. Dans le cas du centre de formation agricole d'Altmünster, dans le Salzkammergut (Haute-Autriche), récompensé en 2013, l'agence Fink Thurnher Architekten a intégré l'ancienne école à sa nouvelle construction sur trois niveaux. Alors que le bois de sapin (voir p. 64) a longtemps été négligé, il a ici été choisi pour le revêtement extérieur et l'aménagement intérieur et provient des forêts environnantes.

◐ *Les thermes de Vals, œuvre de l'architecte suisse Peter Zumthor. Inaugurés en 1996, ils ont été classés au patrimoine culturel cantonal deux ans plus tard. Bâtiment emblématique de son époque, il risque d'être « écrasé » par un projet d'hôtel : une tour de 381 m de haut destinée à attirer les touristes les plus fortunés.*

◐ *Le brutalisme par Valerio Olgiati : le lycée de Papels (1998) à Domleschg (Grisons).*

La formation dispensée dans cet établissement vise à élargir de manière sensée les activités agricoles. En outre le message adressé aux élèves vaut aussi pour le reste de la population : sans l'agriculture, le paysage culturel des Alpes serait voué à disparaître.

Dernièrement, *Constructive Alps* s'est focalisé en particulier sur des constructions qui renforcent la cohésion de la communauté, comme la maison communale et paroissiale de Krumbach, dans le Vorarlberg. Ce n'est pas la résidence du pasteur, mais un lieu de rencontre et de partage, établi au milieu du village. Il s'agit d'une construction réalisée entièrement à partir de bois provenant des forêts de la commune.

Créer du lien et dynamiser la communauté, c'était aussi l'objectif de la restauration de deux bâtiments historiques du village suisse Valendas (Grisons). Dans le cas de la Türalihuus, maison ancienne dotée d'une tourelle dans le centre de la commune, la maîtrise d'ouvrage a été prise en charge par l'organisation Patrimoine suisse, au travers de sa fondation *Vacances au cœur du Patrimoine,* qui propose aux vacanciers des gîtes authentiques. Quant à l'Engihuus, autre maison dont la partie la plus ancienne date de 1517, elle a été transformée en maison d'hôte par Gion A. Caminada (voir encadré). Ce nouvel établissement doit non seulement renforcer l'identité du lieu, mais aussi la communiquer aux visiteurs.

▲ *Récompensé par le prix Constructive Alps, le centre de formation agricole du Salzkammergut, situé à Altmünster, élargit le bâtiment à trois ailes de l'ancienne école pour en faire une structure close. Son architecture maîtrisée et respectueuse des pratiques locales s'intègre parfaitement dans le paysage.*

Tous ces projets reposent sur l'idée que les formes anciennes n'appartiennent pas simplement au folklore, mais recèlent un fort potentiel d'identité culturelle. En ce sens, l'espace alpin constitue un véritable modèle pour d'autres régions.

GION A. CAMINADA ET VRIN

La construction de logements est une affaire de citadins, car dans un village, on vit et on travaille souvent au même endroit. Si les petites communes sont de plus en plus désertées, un architecte, Gion A. Caminada (né en 1957), fait acte de résistance dans les Grisons. La presse le présente d'ailleurs comme « le miracle de Vrin », son village d'origine, où il a également son bureau. Il enseigne en parallèle à l'École polytechnique fédérale de Zurich.

La localité de Vrin constitue l'exemple parfait de son projet de « créer des lieux » et de sauvegarder des communautés rurales. En effet, l'architecte continue à y développer les structures villageoises, y compris les constructions traditionnelles en bois, de manière à ce qu'elles s'inscrivent dans l'époque contemporaine et conservent en même temps leur caractère singulier. En accord avec les habitants, il a construit en 2003 une chambre funéraire à proximité de l'église ; elle permet de renouer avec les traditions et se veut un lieu de rencontre (avec la mort aussi), soutenant la communauté dans sa peine. En périphérie, il a également conçu un ensemble de logements qui s'intègre clairement au village, au lieu de grignoter le paysage rural (phénomène du mitage).

Alpage de Neustatt dans le massif du Dachstein (Autriche).

ALPAGES – LIEUX D'ÉVASION ET DE TRAVAIL

Paysages culturels de la haute montagne, les alpages prennent des formes diverses. Ils sont malheureusement de plus en plus désertés. Rétrospective

Dans les alpages, il s'agit tout d'abord de faire le ménage, afin de gagner une surface maximale de prairie. Il faut pour cela retirer les pierres, ainsi que les rhododendrons et les pins. C'est un travail extrêmement difficile et pénible, même lorsqu'il n'y a que des vivaces à enlever, telles que le vératre blanc (toxique) ou le séneçon des Alpes. Dans certains cas, les chevaux peuvent s'avérer utiles pour préparer le terrain, car ils apprécient certaines plantes herbacées et vivaces que d'autres animaux délaissent.

Les alpages sont un lieu de vie et de paix, où l'être humain est en harmonie avec la nature. Autrefois, c'était aussi un endroit où le contrôle social se faisait moins sentir que dans les vallées, comme en témoignent certaines chansons d'alpage grivoises. Aujourd'hui, les mélodies des montagnes ne s'entendent plus beaucoup en raison de l'exploitation bien moins artisanale de certains alpages ; les plus grands sont même parfois accessibles en véhicule tout-terrain.

Les alpages investissent en premier lieu les pelouses alpines situées au-dessus de la limite des arbres. On conçoit aisément que leur mise en valeur servait à alléger la charge de travail des agriculteurs : ils fournissaient de la nourriture pour les animaux sans que l'on ait besoin de défricher des parcelles forestières. Mais ces prairies étaient si éloignées du village que des allers-retours journaliers étaient impossibles. Le bétail ne pouvant rester sans surveillance, des bergers s'installaient sur place pendant les mois d'été.

Contrairement à ce que l'on pourrait penser, les alpages les plus hauts sont plus anciens que ceux qui sont plus proches des vallées. On a en effet gagné du terrain sur la forêt lorsque le défrichage est devenu moins pénible. Mais parfois, ce n'est même pas nécessaire : les avalanches s'en chargent à certains endroits.

Les débuts de l'exploitation de ces pâturages remontent à une époque étonnamment lointaine de notre histoire. Dans les régions méridionales des Alpes, les pelouses sans arbres sont mises en valeur dès le Néolithique ; à l'âge de Bronze, on construit déjà des enclos à bétail sur le plateau du Dachstein. Dans ce dernier cas, la viande et les produits laitiers devaient servir à approvisionner les montagnards qui exploitaient le sel dans le bassin de Hallstatt (voir p. 130).

Pendant l'âge de Bronze, on exploite de manière très intensive le minerai de cuivre (voir p. 159) dans le centre de l'arc alpin. De nombreux travailleurs doivent trouver leur nourriture, qu'ils ne peuvent pas produire eux-mêmes. Les échanges forcés de marchandises ont alors contribué dans une certaine mesure à séparer les activités des vallées (agriculture céréalière) et celles des alpages (élevage).

Quelle que soit la définition de la limite des arbres, elle ne correspond pas au passage brutal d'un peuplement forestier fermé à une surface totalement ouverte. Les forêts de mélèzes clairsemées notamment constituent des prairies forestières adaptées, une fois les buissons de rhododendron retirés. Que ce soit le dérèglement climatique ou l'être humain qui ait abaissé la limite des arbres, l'extension des prairies signifie dans tous les cas plus d'herbe pour les animaux, et plus l'altitude est basse, plus la verdure est luxuriante.

▶ *Maison en pierre à l'abandon au col du Grand-Saint-Bernard.*

▶ *Nez noirs du Valais bien fournis en laine.*

225

ALPAGES

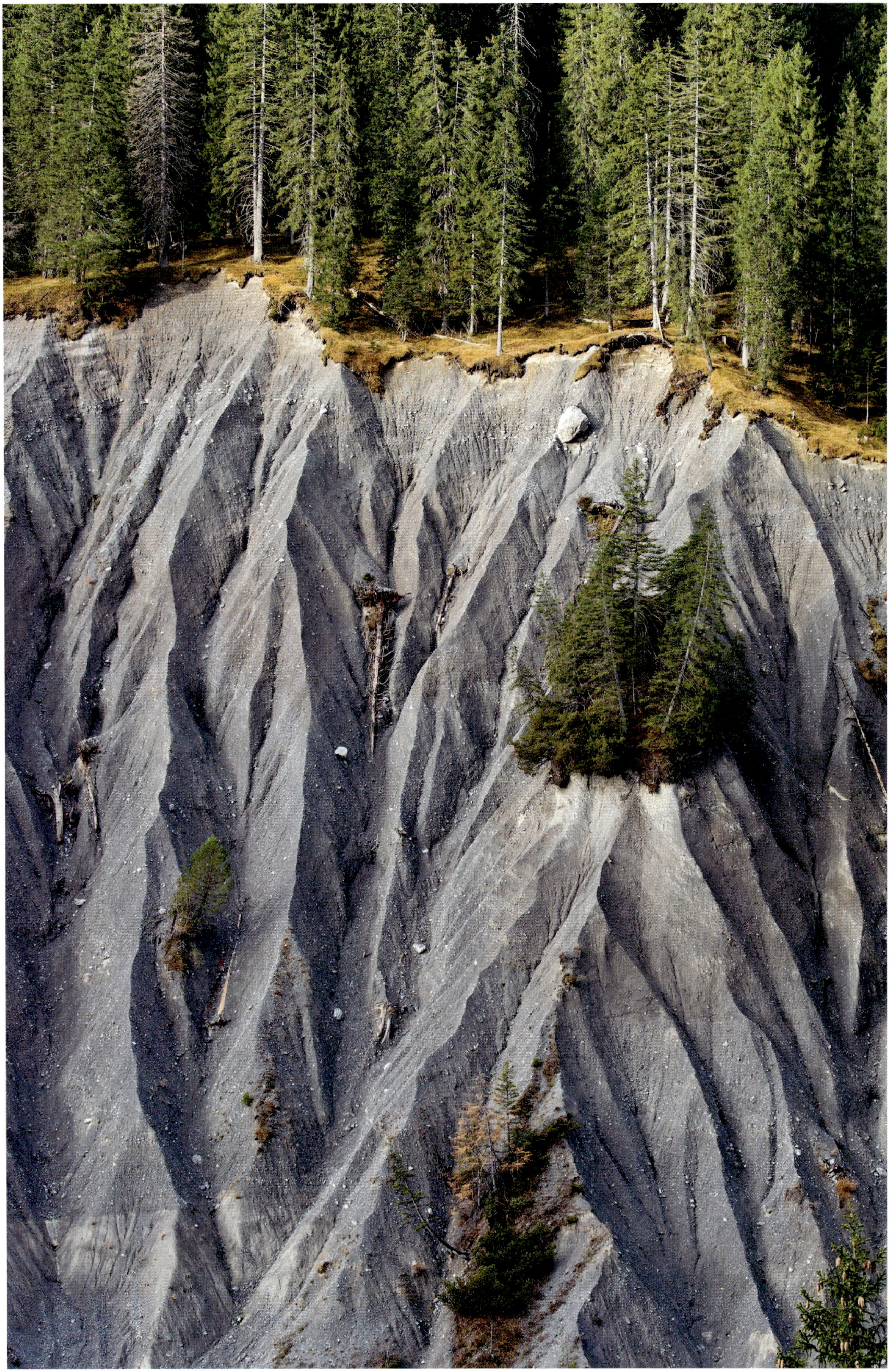

◀ *Glissement de terrain dans le Vorarlberg (Autriche).*

Mais cette extension n'est pas sans risques. Les forêts ne sont en aucun cas des espaces non productifs puisqu'elles contribuent à la régulation du régime hydrique, consolident le sol et retiennent les masses de neige. La déforestation met donc les habitants des vallées en danger en favorisant les inondations, les glissements de terrain, les avalanches et les chutes de pierres. De vastes étendues de l'Ötztal, par exemple, auraient ainsi pu devenir inhabitables en raison des catastrophes naturelles si le tourisme n'avait pas offert d'autres sources de revenus que l'agriculture ; on aurait en effet continué à étendre les prairies et donc déstabilisé durablement les versants.

L'exploitation des pelouses alpines est naturellement très ancrée dans la culture, mais elle dépend aussi de nécessités économiques. Aujourd'hui, le potentiel manque de rentabilité constitue une menace pour les alpages. Cependant, des programmes se mettent en place pour encourager l'agriculture montagnarde et ainsi préserver l'exploitation traditionnelle de ces espaces, en apportant un complément de revenus.

AGRICULTURE ALPESTRE

Contrairement à la transhumance (voir p. 232), l'agriculture alpestre repose sur une relation constante avec les fermes situées dans la vallée. Les alpages permettent alors d'élargir la nourriture de base des animaux. Afin d'exploiter au mieux cette offre supplémentaire, on distingue différents étages de pâturage, avec un principe fondamental : tous les 100 m, la période de végétation des plantes est repoussée d'une semaine. Une fois que les alpages les plus bas ont été exploités, on peut se déplacer plus haut. En Suisse, on appelle mayens ces alpages intermédiaires, situés à moyenne altitude, entre la vallée et les hauts pâturages.

Ils sont utilisés au printemps, notamment au mois de mai, et à l'automne. Contrairement aux hauts alpages, ils peuvent avoir l'allure d'un petit village.

Le moment choisi pour l'estivage est très important. Si l'offre de nourriture n'est pas assez copieuse, les animaux risquent de souffrir de la faim ; si elle est trop luxuriante, ils risquent de dédaigner certaines plantes savoureuses et donc de ne pas brouter la pelouse de manière uniforme.

On pourrait penser que les alpages sont réservés aux vaches laitières, mais ce n'est pas le cas. Aujourd'hui en tout cas, beaucoup de régions comptent davantage de bétail non laitier dans les hauts pâturages, notamment de jeunes bovins des deux sexes, les femelles ne donnant pas encore de lait.

On peut également se demander ce que recouvre l'appellation « fromage d'alpage ». Elle suppose des alpages laitiers, mais cela ne signifie pas nécessairement que le lait est transformé sur place. De plus en plus souvent, il est transporté vers la vallée, où l'on produit alors le fromage.

Les chevaux ont eux aussi leur place dans les alpages. Quant aux moutons et aux chèvres, ils sont emmenés dans des zones particulièrement escarpées, surtout de part et d'autre de la crête principale des Alpes. Ces animaux très agiles s'en sortent bien sans encadrant et sans bergerie. Les chèvres sont aujourd'hui appréciées pour les mêmes raisons qui faisaient qu'on les élevait moins volontiers autrefois : elles mordent aussi dans les arbustes, empêchant ainsi l'embroussaillement des prairies.

ALPAGES, DIRECTIVES ET SUBVENTIONS

Fini l'époque où un Office bavarois de gestion des territoires agricoles pouvait se vanter d'avoir complètement éradiqué les buissons de rhododendron sur un alpage, à l'aide d'un herbicide vietnamien d'une redoutable efficacité. En Autriche également, l'emploi d'herbicides et d'insecticides n'est plus autorisé dans les alpages. L'interdiction vaut aussi pour le lisier et le purin, qui sont produits dans les vallées. Quant aux engrais chimiques, ils sont bien sûr proscrits.

Si les directives peuvent varier d'un pays alpin à l'autre, elles s'orientent toutes vers une exploitation plus respectueuse de l'environnement. Elles garantissent par ailleurs un nombre raisonnable d'animaux sur les pâturages (en basant les calculs sur les unités de gros bétail, UGB) : le nombre fixé permet d'éviter une surexploitation des ressources. Les animaux doivent se nourrir principalement d'herbes et de plantes des alpages. Il existe en outre des primes d'estivage et de gardiennage. Ces subventions sont à double tranchant : avec le cahier des charges imposé, les agriculteurs peuvent se sentir en quelque sorte asservis. Récemment, les journaux n'ont pas hésité à parler de trahison, car des subventions de l'Union européenne avaient été accordées pour des alpages dont les exploitants avaient surévalué la taille. Mais peu importe que les financements et subventions proviennent de l'UE, des États et/ou des régions, provinces, cantons, etc. ; sans ces aides, les alpages en tant qu'élément essentiel du paysage culturel seraient aujourd'hui bien mal-en-point.

▼ *Le haut alpage du Lafatscher, à 1 648 m d'altitude, dans le massif des Karwendel (Tyrol, Autriche).*

RACES ANCIENNES D'ANIMAUX D'ÉLEVAGE

🔺 *Une Tiroler Grauvieh. Cette race bovine du Tyrol autrichien a été sélectionnée spécialement pour répondre aux exigences de la haute montagne. À côté d'elle, les bovins « haute performance » ne font pas le poids. Race rare, elle est de nouveau appréciée à sa juste valeur et son élevage est encouragé.*

Une agriculture alpestre durable suppose de recourir à des animaux légers et peu exigeants. Les animaux surdimensionnés de l'agro-industrie ne sont en effet pas du tout adaptés aux alpages. Les dégâts de piétinement qu'ils occasionnent seraient bien plus néfastes dans les hauts pâturages que dans les vallées et ces bovins ont des besoins en nourriture nettement plus élevés. Par ailleurs, leur mobilité serait presque nulle sur les versants escarpés.

L'isolement de nombreuses régions alpines et les différentes exigences du milieu ont favorisé l'immense diversité des races d'animaux d'élevage. S'ils n'ont probablement pas toujours été irréprochables, ils étaient en tout cas parfaitement adaptés aux conditions difficiles de la haute montagne. Il va sans dire qu'aujourd'hui, la diversité des races alpines anciennes est menacée ; la liste des races en danger d'extinction, voire déjà éteintes, est en effet assez longue.

Aujourd'hui, on n'assiste certes pas à une renaissance, mais bien à un retour aux traditions, avec une attention particulière accordée à la qualité. La Tiroler Grauvieh est un bon exemple de ce phénomène : robuste et à l'aise sur tous les terrains, cette race bovine de taille moyenne possédant une grande longévité est devenue rare et comme telle, fait l'objet de programmes de financement en Autriche. Sa viande est très appréciée des gourmets et son lait vient enrichir un chocolat produit dans le Tyrol.

Les porcs mériteraient un chapitre à eux seuls. Servant à la fabrication du petit-lait, ils avaient (et ont encore) leur place dans les alpages. Mais la plupart passent leur vie d'alpages dans des réduits sombres, car comment les races habituelles pourraient-elles résister autrement aux conditions locales avec leur peau fine et peu velue, leurs courtes pattes et leur corps lourd ? Face aux forts rayonnements UV, les animaux risquent des coups de soleil s'ils restent dehors et de toute façon, le relief accidenté réduirait nettement leur champ d'action. Ces contraintes ne sont pas un problème pour le cochon noir des Alpes (*Schwarzes Alpenschwein*). Les races correspondant à cette désignation étaient bien mieux armées pour vivre en plein air. Omnivores, elles étaient aussi moins difficiles que les bovins en matière de plantes. Cependant, les éleveurs ont encore beaucoup de travail pour reconstituer des populations de porcs alpins.

Les partenaires idéaux en alpage sont en réalité les moutons. Ils ont besoin du minimum d'encadrement et d'aucune bergerie pendant l'estivage. Dans leur cas, les races anciennes adaptées à la vie en haute montagne sont nettement plus nombreuses à avoir survécu. Mais là encore, certaines sont menacées, telles que l'*Alpines Steinschaf*, race historique des Alpes orientales ; face à la concurrence, il devait céder la place à des animaux présentant une croissance plus rapide et un meilleur rendement en viande. Aujourd'hui, on met à nouveau ses qualités montagnardes en avant : robuste, peu exigeant, résistant aux intempéries et agile sur sol escarpé, il vit aussi plus longtemps. On apprécie également son caractère confiant, sa laine et ses performances laitières tout à fait correctes.

Restent les chèvres. La chèvre commune provençale mérite d'être mentionnée pour son lien avec la Méditerranée. Elle est en effet originaire des collines de Provence et on la trouve sur les versants secs du Sud des Alpes.

Cette race a elle aussi été réduite à une très faible population, avant que les éleveurs ne la redécouvrent. Aujourd'hui, c'est l'emblème du Banon, un fromage à pâte molle enveloppé dans des feuilles de châtaignier. Produit d'appellation contrôlée, il est fabriqué dans quatre départements du Sud-Est de la France.

PASSER LA CRÊTE PRINCIPALE DES ALPES – ITINÉRAIRE DES MOUTONS

La transhumance est une forme de nomadisme pastoral, qui semble hérité d'un autre monde. Cette pratique correspond en effet à une longue tradition, mais sur notre continent, elle a rarement résisté aux évolutions de notre époque.

On peut citer par exemple la transhumance des moutons depuis le val Senales (Tyrol du Sud, Italie) vers l'Ötztal (Tyrol autrichien), qui leur fait franchir rien moins que la crête principale des Alpes. Entre début et mi-juin, environ 70 hommes et femmes se mettent en route pour mener quelque 4 000 moutons (et 300 chèvres) par-delà la frontière italo-autrichienne. Le retour a lieu entre début et mi-septembre. Les moutons appartiennent à des agriculteurs sud-tyroliens du val Senales et de la vallée de Passeier, mais quelques exploitants des versants secs et austères de Silandro (val Venosta) possèdent depuis très longtemps des droits de pâture de l'autre côté de la frontière (ceci dit, le Tyrol n'est réparti sur deux États différents que depuis 1919/1920). Sans la verdure abondante des pelouses du Tyrol du Nord, l'élevage ovin serait impossible dans le Tyrol du Sud voisin. D'après certains folkloristes, cette transhumance se pratiquerait depuis près de 6 000 ans.

Le parcours des animaux passe par divers cols, dont celui du Niederjoch qui se situe à 3 017 m d'altitude. Jusqu'en 1962, certains moutons traversaient même un glacier, le Gurgler Ferner. Une fois arrivés dans l'Ötztal, ils broutent en grande partie sans surveillance ; un seul berger s'occupe de l'ensemble du troupeau. Le retour dans le Tyrol du Sud donne lieu à de grandes célébrations, signe que cette coutume est toujours bien vivante. La transhumance des moutons dans les Alpes d'Ötztal est d'ailleurs inscrite au patrimoine culturel immatériel de l'Autriche depuis 2011.

◂ *Par-delà la crête principale des Alpes : la transhumance des moutons du val Senales vers l'Ötztal.*

▾ *Berger portant des agneaux lors de l'ascension.*

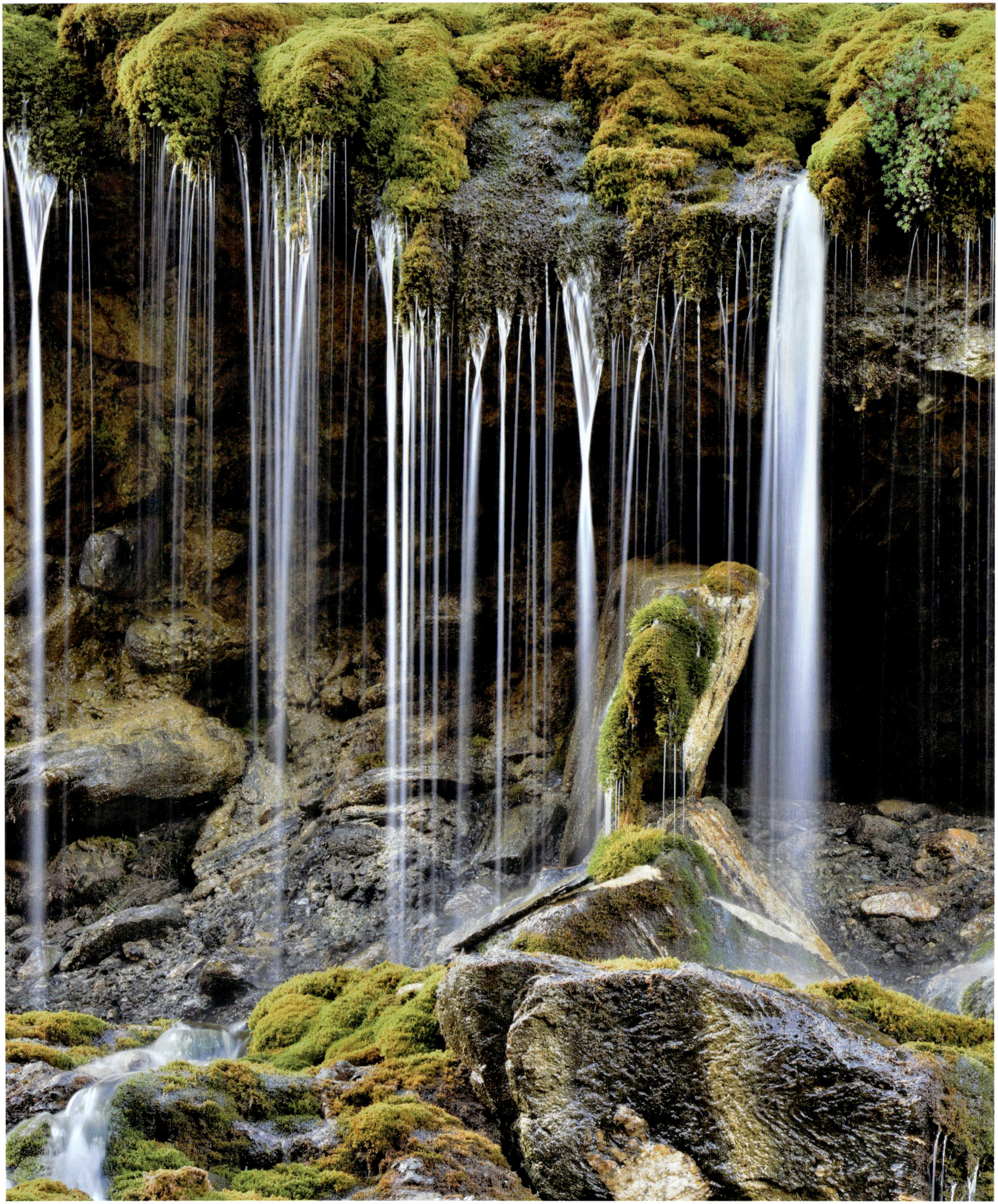

LE « CHÂTEAU D'EAU » ALPIN, PLUS QU'UN RÉSERVOIR

Le poids économique de l'espace alpin est souvent un sujet secondaire. Pourtant, s'il y a bien un domaine où le massif s'impose, c'est celui de l'eau : les Alpes constituent en effet un immense réservoir hydraulique. En ce qui concerne cette « matière première », on peut les considérer comme le véritable centre de l'Europe, et ce sont les régions extérieures qui en profitent.

◀ *Ces chutes d'eau photographiées dans le Val di Vizze (Tyrol du Sud, Italie) présentent un fort débit ; sur une largeur de 10 m, l'eau se déverse au-dessus de rochers couverts de mousse. Cela s'accompagne souvent par la formation de concrétions, ce qui n'est pas le cas ici.*

On compare souvent les Alpes à un château d'eau, ouvrage hydraulique servant à entreposer l'eau. Celle-ci est en effet la principale ressource de l'arc alpin. Il faut certes faire des distinctions entre les régions, car elles ne bénéficient pas toutes du même niveau de précipitations (pensons notamment aux vallées sèches intra-alpines). Mais dans l'ensemble, les précipitations annuelles dans les Alpes sont plus de deux fois supérieures à celles des plaines environnantes. Ainsi, à l'embouchure du Rhin, 44 % de l'eau du fleuve provient des Alpes, alors qu'elles ne représentent que 10 % de son bassin hydrographique.

236 | LES ALPES AUJOURD'HUI

Au départ, des masses d'air humides rencontrent des montagnes d'altitude élevée. Face à cet obstacle naturel, elles se transforment en précipitations, arrosant plus souvent les Alpes du Nord que les Alpes du Sud en raison des vents d'ouest dominants.

Mais l'abondance des pluies ne fait pas tout. Tous les 100 m, la température baisse d'environ un degré, ce qui entraîne une réduction de l'évaporation : la proportion d'eau disponible est donc plus élevée en haute montagne qu'en plaine. Alors qu'en Europe, 44 % de l'eau des précipitations repart dans l'atmosphère, l'espace alpin n'en restitue que 37 %.

Autre point important : l'eau des Alpes n'est pas forcément disponible directement. En altitude, elle est tout d'abord conservée sous forme de neige et de glace. Les glaciers jouent ici un rôle essentiel en congelant l'équivalent d'environ une année de précipitations. Par ailleurs, les forêts assurent l'approvisionnement continu des nappes d'eau souterraines et préviennent les inondations en cas de fortes pluies. Quant aux lacs, ils jouent le rôle de bassins de rétention naturels, même ceux des Préalpes. Ils permettent en outre de débarrasser l'eau des sédiments, qui se déposent au fond.

◐ *Le lac de barrage de Mooserboden, au-dessus de la commune autrichienne de Kaprun, dans les Hohe Tauern. Il est alimenté par un vaste bassin hydrographique, incluant les eaux du glacier Pasterze, entreposées dans le lac artificiel de Margritzen.*

APPROVISIONNEMENT EN EAU POTABLE ET INDUSTRIELLE

Les Alpes constituent le réservoir d'eau potable des grandes villes alentours, qui l'acheminent depuis les sources du massif ou depuis les terrasses rocailleuses des Préalpes, qui sont des aquifères parfaitement adaptés au fort pouvoir épurateur. L'eau de la ville de Munich, par exemple, provient de la haute vallée de la Loisach. Cette situation mécontente d'ailleurs les défenseurs de l'environnement : elle menacerait en effet la biodiversité unique des marais de Murnau (voir p. 49), qui serait irrémédiablement perdue s'ils s'asséchaient.

En Autriche, on a inauguré en 1873 et 1910 deux voies d'acheminement de l'eau de montagne destinées à alimenter la capitale. Avec des viaducs parfois spectaculaires, elles sont considérées comme des chefs-d'œuvre d'ingénierie. Au-delà des vastes études menées en amont de la réalisation, les édiles viennois de l'époque ont fait preuve de prudence en acquérant les zones de captage et les bassins versants concernés par le projet. L'eau de Vienne provient donc des Préalpes orientales septentrionales, plus précisément du massif de Rax et Schneeberg et de celui du Hochschwab. Dans les années 1960, une galerie d'eau potable de près de 10 km de long (probablement la plus longue du continent à l'époque) a été rattachée à la voie la plus ancienne.

Il est étonnant de constater à quel point les grandes villes périphériques sont dépendantes de l'eau des Alpes. Marseille est peut-être le meilleur exemple de ce phénomène : la métropole méditerranéenne se ravitaille en eau potable principalement grâce à un canal de 80 km de long (canal de Marseille), alimenté par les eaux de la Durance.

Cette rivière alpine nous amène à une petite digression. Redoutée pour ses crues, elle était surnommée le « 3e fléau de la Provence ». Afin d'apprivoiser son cours capricieux et souvent violent, on construit à partir de 1955 un immense barrage (124 m de haut, 630 m de long) qui culmine à 785 m d'altitude. C'est ainsi que le lac artificiel de Serre-Ponçon voit le jour, engloutissant au passage le village de Savines. Il se situe aujourd'hui à la confluence avec l'Ubaye. Avec une capacité de 1,2 milliard de mètres cubes, c'est le plus grand lac de barrage des Alpes et de France.

Ce genre d'ouvrage monstre nécessite des investissements considérables, que la prévention des crues ne suffit pas à justifier. Le lac de Serre-Ponçon est donc de fait extrêmement polyvalent. Il joue un rôle majeur dans l'approvisionnement de la région en électricité, fournit un supplément d'eau potable à la ville de Marseille depuis 1971, et évidemment, diverses activités touristiques se sont développées sur ses berges. Il sert également à irriguer de nombreux vergers, une fonction sous-estimée du côté des Alpes où les précipitations sont abondantes. L'aire méditerranéenne du massif enregistre en effet des pertes de rendement importantes pendant les étés particulièrement secs, car l'irrigation doit être restreinte, voire interrompue.

◬ *La Cima Pisciadù (2 985 m) appartient au massif du Sella, dans les Dolomites. Le lac du même nom situé au pied du sommet était autrefois un lac glaciaire.*

ÉNERGIE HYDRAULIQUE

Plus que la fourniture d'eau potable, la production d'électricité constitue la principale fonction des lacs artificiels. Du point de vue des ingénieurs, les Alpes sont tout à fait adaptées à l'aménagement de barrages, puisque des vallées profondes et fermées permettent de limiter les coûts de construction. Inutile de préciser que, là encore, l'électricité produite profite avant tout à des régions situées en dehors du massif.

La force hydraulique est exploitée depuis longtemps, comme en témoignent les moulins ou bien les bocards (utilisés pour le travail du minerai). Dans les Alpes, on convertit l'énergie hydraulique en électricité depuis 1890 environ. Durant les 30 premières années, la construction d'installations énergétiques, d'abord de petite taille, concerne surtout le Nord des Alpes françaises. Au départ, les industries sont obligées de se regrouper au plus près des centrales, car l'électricité ne peut être acheminée que sur de courtes distances. Lorsque l'on parvient, à partir des années 1920, à améliorer le transport du courant, les centrales électriques alpines deviennent des fournisseurs d'énergie pour les grandes villes des régions environnantes.

Après la seconde guerre mondiale, la construction des centrales connaît un essor immense, qui se prolonge jusque dans les années 1970. C'est alors que d'énormes retenues artificielles voient le jour. En Suisse, le barrage de la Grande-Dixence, achevé en 1965, mesure 285 m de haut, ce qui en fait le plus grand des Alpes. Son volume maximal de 400 millions de mètres cubes est aujourd'hui exploité par quatre centrales hydroélectriques.

Après 1990, la construction de nouvelles installations décline au profit de l'optimisation des sites existants. Les Alpes offrent non seulement de l'eau en abondance, mais aussi de grandes hauteurs de chute sur de courtes distances. Des centrales à réservoir produisent de l'électricité à partir de l'eau stockée dans un lac et amenée vers les turbines installées en contrebas. La quantité d'électricité produite dépend de la quantité d'eau et de la différence de niveau entre la retenue (en haut) et les machines (en bas).

Aujourd'hui, les centrales à réservoir sont souvent des centrales de pompage. Celles-ci offrent la possibilité d'effectuer des cycles en réacheminant l'eau utilisée vers l'amont, afin de la réutiliser plus tard. Bien évidemment, le processus de pompage consomme de l'énergie, mais il permet d'exploiter l'électricité excédentaire, qui sinon serait perdue, et de la reconvertir en énergie potentielle. Pour l'instant, seules les centrales de pompage proposent un système de stockage de l'énergie électrique.

La production d'énergie hydraulique, dite « propre », est synonyme d'interventions démesurées dans le paysage de haute montagne. Des torrents et des rivières s'assèchent, même si l'eau est restituée en contrebas, comme c'est le cas du site de la Grande-Dixence avec le Rhône. En outre, les dépenses de constructions et d'exploitation sont très élevées, tout comme les risques liés à ces installations. Le 12 décembre 2000, la rupture d'un puits blindé au niveau de l'une des usines de la Grande-Dixence provoque une coulée de boue dévastatrice qui coûte la vie à trois personnes.

Restent les centrales au fil de l'eau. Si *a priori* elles nuisent moins aux sites naturels, elles modifient profondément le régime hydrique des rivières. Le Lech est un exemple parmi d'autres ; son cours supérieur, situé dans le Tyrol, correspond à l'état naturel d'une rivière (voir p. 57), mais quelques kilomètres après la frontière avec l'Allemagne l'attend le Forggensee, cinquième des plus grands lacs de Bavière. Il n'éveille pas les soupçons et pourtant, il s'agit bien d'un lac artificiel. Il sert de réservoir principal à toute une chaîne de centrales, auxquelles la rivière paie un lourd tribut avec 24 retenues. Il prend donc la forme trompeuse d'un lac très étiré, car les sites de production ont besoin d'un niveau élevé et constant.

Aujourd'hui, le point de vue selon lequel l'exploitation de la force hydraulique dans les Alpes serait parvenue à ses limites semble de plus en plus répandu, dans la population comme parmi les responsables politiques. Les défenseurs des milieux naturels espèrent en tout cas que les éventuels nouveaux projets concerneront en priorité l'amélioration du rendement des installations déjà disponibles.

◀ *285 m : c'est la hauteur du barrage de la Grande-Dixence, qui le classe (pour l'instant) quatrième au niveau mondial. Achevé en 1965, il alimente depuis 1999 quatre centrales hydroélectriques. En 2000, une galerie en charge souterraine se rompt ; la coulée de boue qui s'ensuit fait des ravages et tue trois personnes.*

LES ALPES AUJOURD'HUI

TOURISME ET TOURISTES

Le téléphérique est l'un des emblèmes du tourisme alpin. Celui-ci relie Chamonix à l'aiguille du Midi, dans le massif du Mont-Blanc.

On entend souvent que le rôle du tourisme dans les Alpes serait surestimé, mais il a incontestablement imprimé sa marque dans la région. La question se pose alors : comment les images importées des Alpes se sont-elles exprimées dans l'inconscient collectif de la population locale ?

Le tourisme alpin est tout à la fois une bénédiction et une malédiction. Pour certaines communes, il est aujourd'hui vital en représentant 80 % de la création de valeur. Alors qu'autrefois, l'agriculture constituait quasiment la seule source de revenus et que l'exode rural dépeuplait les vallées, il a permis d'améliorer la qualité de vie. Le revers de la médaille, c'est bien sûr l'extrême dépendance de l'arc alpin à l'égard de cette activité. En outre, l'aménagement de routes, parkings, trains de montagne, complexes hôteliers et domaines skiables a eu un fort impact environnemental.

⬢ Publicité de 1911 pour le chemin de fer du Rigi.

⬢ Le hall des thermes royaux de Bad Gastein (Autriche, Land de Salzbourg) ; gravure sur bois de 1897.

Les risques n'ont pourtant été ni méconnus, ni balayés. Dès le début des années 1970, des dispositions sont prises pour protéger l'espace montagnard, ce à quoi s'emploie notamment la Convention alpine (voir p. 17). Entre-temps, le concept de tourisme durable s'est imposé et les régions alpines sont de plus en plus nombreuses à adapter leur offre aux contraintes environnementales. Mais ces nobles objectifs sont régulièrement mis en péril par les intérêts économiques.

On estime que le tourisme de masse a environ 150 ans. Dans certaines hautes vallées, il a atteint ses limites. Quelques spécialistes affirment aujourd'hui que le tourisme alpin n'est qu'un phénomène de mode, qui peut certes retarder le phénomène d'exode, mais pas le contenir.

LES ANGLAIS ET C_{IE}

Les Anglais peuvent être considérés comme les initiateurs du tourisme rhénan ; ils découvrent en effet les attraits du fleuve sur la route qui les mène vers le Sud de l'Europe. À partir de la fin du XVIIIe siècle, beaucoup d'entre eux font une halte dans les montagnes suisses, avant de continuer leur voyage vers l'Italie. C'est aussi sous l'impulsion des Anglais que naît l'alpinisme (voir p. 253) au XIXe siècle, ainsi que, un peu plus tard, les premiers voyages organisés. Et on ne s'étonnera pas que ces pionniers s'intéressent eux aussi en premier lieu aux Alpes suisses.

C'est un certain Thomas Cook (1808-1892) qui relève le premier le défi d'organiser un voyage collectif dans les Alpes : *Switzerland with cheap tickets*. On a découvert récemment le récit qu'a laissé une participante, Jemima Ann Morell, de ce séjour effectué en 1863. Si elle souligne le caractère grandiose et parfois effrayant des paysages, elle donne surtout une description très amusante de ses vacances à la montagne.

▶ *Construit entre 1840 et 1842, l'hôtel Straubinger était, à l'apogée du tourisme local, le plus grand hôtel de Bad Gastein. Pourtant classé Monument historique, il est aujourd'hui condamné au délabrement, à l'instar d'autres édifices de la Belle Époque situés dans le centre de la commune.*

Pour le groupe, le Rigi (1 797 m) est un passage obligé. Cette montagne offrant un large panorama sur les Alpes et le lac des Quatre-Cantons situé juste en dessous, le train à crémaillère qui y mène est très prisé. À propos de cette excursion, Miss Morell évoque des autochtones importuns et une grande affluence au sommet. Ce n'est pas un hasard si le premier train de montagne européen, inauguré en 1871, a été construit précisément à cet endroit. La même année, Leslie Stephen (1832-1904), alpiniste et père de Virginia Woolf, publie son livre à succès *Le Terrain de jeu de l'Europe,* dans lequel il décrit les Alpes suisses comme le lieu de rendez-vous de toute l'Europe.

DE LA BELLE ÉPOQUE AUX ANNÉES 1950

Le tourisme international qui s'est développé en Suisse ne tarde pas à gagner les autres pays alpins. Entre 1888 et 1914, on inaugure pas moins de 40 téléphériques et 13 lignes de chemin de fer à crémaillère dans l'ensemble du massif. C'est également l'époque où l'on construit des palaces et de grands hôtels, que les organismes de protection du patrimoine cherchent aujourd'hui à préserver.

La station thermale de Merano, qui date de la monarchie austro-hongroise, est un bon exemple de ces destinations ayant connu un succès fulgurant. En Autriche, la commune durement éprouvée de Bad Gastein était surnommée la « Monaco des Alpes ». Son casino, le Grand Hôtel de l'Europe (récemment fermé), correspondait bien à la vision des Alpes comme région de loisirs, dans le contexte de la Belle Époque et de la « fin de siècle ». En ce qui concerne le tourisme d'hiver, ses débuts sont liés aux sanatoriums. En 1864/1865, Davos (Grisons) devient un lieu de cure en accueillant les premiers tuberculeux. Cette activité n'est pas sans risque, car à cette époque, on n'a pas encore étudié les voies de transmission de la maladie. La même année, six Anglais auraient passé quelques semaines d'hiver à Saint-Moritz (dans le même canton), sur l'invitation d'un pionnier du tourisme dans l'Engadine, Johannes Badrutt (1819-1889). Il semble qu'ils aient joué un rôle multiplicateur, déclenchant une vague de voyages d'hiver. Saint-Moritz devient une station thermale mondaine et connaît son apogée au début du XXe siècle. Les hébergements de luxe voient défiler les clients les plus fortunés d'Europe, dont la haute noblesse bien sûr. Mais avec le déclenchement de la première guerre mondiale, la région est ensuite désertée.

La double monarchie des Habsbourg avait elle aussi ses lieux de villégiature alpins, le plus connu étant le Salzkammergut. L'un des sommets préférés des Viennois était le Rax, culminant tout de même à 2 007 m, au pied duquel se sont développés des hôtels haut de gamme.

À partir de 1880, la classe moyenne urbaine prend également l'habitude de venir en vacances dans les Alpes, tandis que les lignes de chemin de fer facilitent le voyage vers certaines hautes vallées. Les habitants de Munich partent ainsi dans les Alpes bavaroises et tyroliennes. Cette clientèle se contente d'un hébergement dans des pensions ou des fermes ; souvent, les paysans vont dormir au grenier pour laisser leur lit à disposition des hôtes. Les citadins apprécient ces séjours rustiques, qui constituent pour eux une sorte de retour aux origines.

La véritable ruée sur les Alpes commence après la seconde guerre mondiale. Elle concerne d'abord la saison estivale à partir des années 1950, puis la saison hivernale à partir du milieu des années 1960. La croissance du secteur touristique, qui devient la principale source de revenus de nombreuses régions, est absolument vertigineuse. Alors que dans des provinces comme le Tyrol (Autriche) et le Tyrol du Sud (Italie), les entreprises familiales prédominent, on voit se développer en France de véritables « usines à ski ». Quel que soit le pays, les barres de béton des grandes stations font mal au cœur et jurent complètement avec le paysage romantique des Alpes.

À partir de 1985 environ, les chiffres du tourisme alpin stagnent, mais se maintiennent à un haut niveau. Dès lors, les appels à réinventer le secteur et à lutter contre les excès se multiplient, mais ne sont pas toujours entendus. Même le réchauffement climatique ne semble pas suffisamment menaçant pour influencer vraiment les nouveaux projets d'aménagement. Un exploitant de remontées mécaniques qui pense amortir son installation sur 20 ou 30 ans peut encore, pour l'instant, espérer échapper au problème du manque de neige.

Et les exemples de mise en service de nouvelles installations se multiplient. La station suisse de Laax a aménagé un immense half-pipe pour répondre aux besoins des snowboardeurs, tandis que la ville d'Ischgl (Tyrol autrichien) n'a pas hésité à ouvrir un centre de loisirs avec sauna, tennis, salle de billard et bowling, digne du tourisme de masse pratiqué à Majorque. Que les villageois de Vals (Grisons) se rassurent, les investisseurs locaux projettent d'édifier une tour de 381 m de haut exclusivement réservée à une clientèle de luxe… Mais qu'il s'agisse d'Ischgl ou de Vals, la peur de l'appauvrissement et de l'isolement des régions rurales donne du poids à ces projets colossaux.

À l'inverse, le Val di Funes, dans le Tyrol du Sud, se distingue par sa résistance héroïque : pas une seule remontée mécanique dans toute la vallée ! Par ailleurs, l'espoir est encore permis grâce au programme touristique Perles des Alpes. En effet, cette plate-forme met en avant les régions alpines qui souhaitent vivre d'une activité responsable et respectueuse de la nature.

Affiche publicitaire réalisée en 1918 par Emil Cardinaux pour la station de Davos.

L'EXEMPLE DU TYROL

Le Tyrol se présente lui-même comme le « champion du monde du tourisme » : voilà une stratégie marketing à double tranchant. Les chiffres sont formels : le secteur constitue un pilier de l'économie, en contribuant au produit intérieur brut de la région à hauteur de 16 %. D'après les statistiques, aucun autre Land autrichien ne peut rivaliser avec le Tyrol en nombre de nuitées. Même durant les dix dernières années, un peu plus difficiles, il a enregistré une croissance de quasiment 6 %.

Dans cette région, le tourisme s'est pourtant développé relativement tard. Le rôle du clergé catholique à cet égard est intéressant : alors que certains ecclésiastiques pestent contre les « étrangers », potentiels importateurs d'athéisme, d'autres considèrent que leur communauté, souvent très pauvre, peut tirer des revenus de cette activité et l'encouragent de leur mieux. Le prêtre autrichien Franz Senn (1831-1884), surnommé le « pasteur des glaciers », faisait d'ailleurs partie des fondateurs du Deutscher Alpenverein, principale association allemande d'alpinisme, tandis que dans son Ötztal natale, il est à l'origine de la première infrastructure touristique.

Le Tyrol a toujours été comparé à la Suisse : alors que la seconde, plus riche, propose un tourisme haut de gamme, le premier affiche des prix bien inférieurs. L'énorme afflux de vacanciers allemands dans la région à partir du milieu des années 1950 n'est pas dû uniquement au « miracle économique » de l'après-guerre, mais aussi à ces tarifs plus abordables.

Évidemment, le tourisme s'est d'abord développé l'été. La saison hivernale ne commence à attirer les vacanciers qu'à la fin du XIXe siècle, en tout cas dans le Tyrol. Et malgré une croissance fulgurante du tourisme d'hiver, ce n'est que dans les années 1990 que la saison froide prend le dessus. Mais la substantielle contribution du secteur au PIB régional présente un inconvénient certain : la dépendance de la région à l'égard de cette activité. Une série télévisée autrichienne des années 1990, intitulée *Die Piefke-Saga* (« Piefke » étant en Autriche une désignation familière et souvent péjorative pour les Allemands), est tout à fait révélatrice de cette situation. Elle met en scène les relations compliquées entre des Tyroliens et des vacanciers allemands, critiquant sans ménagement la rapacité des

▼ *La chapelle baroque de Längenfeld, dans l'Ötztal (Tyrol), jouxte la maison où est né le « pasteur des glaciers », Franz Senn. Elle porte aujourd'hui le nom de ce fondateur du Club alpin allemand.*

uns et le comportement des autres. Aujourd'hui, c'est encore un divertissement apprécié, par les autochtones et par les gens de passage.

Dans le Tyrol comme ailleurs, le secteur touristique a évolué. Mais d'un autre côté, les nombreuses entreprises familiales manquent de moyens pour réaliser de nouveaux investissements. En outre, le nombre autrefois élevé des hébergements proposés par les particuliers est en forte régression : ceux-ci ne représentent plus que 12 % des lits. La concurrence se renforce également, et ce sont les destinations les moins assurées d'avoir de la neige qui doivent se battre le plus. Ceux qui *a priori* bénéficieront du réchauffement climatique s'équipent déjà, alimentant les conflits entre les professionnels du tourisme et les associations écologistes. Inutile de préciser que ces dernières obtiennent rarement gain de cause. Pourtant, la stratégie publicitaire du Tyrol inclut aujourd'hui la dimension de la protection de l'environnement, dans le cadre d'une « stratégie climatique proactive ». La région a en effet l'intention d'incarner l'art de vivre des Alpes. Il semble que ce soit déjà le cas pour Bollywood : l'industrie du cinéma indien tourne ainsi régulièrement des films dans le Tyrol.

Enfin, n'oublions pas l'atout des Alpes dans le contexte du réchauffement climatique : grâce à sa relative fraîcheur, le massif pourrait bien redevenir un lieu de villégiature très attractif l'été, si les températures au bord de la Méditerranée s'avéraient insupportables.

▲ *Escalade dans le massif du Mont-Blanc, près de l'aiguille du Midi.*

ALPINISME – LA COURSE AUX RECORDS

L'alpinisme consiste à gravir des montagnes, l'ascension étant un but en soi. Si le terme dérive du nom Alpes, la pratique s'est depuis longtemps exportée au-delà de sa région d'origine et on ne compte plus les performances incroyables réalisées dans les massifs du monde entier. C'est aujourd'hui une discipline sportive très concurrentielle.

L'escalade s'est toujours pratiquée dans l'arc alpin lorsqu'il le fallait ; les bergers, les chasseurs, les chercheurs de minerai ou de cristaux, aucun ne pouvait y échapper. Leurs déplacements sur les rochers devaient être particulièrement habiles ou téméraires, mais les documents anciens dont nous disposons donnent peu d'informations à ce sujet.

Les publications plus tardives évoquent à peine les connaissances et l'expérience particulières que possèdent les autochtones ; en tant que guides, ils représentent un moyen comme un autre d'atteindre son but. L'alpiniste et naturaliste suisse Johann Rudolf Meyer (1768-1825) fait exception à cette règle : « Ces gens, habitués depuis l'enfance à chasser le chamois ou à escalader la montagne derrière leurs chèvres par tous les temps, n'ont cessé de nous étonner par leur hardiesse et leur agilité. Partout où nous sommes passés, ils nous ont été d'une aide précieuse. Sans eux, de nombreux endroits nous seraient restés inaccessibles. C'est pourquoi je citerai ici leurs noms » (Récit de son ascension de la Jungfrau, 1811).

On peut alors se demander si des « autochtones » n'ont pas gravi des sommets avant les premiers alpinistes recensés. En tout cas, un paysan local du nom de Patschg est réputé avoir effectué en 1762 l'ascension (la première ?) de l'Ankogel, qui culmine à 3 252 m dans le massif des Hohe Tauern. Cependant, il est probable que les autochtones ne se soient intéressés aux sommets qu'au moment où d'autres (essentiellement des citadins) ont été tentés de les gravir. Les différents récits, qui mettent souvent en avant une phobie des montagnes d'origine religieuse, ne sont pas nécessairement fiables. Et d'ailleurs, pourquoi un sommet serait-il intéressant ? Ce manque d'intérêt pour les sommets a de quoi surprendre, même si on peut déjà profiter de beaux panoramas à une altitude raisonnable.

Les livres sur l'alpinisme situent généralement sa naissance à une époque assez précoce et discernent des ambitions d'ascension à des endroits où rien n'étaye une telle affirmation. On peut considérer Horace-Bénédict de Saussure, naturaliste genevois et savoyard, comme le fondateur de l'alpinisme. Il parvient au sommet du mont Blanc en 1787. S'il est motivé par des intérêts scientifiques, il n'est pas insensible à la beauté du décor, comme en témoignent les passages poétiques de son récit. Quant au jeune lieutenant Joseph Naus, ingénieur géomètre de Bavière, il réalise le 27 août 1820 la première ascension du plus haut sommet du royaume : « Après une heure trois quarts, nous parvenons [...] au plus haut sommet qu'aucun homme ait jamais gravi, l'impitoyable Zugspitze. »

▼ *Gustave Doré (1832-1883), célèbre illustrateur de son temps :* Le Désastre du Cervin. *Cette gravure représente la chute de la cordée anglaise au Cervin en 1865.*

Un sommet jamais gravi auparavant : voilà l'objectif des futurs grimpeurs de l'extrême. Quelle que soit l'altitude du sommet, il importe d'être le premier et de décourager ainsi tous les seconds.

L'âge d'or de l'alpinisme désigne la période comprise entre 1840 et 1865. Durant les six années qui précèdent la première ascension du Cervin, les exploits s'enchaînent : 68 hauts sommets alpins sont vaincus, presque tous supérieurs à 4 000 m. La conquête du Cervin (voir p. 264) marque une rupture brutale de cet âge d'or : en 1865, deux cordées s'affrontent, mais celle qui en sort victorieuse paie un lourd tribut, avec quatre morts à la descente.

Au Cervin comme ailleurs, les Anglais, accompagnés bien sûr de guides autochtones, jouent un rôle déterminant dans les conquêtes. Gottlieb Studer, alpiniste et photographe suisse ayant participé à la fondation du Club alpin suisse, constate, désabusé : « La belle et téméraire Albion donne l'exemple aux autres nations. Si d'aventure un Suisse parvient à atteindre un glacier ou à gravir un sommet qu'il tient pour intact, c'est qu'il y accompagne un Anglais ». Les contemporains soulignent d'ailleurs que les Anglais ne pratiquent en aucun cas un « alpinisme de salon ».

Le premier Club alpin est donc tout naturellement créé en Angleterre en 1857 et, deux ans plus tard, il publie sa propre revue. Sa fondation intervient au beau milieu du « siècle impérial britannique » ; peut-être les conquêtes alpines étaient-elles motivées par le désir de prendre possession d'un territoire étranger. John Ball, son premier président, pratique l'alpinisme dans les Dolomites avant même que les Autrichiens et les Italiens ne s'y adonnent dans ce massif.

En 1862, c'est au tour du Club alpin autrichien de voir le jour, le premier sur le continent, puis des clubs suisse et italien en 1863. Ils sont suivis par le club allemand en 1873, et par le Club alpin français, fondé (cela va de soi) à Paris en 1874.

Mais il n'y a pas qu'à Paris, si éloignée des Alpes, que la fondation de ces associations est assurée par des citadins, et surtout par les élites. Beaucoup de membres ne souhaitent pas que « leurs » montagnes soient accessibles au premier venu. « N'attirons pas la foule sans éclat sur les sommets », laisse ainsi entendre l'alpiniste munichois Wilhelm August.

◀ À l'époque, il existe aussi des femmes alpinistes, mais celles-ci n'en font visiblement pas partie.

◀ En 1907, le Club alpin suisse (SAC) se déclare exclusivement masculin. Un obscurantisme incompréhensible face à ce groupe de jeunes femmes suisses photographiées en 1910.

Le travail et les publications de ces clubs alpins constituent un champ de recherche historique fort intéressant. S'ils œuvrent très tôt pour la mise en valeur touristique du massif, l'idée est contestée dans leurs propres rangs. Les frondeurs du club de Munich créent par exemple une association concurrente, qui disparaît toutefois peu de temps après.

La multiplication des refuges et des points d'ancrage creuse le fossé entre les grimpeurs de l'extrême et les amateurs. En ce qui concerne l'altitude, les regards se tournent de toute façon vers des massifs non européens. Edward Whymper, dont la cordée était parvenue en premier en haut du Cervin (voir p. 265), réalise en 1880 l'ascension du Chimborazo. Ce volcan culminant à 6 267 m dans les Andes est le plus haut sommet de l'Équateur. Par rapport au centre de la Terre, et non au niveau de la mer, il est même considéré comme le plus haut de la planète.

Si l'altitude des montagnes est essentielle, ce n'est cependant pas le seul critère retenu par les pionniers de l'alpinisme. Il s'agit bientôt de réaliser d'autres types de « premières », dans des conditions de plus en plus difficiles, comme l'ascension en hiver d'un sommet important. On peut également choisir des voies d'escalade particulièrement exigeantes : l'éperon de la Brenva au mont Blanc (1865), la plus haute paroi rocheuse au mont Rose (1872), ou encore le couloir de Pallavicini au Grossglockner (1876). On établit ainsi des échelles comprenant différents degrés de difficulté.

▼ *Edward Whymper, alpiniste téméraire qui a vaincu en premier le Cervin.*

La course aux records se poursuit donc dans l'arc alpin, avec des performances toujours plus remarquables. En 1911, l'Autrichien Karl Blodig est le premier à avoir gravi la totalité des sommets alpins de plus 4 000 m. Il existe également un record assez curieux, à savoir la description par l'écrivain et alpiniste allemand Walter Pause (1907-1988) de 106 voies reconnues comme les plus difficiles des Alpes. Le Tyrolien Josef Gwiggner est le seul grimpeur au monde à les avoir toutes escaladées.

PETITE DIGRESSION HISTORIQUE SUR L'ALPINISME ET REINHOLD MESSNER

Fini les ascensions en culotte courte et chemise à carreaux, les temps ont changé. Même le salut montagnard, qui fait encore partie des usages dans les années 1970, se fait rare. C'était le signe de reconnaissance des camarades des clubs alpins, dont Reinhold Messner est devenu la bête noire. Cet alpiniste sud-tyrolien ne se souciait guère en effet de cette tradition de fraternité, et pour sa part, se lançait dans ses ascensions en simples

Ascension matinale le long d'une crête.

JOHANNES THEODOR BAARGELD,
DU MOUVEMENT DADA À L'ALPINISME

Alfred Ferdinand Gruenwald (1892-1927), poète et plasticien, appartenait au cercle dada de Cologne. Son nom d'artiste, Baargeld (« argent liquide » en allemand), est une référence ironique au fait qu'il était le seul membre fortuné du groupe, au sein duquel il fréquente notamment le célèbre Max Ernst. Mais sous la pression de son père, Gruenwald/Baargeld ne tarde pas à renier ses activités avant-gardistes.

Quoique, pas tout à fait. Malgré un diplôme de sciences économiques et une vie aisée, il abandonne en réalité l'art pour se lancer avec la même passion dans l'alpinisme. Il meurt finalement de froid au mont Blanc en 1927, laissant derrière lui une œuvre certes assez maigre, mais d'excellentes photographies des Alpes.

chaussures de sport. Très critique envers le style expédition, il n'a manqué aucune occasion de souligner le fossé qui le séparait de sa corporation.

Malgré les désaccords passés, les clubs alpins et Reinhold Messner semblent s'être réconciliés. Le Club alpin allemand, notamment, se penche sérieusement sur ses anciennes pratiques et prend aujourd'hui position contre certains aménagements jugés répréhensibles, tels que le récent projet de remontée mécanique du Riedberger Horn (Bavière, Alpes d'Allgäu). De son côté, Reinhold Messner s'engage pour la défense de l'environnement et a créé plusieurs musées consacrés à la montagne (les Messner Mountain Museums).

RÉPUTÉE IMPRENABLE : LA FACE NORD DE L'EIGER

Au sujet de l'Eiger, on pense immédiatement à la face nord. Ce n'est qu'en 1938 que l'on parvient enfin à l'escalader jusqu'au sommet. Cette face longtemps invaincue en raison de sa paroi verticale de 1 800 m de haut est donc devenue mythique. Les chutes de pierres et les départs d'avalanches ne facilitent pas non plus son accessibilité.

Mais plus un sommet semble imprenable, plus les alpinistes passionnés s'y intéressent. Dans le cas de la face nord de l'Eiger, ceux qui tentent l'ascension sont certains d'attirer également de nombreux spectateurs, qui peuvent observer cette périlleuse entreprise depuis la station de Grindelwald ou depuis le col de la Kleine Scheidegg.

Aujourd'hui, cette paroi rocheuse représente toujours un immense défi pour les grimpeurs ; des accidents graves et des chutes mortelles se produisent encore régulièrement. Toutes les performances imaginables ont cependant été accomplies sur cette face nord, qui compte plus de 30 voies possibles. Mais le détenteur du record de vitesse, établi à 2 h 23, doit s'attendre à être un jour dépassé.

Les nombreux échecs ont contribué à alimenter le mythe de la face nord de l'Eiger. En 1936, une tentative d'ascension se solde par la mort tragique de quatre alpinistes. Deux ans plus tard, l'entreprise victorieuse de la cordée germano-autrichienne ne manque pas d'être célébrée par l'Allemagne nazie et exploitée à des fins de propagande. Heinrich Harrer (1912-2006), rendu célèbre par sa participation à cette expédition de 1938, aurait tenu ces propos à donner le vertige : « Nous avons gravi cette paroi pour parvenir, par-dessus le sommet, jusqu'à notre Führer. »

La face nord de l'Eiger acquiert une popularité auprès des écrivains et des cinéastes dont même le Cervin ne peut se targuer. Nombre d'entre eux se sont en effet inspirés du destin dramatique de Toni Kurz, membre de la cordée de 1936. Alors que tous ses compagnons de cordée sont morts sur le coup après une avalanche, les sauveteurs ont encore l'espoir de le sauver, mais ne peuvent qu'assister, impuissants, à son décès.

Il faut ensuite attendre le 25 mars 1966 pour qu'un groupe d'alpinistes réussisse l'ascension par la directissime (voie la plus directe). Deux cordées concurrentes s'étaient finalement regroupées avant de parvenir au sommet. Mais cet exploit fera une nouvelle victime.

En tant qu'acteur, réalisateur et aussi alpiniste, le maître incontesté du cinéma de montagne en Allemagne, Luis Trenker, ne pouvait que s'emparer du sujet ; il met en scène une ascension aux conséquences tragiques dans un film de 1962, *Son meilleur ami.* En 1975, Clint Eastwood réalise quant à lui un film d'action hollywoodien basé sur le roman de Rodney Whitaker (Trevanian), *La Sanction,* dans lequel le personnage principal, Jonathan Hemlock, résume ainsi son expérience de l'Eiger : « J'ai essayé d'y grimper deux fois et il a essayé de me tuer deux fois. »

Le dernier film en date ayant pour décor cette fameuse face nord, *Duel au sommet* (2008) a été tourné par le réalisateur allemand Philipp Stölzl. Il se fonde là encore sur des « faits réels », à savoir la fin tragique de Toni Kurz. Mais le sujet fondamentalement allemand n'a pas plu à tout le monde ; certains critiques y ont vu une « variante postmoderne du cinéma de propagande national-socialiste ».

La face nord de l'Eiger vue depuis le village de Mürren (à gauche) ; l'icône du cinéma de montagne Luis Trenker en 1977 (à droite).

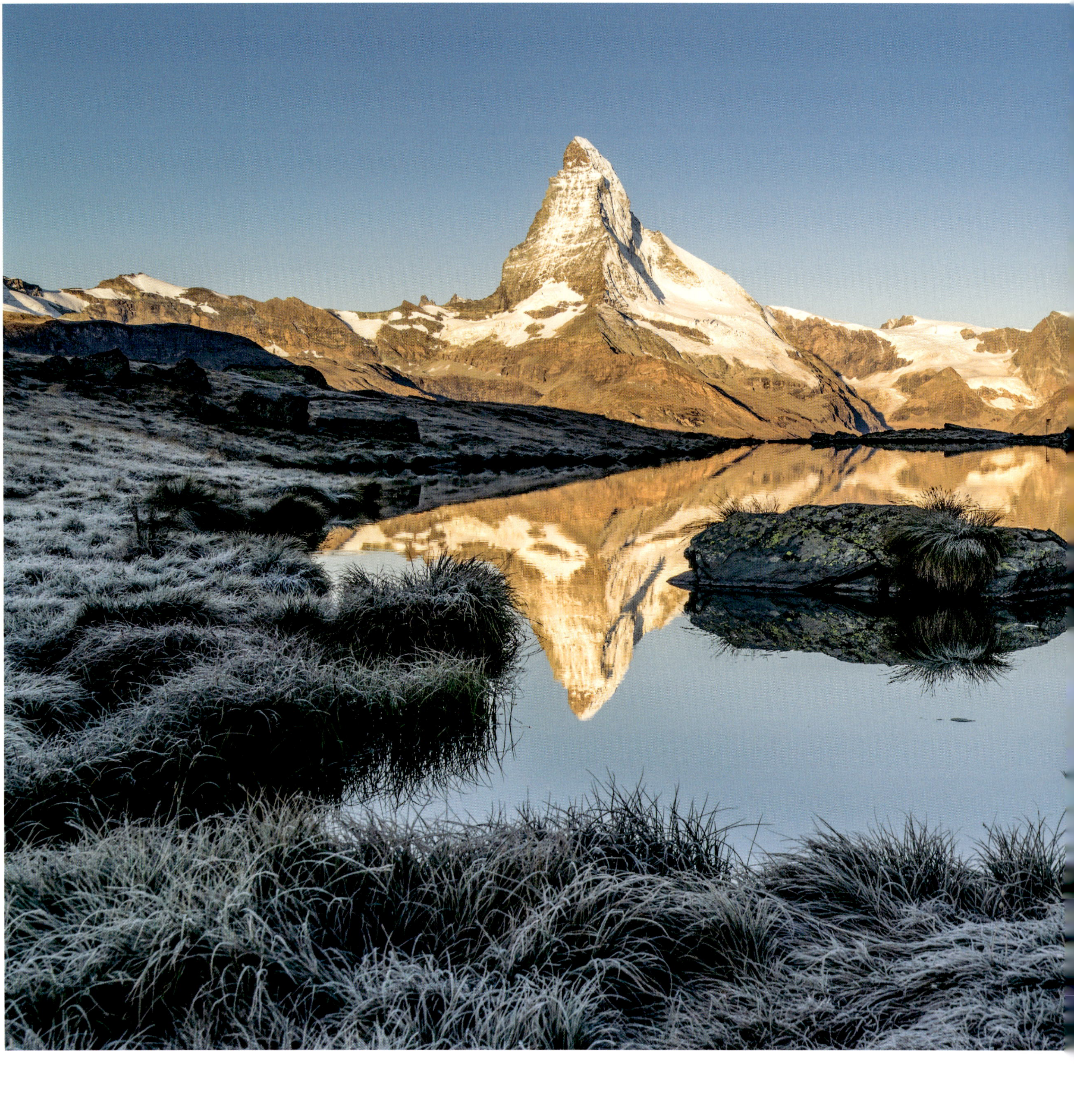

MYTHES ET EMBLÈMES

Les Alpes n'échappent pas à la règle qui veut qu'un élément soit représentatif d'un tout. Montagne à la morphologie étonnante ou sommet battant un record d'altitude : ils prennent ici une importance particulière. Un animal ou une plante bien précise peut également endosser le rôle de représentant du massif. Sans oublier les blasons et les héros qui ont eu à cœur de défendre leur contrée.

◀ *La gelée blanche n'a pas encore fondu que le Cervin resplendit déjà dans la lumière matinale ; le sommet se reflète ici dans le Stellisée.*

MONT BLANC, CERVIN, GROSSGLOCKNER, TRIGLAV : DES EMBLÈMES NATIONAUX

Il va de soi que l'altitude constitue un critère essentiel, si ce n'est le seul et l'unique. Sur cette base, le mont Blanc prend la tête du classement. D'après les sources écrites dont nous disposons, il s'agirait également de l'une des premières montagnes à avoir été escaladée.

Le 8 août 1786, Michel Paccard, médecin, et Jacques Balmat, cristallier, tous deux originaires de Chamonix, parviennent à sa cime. La postérité se souviendra surtout de Jacques Balmat ; le mérite en revient sûrement à Alexandre Dumas père (1802-1870) qui immortalise son exploit près de cinquante ans plus tard. L'auteur du *Comte de Monte-Cristo* et des *Trois Mousquetaires* lui consacre en effet un chapitre entier dans ses *Impressions de voyage en Suisse* : « Jacques Balmat dit Mont-Blanc. » Un monument érigé dès 1887 lui est même dédié dans la commune de Chamonix, tandis que Michel Paccard doit attendre 1986 pour avoir son propre monument sur les rives de l'Arve. Jacques Balmat partage toutefois sa statue avec un autre explorateur des montagnes, auquel il semble montrer le chemin d'un geste éloquent.

Il s'agit d'Horace-Bénédict de Saussure (1740-1799), patricien genevois, neveu d'Albrecht von Haller (voir p. 167) et naturaliste passionné. À l'époque de la première ascension par Balmat et Paccard, cela faisait déjà un certain temps qu'il tentait de gravir le mont Blanc, surnommé alors la « montagne maudite ». Il y parvient un an plus tard, en 1787. Les calculs de Saussure confirment que le mont Blanc est le plus haut sommet des Alpes, mais aussi d'Europe (l'Elbrouz culminant à 5 642 m dans le Caucase n'étant pas pris en compte à l'époque).

Avec ses 4 478 m d'altitude, le Cervin n'est pas, en réalité, le plus haut sommet de Suisse : la pointe Dufour le devance de peu. Mais l'histoire de son ascension est des plus spectaculaires, si l'on met de côté la face nord de l'Eiger. Son sommet en forme de pyramide parfaite, visible depuis Zermatt, a toujours fasciné et a même inspiré la présentation triangulaire d'un chocolat suisse bien connu. À travers ses diverses représentations, le Cervin est ainsi devenu une véritable icône.

Au départ, cette montagne est méconnue, car elle ne fait pas partie des sentiers touristiques. Lorsque cette situation change, elle est alors considérée pendant longtemps comme insurmontable et c'est justement ce genre de défi qui intéresse les alpinistes. Après plusieurs tentatives avortées, son ascension tourne à la compétition en juillet 1865. Les Suisses comme les Italiens se ruent à la conquête du sommet.

Les Italiens veulent être les premiers pour rendre hommage à la fondation de leur nouvel État, mais une autre cordée, menée par l'Anglais Edward Whymper au départ de Zermatt, les devance de trois jours. L'expédition est toutefois endeuillée par une chute au moment de la descente (voir p. 254) et seuls trois des sept alpinistes en reviennent vivants. En 2015, le 150ᵉ anniversaire de cette « première » a donné lieu à des célébrations, rappelant son caractère à la fois mythique et tragique. Aujourd'hui encore, le Cervin reste la montagne la plus meurtrière du monde.

Jusqu'en 1919, année du rattachement du Tyrol du Sud à l'Italie, l'Ortles était le plus haut sommet d'Autriche, laissant alors le Grossglockner dans l'ombre. À l'initiative du prince-évêque

△ *Wilhelm Pitschner (dessinateur) et Carl Ullrich (lithographe) : Dans le massif du Mont-Blanc, 1860. Incroyable mais vrai : Pitschner, créateur de ce paysage fantastique était avant tout naturaliste.*

de Gurk (Carinthie), une expédition au Glockner est organisée en 1799. Mais il s'avère rapidement que l'équipe n'atteint que le sommet du Kleinglockner. La conquête du Grossglockner a finalement lieu un an plus tard, au cours d'une expédition de grande envergure : parmi les 62 participants, on compte de nombreux spécialistes des sciences naturelles, de sorte que tous les domaines de recherche (de l'époque) sont couverts.

Cependant, seules quatre personnes parviennent d'abord au sommet : les « sherpas », des paysans d'Heiligenblut, dont le nom reste inconnu à ce jour. Ils reviennent le lendemain, accompagnés cette fois du curé Mathias Hautzendorfer. Il fallait bien qu'au moins un des « seigneurs » de l'expédition effectue l'ascension jusqu'au bout pour donner à cet événement ses lettres de noblesse. Convaincre l'homme d'église n'a pas été simple ; d'après un récit contemporain de l'aventure, « il se préparait comme s'il allait au-devant de son trépas ».

D'autres ascensions suivent rapidement. Nombre de chroniques relatent en outre la visite de l'empereur François-Joseph et de son épouse Elisabeth en 1865. La « Kaiserstein » (pierre de l'empereur) rappelle leur venue au point le plus élevé de leur ascension, à 2 369 m. L'effondrement de la monarchie marque un tournant dans l'histoire du Glockner. Au-delà des ascensions, il gagne en importance avec l'ouverture de la route passant par son col, la Grossglockner Hochalpenstrasse. Emblématique du sommet, elle en impose par les chiffres : 46 km, 36 virages, point culminant à 2 504 et, malgré le péage, 900 000 utilisateurs par an. Cette route reste en revanche fermée six mois de l'année environ.

Sa construction a traîné en longueur ; il a même parfois été question d'interrompre les travaux. Mais pour ses partisans, l'échec de ce « projet national » aurait été synonyme d'humiliation internationale. L'inauguration de la route le 3 août 1935 représente un véritable tour de force du régime autoritaire instauré par Engelbert Dollfuss. Un an auparavant, celui-ci a été victime d'un coup d'État raté mené par les nazis, et bien que ces derniers n'aient pas encore pris le pouvoir en Autriche, un drapeau avec la croix gammée flotte déjà au lieu-dit de Fuscher Törl.

Si la route du Grossglockner constitue encore une attraction touristique sans égale, c'est de moins en moins le cas de son glacier. Cela dit, le Pasterze ne cesse de révéler des restes d'arbres millénaires au fur et à mesure de sa régression. Même au Glockner, les neiges n'ont pas toujours été éternelles.

▼ *Le Cervin sur une affiche d'Emil Cardinaux, 1908. Le « sommet national » représente à lui seul la localité.*

▶ *Markus Pernhart (1824- 1871), peintre austro-slovène : Le Triglav. Sur la maison de Klagenfurt où il est décédé, une plaque rend hommage à ce « peintre des montagnes, des lacs et des châteaux de Carinthie ». En Slovénie, on le présente comme le « premier peintre paysagiste réaliste » de sa nation. Si on le voit aujourd'hui comme un Slovène de Carinthie, il était considéré comme Autrichien de son vivant.*

« Oj Triglav moj dom » (Ô Triglav, ma demeure) : c'est avec le plus haut sommet de Slovénie (et des Alpes juliennes) que la dimension nationale ressort le plus. Le Triglav, 2 864 m, est la montagne d'un peuple. L'hymne qui fait du Triglav un symbole patriotique a été composé par Jakob Aljaž (1845–1927), prêtre catholique slovène et alpiniste passionné. Celui-ci achète même le sommet et y fait construire en 1895 un refuge original en forme de tour. La structure en tôle solide avec un toit conique zingué porte aujourd'hui son nom.

Cette montagne n'est pas devenue un emblème national uniquement en raison de son altitude, mais aussi de son aspect : le nom Triglav (littéralement « trois têtes ») se réfère à son sommet divisé en trois. En 1777, Belsazar Hacquet (1739-1815), alors professeur en anatomie à Laibach (l'actuelle Ljubljana), tente une première ascension, sans succès. Un an plus tard, une autre expédition parvient à vaincre le sommet, sans Hacquet, mais grâce à son soutien financier.

Tout comme le Cervin, le Triglav bénéficie de sa représentation dans la culture. La statue de la Vierge Marie à l'église paroissiale de Bled constitue à ce titre un bon exemple. Elle a été réalisée en 1934 d'après le dessin de Jože Plečnik (1872-1957), l'architecte le plus connu du pays, qui a œuvré bien au-delà des frontières de la Slovénie. Elle porte un manteau sur lequel apparaissent les armoiries de la Slovénie avec le Triglav à trois sommets. Cette « trinité » est également présente sur le blason de la République socialiste de Slovénie (membre de la République fédérative socialiste de Yougoslavie). Depuis son indépendance en 1991, le Triglav orne le drapeau et le blason de l'État, ainsi que la pièce de 50 centimes de sa monnaie.

▶ *Chemin de fer de la Zugspitze dans les années 1930. En 1929, seul le tronçon central de cette ligne à crémaillère est mis en service ; les trains circulent jusqu'au point le plus haut (Schneefernerhaus, un hôtel devenu depuis une station de recherche) à partir du 8 juillet 1930.*

« Le chemin de fer de la Zugspitze est un triomphe de l'esprit humain, un miracle de la technique allemande, une victoire sur les éléments par la force de l'obstination, et une absurdité. […] Si j'étais la Zugspitze, on mourrait de honte. […] La montagne n'est plus du tout une montagne. Elle est désenchantée, subitement descendue de son trône ; c'est une platitude de trois mille mètres. »

Kurt Tucholsky, 1926

LE CAS DE LA **ZUGSPITZE**

Kurt Tucholsky, journaliste et écrivain, était un citadin berlinois. En 1926, il a sûrement dû passer du côté tyrolien (autrichien) pour se rendre au sommet de la plus haute montagne d'Allemagne. Côté bavarois en effet, la première ligne de chemin de fer n'est inaugurée qu'en 1930.

Si l'altitude de la Zugspitze (2 962 m) est plutôt modeste, elle détient peut-être malgré tout un record, celui du sommet le plus urbanisé au monde. Les deux lignes de chemin de fer favorisent l'afflux de touristes, et le nouveau téléphérique de l'Eibsee, prévu pour entrer en service en décembre 2017, aura pour effet d'augmenter encore le nombre de visiteurs.

La croix dorée qui trône au sommet depuis 1851 a souvent dû être remplacée pour différentes raisons. Les brochures haut de gamme destinées aux touristes fortunés des pays arabes font volontiers l'impasse sur ce symbole chrétien, en l'effaçant purement et simplement des images. Un lieu de prière musulman a par ailleurs été aménagé sur le site en 2012, pour satisfaire cette clientèle exigeante.

Dès 1904, l'alpiniste Hans Leberle ne se fait aucune illusion quant à l'exploitation touristique de la Zugspitze. Son analyse d'alors n'a rien perdu de sa pertinence : « C'est maintenant une montagne à la mode pour le monde entier, […] une montagne commerciale chic, une imposante montagne publicitaire. »

UNE VEDETTE DES ALPES : L'EDELWEISS

« Edelweiss, edelweiss,
Sois toujours notre emblème.
Fleur si blanche, tu te penches
Pour saluer ceux qui t'aiment. »

La Mélodie du bonheur, 1965

Comment et pourquoi cette astéracée *a priori* insignifiante est-elle devenue l'outil marketing des Alpes ? En 1880, Mark Twain fait part de son incompréhension dans *A Tramp abroad (Ascensions en télescope)* en comparant sa couleur à la cendre des mauvais cigares. Est-ce à cause de l'altitude où l'on rencontre cette « étoile des glaciers » ? Ou de l'aspect singulier que lui donnent ses feuilles blanches feutrées ? C'est justement à ces dernières (les bractées) que l'edelweiss doit son nom, qui signifie « blanc noble » en allemand.

S'il s'agit bien d'une fleur de haute montagne, il n'est en réalité pas originaire des Alpes : il vient de loin, probablement de l'Himalaya. En revanche, son extraordinaire notoriété ne vient pas de nulle part et s'est construite assez récemment.

Les sources écrites mentionnent l'edelweiss pour la première fois en 1785. Jusque-là, on ne lui a donc prêté aucune attention particulière. Tout change à partir de 1850 et son nom vernaculaire est même adopté tel quel en français et en anglais.

L'histoire de ce représentant des Astéracées (ou Composées) est indissociable des débuts de l'alpinisme, c'est-à-dire de la première véritable exploration du massif alpin. On conquiert la fleur au même titre que les sommets. Celle-ci envahit en retour la littérature et les chansons populaires.

Ces phénomènes ont des répercussions sur le folklore local. À en croire les légendes, de nombreux autochtones auraient perdu la vie en allant cueillir des edelweiss, en gage du mariage à venir, pour leur belle restée dans la vallée. Pour les hommes, cette fleur servait également à prouver qu'ils s'étaient lancés dans une ascension dangereuse, démontrant par là leur courage et leur virilité. Les risques supposés incitaient ainsi de nombreux habitants à pratiquer la cueillette.

Tout ce tapage à propos de l'edelweiss a de quoi étonner les randonneurs d'aujourd'hui. Il faut certes atteindre une certaine altitude pour le rencontrer, mais il ne peuple pas uniquement des zones particulièrement dangereuses ou difficiles d'accès. Il fait d'ailleurs l'objet d'un commerce extrêmement florissant à la fin du XIXe siècle. Dès 1878, le canton suisse d'Obwald prononce l'interdiction de déterrer la plante, une première qui sera suivie de beaucoup d'autres. Aujourd'hui, la cueillette de l'edelweiss reste strictement réglementée dans la plupart des régions alpines, bien qu'il ne soit pas si rare.

Il est probable que sa valeur symbolique ait contribué à sa mise sous protection, et inversement. Seule une plante rare pouvait s'élever au rang de mythe et l'edelweiss l'est doublement, par la quantité et par l'accessibilité. Il apparaît de plus en plus souvent comme insigne, notamment sur les uniformes des chasseurs alpins allemands et autrichiens, sans parler des costumes folkloriques.

Pendant la seconde guerre mondiale, cette plante devient brièvement un symbole de contestation en Allemagne : dans les villes, des groupes informels de jeunes Allemands se rebellent contre le nazisme et les Jeunesses hitlériennes. Ils se nomment les pirates Edelweiss, la fleur étant le signe de reconnaissance d'un autre mouvement de jeunesse interdit par le régime.

Si l'edelweiss est bien évidemment omniprésent dans l'environnement des Clubs alpins, on le retrouve dans tous les domaines culturels. On se souvient par exemple des films d'époque des années 1950-1960 et de cette scène de *Sissi,* où le jeune empereur François-Joseph cueille un edelweiss sur une pente escarpée pour l'offrir à une Romy Schneider d'abord angoissée, puis enchantée. La plante est également le titre d'une chanson de *La Mélodie du bonheur*. Grâce au succès planétaire de la comédie musicale et surtout du film (encore plus mièvre et sentimental), celle-ci devient un véritable tube (dans la version originale : « *Edelweiss, Edelweiss, every morning you greet me* »).

Mais l'edelweiss ne possède-t-il pas des caractéristiques tangibles qui permettent d'expliquer son statut de représentant des Alpes ? Il est vrai que l'ensemble des bractées et de l'inflorescence est du plus bel effet graphique. Par ailleurs, il se conserve très bien une fois cueilli, sous forme de fleur séchée.

Les pépinières le cultivent aisément en plaine, mais en perdant de l'altitude, il perd de sa superbe. Le botaniste autrichien Ernst Moriz Kronfeld écrivait en 1910 : « En plaine, l'edelweiss se débarrasse de sa robe argentée, renie sa haute naissance et devient un prolétaire des bas-fonds. » Autrement dit, il verdit et n'offre pas un aussi beau spectacle qu'à l'état sauvage.

Voilà pour l'analyse critique. De fait, cette plante mérite tout notre respect. Les poils laineux de ses bractées la protègent du froid et de l'évapotranspiration, mais disposent également de minuscules fibres parallèles qui filtrent les rayons UV les plus dangereux. L'edelweiss peut ainsi procéder à la photosynthèse sans se brûler. Enfin, comme son nom l'indique, il est vraiment blanc : des milliers de petites bulles d'air présentes sur ses poils cotonneux réfléchissent la lumière, lui donnant un éclat particulier.

Malgré la surexploitation de cet emblème des Alpes, le rencontrer en randonnée reste un vrai plaisir. Mieux vaut toutefois le laisser en paix là où il est (et s'abstenir de l'accrocher à son chapeau).

TROIS HÉROS ALPINS : GUILLAUME TELL, ANDREAS HOFER ET ANNA STAINER-KNITTEL

Guillaume Tell n'a probablement jamais vécu. Mais cette figure mythique est tellement présente dans l'imaginaire collectif que l'on pourrait croire à son existence. Le tir d'arbalète dans la pomme à Altdorf (canton d'Uri), l'échappée au lieu-dit de la Tellsplatte au bord du lac des Quatre-Cantons et l'assassinat du tyran dans le Chemin creux près de Küssnacht (canton de Schwyz) constituent les principaux épisodes de la légende, qui n'a rien perdu de son influence.

Ces actes héroïques sont censés se dérouler soit en 1307, à l'époque du tout aussi légendaire serment du Grütli, soit en 1291, année du Pacte fédéral. Ce document daté du mois d'août renouvelait l'alliance entre les communautés des vallées d'Uri, de Schwyz et d'Unterwald. On le considère à partir du XIXe siècle comme le pacte fondateur de la Confédération suisse.

Daniel Nikolaus Chodowiecki, peintre et graveur germano-polonais du XVIIIe siècle, réalise cette eau-forte Guillaume Tell et le bailli *en 1781, soit 20 ans avant la publication de la pièce de théâtre de Schiller.*

L'histoire de Guillaume Tell naît un peu plus tard, la version la plus ancienne étant celle du *Livre blanc de Sarnen,* datant de 1470 environ. Dès la fin du XVIIIe siècle, elle devient un véritable mythe, celui d'un peuple montagnard vertueux.

C'est à la pièce de théâtre de Schiller que Tell doit son élévation définitive au rang de héros national. La première de ce drame a lieu à Weimar en 1804, dans une mise en scène de Goethe (qui avait donné l'idée de la pièce à Schiller). Sur le sol allemand, ce *Guillaume Tell* prend la forme d'un manifeste contre Napoléon. Par la suite, les nazis apprécient tout d'abord le patriotisme pathétique de la pièce, mais finissent par l'interdire, de peur que l'assassinat du tyran ne fasse des émules.

Aujourd'hui, Guillaume Tell reste le symbole de la liberté et de l'identité nationale de la Confédération. Chaque fois que la Suisse s'est sentie menacée ou a dû faire sa promotion, elle a eu recours à ce personnage légendaire, inséparable de son arbalète.

Contrairement à Guillaume Tell, Andreas Hofer a réellement existé (1767-1810), ce qui ne l'a pas empêché de devenir lui aussi une figure mythique. Cet aubergiste né dans la vallée de Passeier (Tyrol du Sud) a mené la rébellion tyrolienne à partir de 1809, après l'annexion de la région à la Bavière en 1805. Son exécution sur ordre de Napoléon fera de lui un martyr.

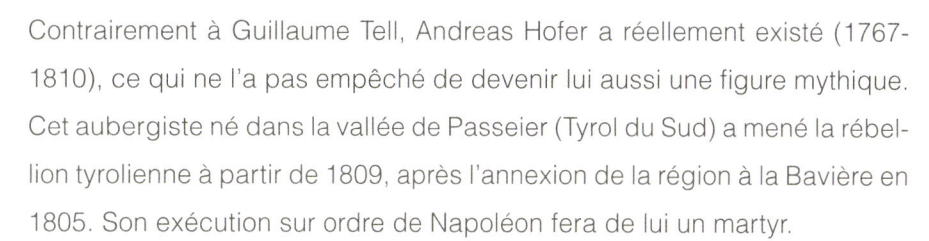

De son vivant, certains ne voient en lui qu'un « plouc », représentant d'un peuple de montagnards rustres. L'écrivain allemand Joseph von Eichendorff prend alors sa défense dans un poème de 1810, en le comparant à Don Quichotte, personnage généreux et honnête. Il considère d'ailleurs les Tyroliens comme des « frères » et leur révolte contre les armées bavaroises, soutenues par les troupes françaises, comme une lutte pour la liberté.

Dans l'ensemble, les tirailleurs et miliciens tyroliens s'en sortent étonnamment bien, avec ou sans l'appui de l'Autriche. Les Bavarois sont expulsés et le 15 août 1809, Hofer s'installe dans la résidence impériale (Hofburg) d'Innsbruck, où il établit un gouvernement provisoire au nom de l'empereur. Mais l'aubergiste va rapidement être dépassé par l'exercice de la régence. En outre, la défaite des Tyroliens lors de la quatrième bataille de Bergisel (1er novembre 1809) scelle son destin : en tant que figure de proue de la rébellion, sa tête est mise à prix. Il est finalement capturé et exécuté le 20 février 1810 à Mantoue.

L'hymne du Tyrol rend hommage à Andreas Hofer, infatigable combattant pour la liberté, et au courage dont il aurait encore fait preuve au moment de son exécution. Il aurait même eu le temps de s'écrier « Ah, que vous tirez mal ! » Les historiens dépeignent pour leur part un homme intègre et convaincu de sa mission.

Anna Stainer-Knittel (1841-1915) est quant à elle assez peu connue, bien qu'elle soit la source d'inspiration indirecte d'un opéra d'Alfredo Catalani.

▼ *Monument dédié à Guillaume Tell dans le village d'Altdorf (Uri). La statue de bronze (1895) est l'œuvre du sculpteur Richard Kissling.*

🔺 *Monument dédié à Andreas Hofer au Bergisel. La vue en contre-plongée met en évidence la stature héroïque du personnage. La statue a été érigée par Heinrich Natter.*

Peintre tyrolienne renommée à Munich et Innsbruck, elle réalise essentiellement des portraits, avant de se concentrer sur les fleurs alpines en raison de l'arrivée de la photographie. Son tableau le plus connu est un autoportrait en costume traditionnel de la vallée du Lech, sur fond de paysage de montagne grandiose. En 1873, elle crée à Innsbruck une école de dessin et de peinture destinée aux jeunes filles.

L'artiste a également peint une scène particulière de sa vie. Le tableau montre la jeune Anna, alors âgée de 17 ans, en train de prendre un oisillon dans un nid d'aigle. Les défenseurs de l'environnement en seront certes horrifiés, mais à l'époque, le vol des aiglons est une pratique courante, censée limiter les attaques contre les troupeaux de moutons. Si en principe ce sont les hommes du village qui s'en chargent, démontrant du même coup leur courage, il semble qu'Anna ait été ce jour-là la seule volontaire. L'entreprise est en effet périlleuse : outre l'escalade, il faut être préparé à affronter les parents en cas de retour.

Anna Stainer-Knittel, femme déterminée et émancipée, devient surtout célèbre grâce au roman à succès qu'elle inspire à Wilhelmine von Hillern (1836-1916), *Die Geier-Wally* (littéralement : *La Wally aux vautours*), publié en 1875. Adaptée plusieurs fois au cinéma (le dernier film date de 2005), l'œuvre a surtout servi de base à l'opéra *La Wally* d'Alfredo Catalani, créé dès 1892.

▼ *Anna Stainer-Knittel, surnommée aujourd'hui la Geier-Wally : autoportrait en costume traditionnel de la vallée du Lech (1869).*

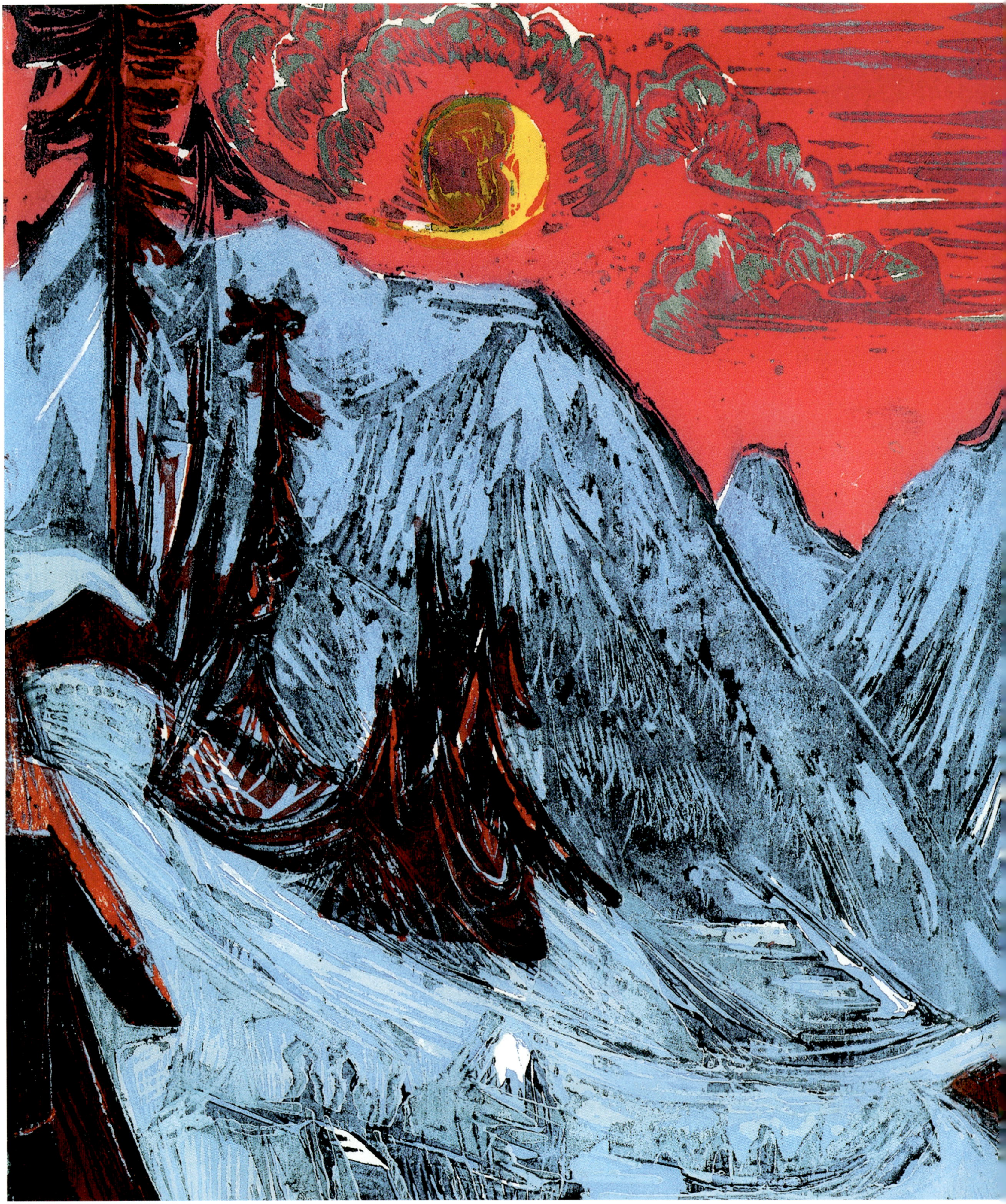

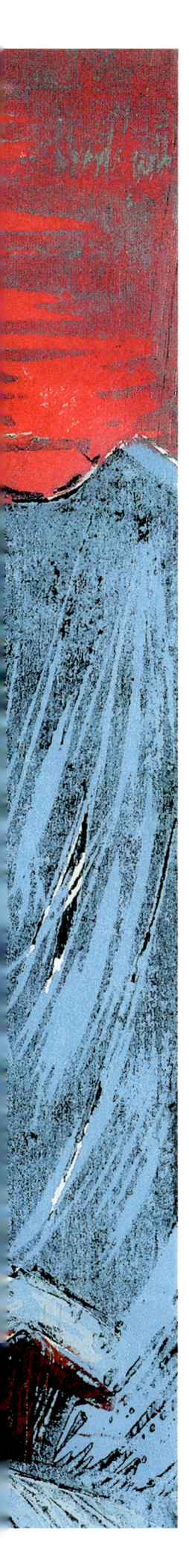

LES ALPES EN IMAGES

La représentation des Alpes dans les arts intervient assez tardivement et se caractérise par l'idéalisation des paysages de montagne. Si la photographie a largement contribué à la popularité du massif alpin, y compris par le biais des cartes postales, la peinture a joué un rôle essentiel.

Les paysages rocheux constituent un sujet récurrent de la peinture italienne dès le XIVe siècle ; un siècle plus tard, ce sont les maîtres hollandais qui proposent des paysages spectaculaires. L'Anversois Joachim Patinir (1483-1524), par exemple, a une prédilection pour les formations rocheuses étranges, comme en témoignent notamment ses tableaux de saint Jérôme. Les commentateurs se sont demandé quel avait été le modèle de Patinir dans la réalité : bon nombre d'entre eux ont reconnu les falaises surplombant la Meuse à Dinant.

◄ *Ernst Ludwig Kirchner,* Paysage de lune d'hiver, *gravure sur bois, 1919.*

◐ *Albrecht Dürer*, La ville et le château d'Arco. *Les fortifications servaient à sécuriser l'accès à la vallée de la Sarca (Trentin) située au nord du lac de Garde. Dürer réalise cette aquarelle après son voyage en Italie en 1494-1495.*

La première représentation connue des Alpes est loin d'être spectaculaire : Konrad Witz (~1400 à ~1446) situe *La Pêche miraculeuse* sur les rives du Léman. On distingue plusieurs montagnes à l'arrière-plan, dont le Môle (1 863 m), plus élevé que dans la réalité. S'il ressort nettement dans la composition, il ne semble pas représentatif des paysages alpins.

De nombreux décors alpins ornent le poème épique *Theuerdank*, publié en 1517, au début de l'imprimerie. L'histoire se réfère au mariage du futur empereur des Romains Maximilien Ier avec Marie de Bourgogne et met en scène le voyage d'un chevalier qui doit rejoindre l'élue pour leurs fiançailles et qui se trouve retardé par diverses aventures. Dans le *Livre de pêche* écrit en 1504 par un secrétaire de Maximilien, le peintre de cour Jörg Kölderer ajoute une illustration de l'Achensee, un lac du Tyrol. Quant à Albrecht Dürer, son aquarelle *La Ville et le Château d'Arco* (environ 1495) est le fruit d'un voyage en Italie. Par la suite, Léonard de Vinci dessine d'authentiques paysages de haute montagne vers 1510, tandis que Pieter Brueghel l'Ancien (1525/30-1569) peint les Alpes à de nombreuses reprises.

La peinture baroque compte peu de représentations marquantes du massif malgré le potentiel pathétique de ce dernier. Les travaux du peintre suisse Caspar Wolf (1735-1783) se distinguent justement par leurs paysages alpins : son panorama du glacier de Grindelwald ou son *Pont au-dessus des gorges de la Dala près de Loèche-les-Bains* sont des incontournables de la peinture des Alpes. Citons également l'aquarelle de William Turner représentant les gorges de Schöllenen (1802) sous la forme d'un décor grandiose d'inspiration romantique. Le parapet du pont a été supprimé pour plus d'effet.

Caspar David Friedrich (1774-1840), sans conteste le plus grand peintre romantique allemand, a réalisé *Le Watzmann* sans avoir jamais vu le sommet. La représentation qu'il en fait est pourtant étonnement proche de la réalité : il semble qu'il ait pris pour modèle une aquarelle de son élève Johann August Heinrich. La même année, en 1824, Ludwig Richter (1803-1884) choisit exactement le même sujet. Cet illustrateur des contes de Grimm livre pour sa part une représentation enjolivée et charmante de cette montagne, qui séduira davantage ses contemporains. La cascade qui se trouve au milieu du tableau forme avec le glacier et les gorges déjà évoquées le trio des principaux motifs alpins.

▼ *Caspar Wolf (1735-1783)*, Pont au-dessus des gorges de la Dala près de Loèche-les-Bains. *Wolf est le premier peintre suisse à représenter les Alpes.*

▼ *Caspar David Friedrich (1774-1840)*, Le Watzmann *(1824-1825). De l'avis des experts : le paysage de montagne le plus remarquable de l'époque romantique, bien que Friedrich n'ait jamais vu le Watzmann.*

On pourrait également comparer trois représentations du glacier de Grindelwald : outre Caspar Wolf, William Turner et Joseph Anton Koch (1768–1839) l'ont peint eux aussi. Les paysages alpins de ce dernier, Tyrolien d'origine installé à Rome à partir de 1795, possèdent un caractère héroïque, comme en témoigne sa *Cascade du Schmadribach* (1821-1822). Terminons l'époque romantique avec Markus Pernhart (1824-1871), devenu célèbre grâce à ses séries de châteaux et de forteresses de Carinthie. Sa toile *Le Triglav* date de 1844 (voir p. 267).

En France, le peintre et prêtre Laurent Guétal (1841-1892) propose des tableaux époustouflants de réalisme, le meilleur exemple étant *Le Lac de l'Eychauda* (1866). Il s'est servi d'une photographie pour réaliser cette

Joseph Anton Koch, Le Wetterhorn et la vallée du Reichenbach, *peinture à l'huile de 1824*.

toile, mais cela ne suffit pas à expliquer l'extraordinaire précision de la représentation.

Giovanni Segantini (1858-1899), resté longtemps méconnu, avait pour sa part une tout autre vision de son art. En 1894, cet artiste italien s'installe en Engadine dans la région de Maloja, où il se consacre encore plus passionnément que Guétal à la peinture de paysages de haute montagne. Il décède au seuil du XXe siècle, à l'âge de 40 ans. Ses derniers mots auraient été les suivants : « *Voglio vedere le mie montagne* » (Je voudrais voir mes montagnes). Joseph Beuys en a fait le titre de l'une de ses installations, qu'il a conçue comme un hommage à Segantini.

Segantini utilise la technique du pointillisme : la juxtaposition des points de couleurs variées fait que le spectateur ne distingue les formes qu'à une certaine distance. Du point de vue des sujets de ses toiles, ce peintre se rapproche également du symbolisme. Ses paysages alpins constituent de véritables scènes de vie, comme dans le cas de son triptyque *La Vie – La Nature – La Mort*.

Le Suisse Ferdinand Hodler (1853-1918) est lui aussi un peintre des Alpes. Durant toute sa vie d'artiste, il s'efforce de représenter les paysages de montagne et a peint plusieurs fois le Mönch, l'Eiger et la Jungfrau, les trois emblèmes de l'Oberland bernois. S'il peint d'après nature en choisissant soigneusement les sites, ses tableaux traduisent malgré tout un certain état d'esprit. Les ciels nuageux et le brouillard jouent un rôle essentiel, tandis que les grandes étendues d'eau repoussent souvent l'univers montagnard dans un lointain sacré, comme le montrent ses toiles

▲ *Laurent Guétal (1841-1892), Lac de l'Eychauda (1866). Par son incroyable précision, ce tableau évoque le photoréalisme.*

▶ *Giovanni Segantini,* La Vie – La Nature – La Mort. *Ce triptyque alpin date de 1898-1899.*

du lac Léman ou du lac de Thoune. Ses représentations du trio de montagnes nationales ne manquent pas de majesté et donnent à voir une nature dont le caractère sauvage est rehaussé par des couleurs éclatantes et une technique presque expressionniste.

Le Tyrolien Albin Egger-Lienz (1868-1926) crée généralement des paysages de montagne écrasants. Il s'est fait un nom en peignant les soldats et paysans tyroliens et leur lutte pour la liberté. Il s'oriente lui aussi vers l'expressionnisme monumental et on pourrait résumer son œuvre par

Albin Egger-Lienz, La soupe *(1910).*

ces mots : « Je ne peins pas des paysans, mais des formes ». Si certains lui ont attribué l'étiquette « préfasciste », ses tableaux de soldats constituent pourtant des messages pacifistes.

Les vingt dernières années de sa vie, Ernst Ludwig Kirchner (1880-1938), peintre expressionniste allemand, les passe à Davos (Grisons). Ayant fui provisoirement en Suisse en 1917 après avoir vécu les horreurs de la première guerre mondiale, il finit par s'y installer définitivement. En 1923, il emménage dans une ferme du hameau de Davos Frauenkirch. C'est là qu'il se suicide le 15 juin 1938.

Connu comme étant l'un des membres fondateurs du groupe d'artistes Die Brücke, Kirchner conserve dans un premier temps le même style pictural et les mêmes motifs lors de son arrivée en Suisse. Ses toiles aux couleurs intenses représentent aussi bien les montagnes que la station mondaine de Davos. Dans le tableau *Davos et son église* (1925), le Tinzenhorn attire certes l'attention, mais il ne faut pas passer à côté de l'hommage rendu à la modernité avec les maisons à toit plat de l'architecte Rudolf Gaberel, formé au Bauhaus.

Pour ses décors alpins, Kirchner s'inspire notamment du Stafelalp, un alpage situé au-dessus de Davos, où il passe plusieurs étés, et de la vallée de Sertig qui s'ouvre derrière sa ferme. Toutefois, après son voyage en Allemagne à l'hiver 1925-1926, les motifs montagnards se font moins nombreux dans sa peinture et l'artiste déclare alors : « Je remets sur pied un nouveau Kirchner ».

Contrairement à aujourd'hui, les cercles artistiques suisses de l'époque accueillent ses peintures sauvages avec réserve. Kirchner, qui a pensé plusieurs fois rentrer à Berlin, est malgré tout resté en Suisse, menant presque une vie d'ermite qui avait de quoi intriguer les citadins.

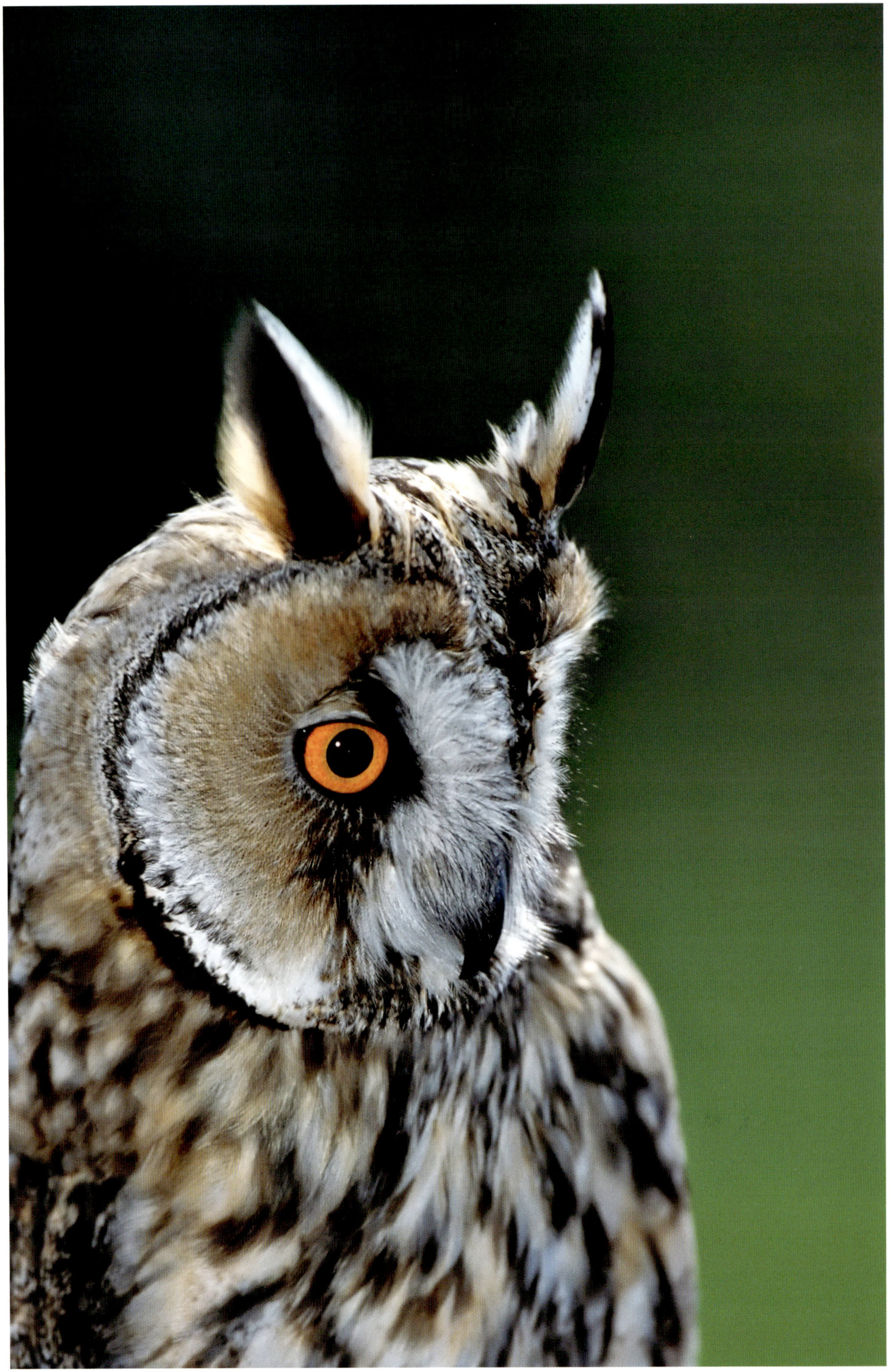

PRIORITÉ À LA NATURE – LES PARCS NATIONAUX DES ALPES

Les parcs nationaux sont des aires protégées dans le but de préserver les écosystèmes (catégorie II de l'UICN). Les plus remarquables sont classés au patrimoine mondial de l'Humanité. C'est avec les nombreux parcs nationaux de l'arc alpin que nous refermons ce livre. Petite sélection.

En Suisse, il n'en existe pour l'instant qu'un seul, appelé justement le Parc national suisse et situé dans les Grisons. Malgré sa part modeste dans le massif, l'Allemagne dispose elle aussi d'un parc national, celui de Berchtesgaden (Bavière). L'Autriche en compte trois dans cette catégorie (Hohe Tauern, Gesäuse et Kalkalpen), tout comme la France. L'Italie bat le record avec quatre parcs nationaux alpins.

◐ *Hibou moyen-duc (Asio otus) dans le parc national de Berchtesgaden (Allemagne, Bavière).*

◔ *Parc national de Berchtesgaden : chapelle de pèlerinage Saint-Barthélémy (époque baroque) et face est du Watzmann (à droite).*

Dans l'espace alpin, la protection de la nature est évidemment une problématique transfrontalière. Le parc national de la Vanoise et le parc national italien du Grand Paradis possèdent ainsi une frontière commune de 14 km de long. La France et l'Italie collaborent également à travers le jumelage du parc du Mercantour et le parc naturel des Alpes maritimes : les deux pays se sont fixé comme objectif de créer le premier « parc national européen ».

LE PARC NATIONAL DE BERCHTESGADEN

C'est un vrai paysage de carte postale. Au-dessus du Königssee, avec son incontournable chapelle Saint-Barthélémy (à 603 m d'altitude), se dresse le versant oriental du Watzmann, la deuxième montagne la plus haute d'Allemagne. Son principal sommet (2 713 m) est le point culminant du parc. En face, le bord du lac offre une vue imprenable sur cet endroit qui allie le charme à l'austérité. Avec un peu d'adresse, les photographes parviendront à masquer derrière un buisson ou un arbre les visiteurs qui se pressent à l'embarcadère.

Le parc national de Berchtesgaden (210 km^2), enclave bavaroise en Autriche, s'ouvre au nord sur la réserve de biosphère de Berchtesgaden. Mesurant au départ 467 km^2, celle-ci a été agrandie en 2010 et atteint aujourd'hui une superficie impressionnante de 840 km^2 comprenant une très vaste « zone de transition ». La réserve, qui englobe tout l'arrondissement du Berchtesgadener Land, s'étend de Bad Reichenhall jusqu'à Laufen an der Salzach.

Il existe également un parc alpin de Berchtesgaden, ce qui ajoute à la confusion. Ce dernier se compose du parc national et d'une zone tampon qui recouvre à peu près l'ancienne prévôté de Berchtesgaden. Cette zone doit notamment atténuer la pression exercée par les activités de détente sur le parc national, une disposition qui mérite sans aucun doute d'être saluée. En effet, les employés du parc qui étudient le comportement et les mouvements des animaux sauvages se voient parfois contraints d'analyser également ceux des visiteurs. C'est donc en toute logique que le Centre du parc national (Haus der Berge) inauguré en 2013 a été construit non pas dans le parc lui-même, mais à Berchtesgaden.

Des mesures d'interdiction préventives ont été adoptées étonnamment tôt dans cette région du Sud-Est de la Bavière. La zone de protection des plantes des Alpes de Berchtesgaden (Pflanzenschonbezirk Berchtesgadener Alpen), d'une superficie non négligeable de 83 km^2, a été créée en 1910. Élargie à un territoire de 200 km^2 en 1921, la zone a été rebaptisée Réserve naturelle du Königssee (Naturschutzgebiet Königssee).

◐ *Vue sur le Parc national suisse depuis l'Il Jalet (2 392 m), au-delà du col de l'Ofen.*

Ces deux noms sont révélateurs de points de friction. En effet, il s'agissait au départ de protéger la flore, et plus précisément le cyclamen d'Europe *(Cyclamen purpurascens)* et l'hellébore noir *(Helleborus niger)*. Ce dernier, évoquant la période de Noël, faisait l'objet de véritables pillages, parfois organisés par des entreprises. Le choix de mettre l'accent sur le Königssee lors de la création de la première réserve naturelle n'est pas non plus un hasard. Et pour cause, à l'époque, les professionnels du tourisme réclamaient l'agrandissement des auberges situées autour de la petite église baroque.

Face à l'attrait considérable de cette magnifique région, un projet de construction de téléphérique sur le mont Watzmann voit le jour en 1953. C'est l'opposition à ce projet qui va amener les différents acteurs à envisager la création du parc national. Mais ce n'est qu'en 1970, année européenne de la protection de la nature, que les discussions sont activement relancées. Il faudra ensuite huit années supplémentaires pour que soit publiée l'ordonnance sur le parc alpin et le parc national de Berchtesgaden (Verordnung über den Alpen- und den Nationalpark Berchtesgaden).

LE PARC NATIONAL SUISSE

Le Parc national suisse invite à faire l'expérience d'une frontière, non pas en raison de sa proximité avec l'Italie et le parc national du Stelvio, mais parce que deux espèces de pins de montagne s'y côtoient : le pin couché et le pin à crochets. On peut en effet observer les différents stades de la transition entre le bas (pins couchés) et le haut (pins à crochets) du parc. Ce phénomène mérite d'autant plus d'être souligné que les pins à crochets ne poussent en général que dans la partie occidentale des Alpes.

Le Parc national suisse est situé en Engadine (Grisons), dans le Sud-Est du pays. D'une altitude comprise entre 1 400 et 3 174 m, il se caractérise par un fort ensoleillement et une faible humidité de l'air. Le fait qu'il soit (pour l'instant ?) le seul au sein de la république alpine à bénéficier de ce statut pourrait laisser imaginer qu'il s'étend sur un vaste territoire. Or, avec ses 170 km², c'est l'un des plus petits parcs nationaux. L'Union internationale pour la conservation de la nature et des ressources naturelles (UICN) l'a par conséquent placé dans la plus haute catégorie, à savoir celle des « réserves naturelles intégrales » (Ia), au-dessus de la catégorie des « parcs nationaux » (II). Ce statut de protection extrêmement strict est souvent instrumentalisé dans le débat public : il sert d'argument contre la création d'autres parcs nationaux, comme ce fut le cas pour le projet de parc national Adula rejeté par 8 communes sur les 17 concernées.

Le Parc national suisse est le plus ancien des Alpes, puisque la région fait l'objet d'une protection absolue depuis 1914. Cela fait donc plus de cent ans (en principe) que la nature est livrée à elle-même, sans intervention humaine. Mais tout ce temps n'a pas suffi à effacer les traces de l'histoire. Dans la région du col de l'Ofen, comme l'indique la toponymie (*Ofen* signifiant « fourneau » en allemand), de grandes quantités de bois étaient coupées au Moyen Âge pour le grillage du minerai de fer et le travail du métal. Le bois a par la suite été utilisé pour l'extraction du sel. Il était alors transporté vers les mines de sel de Hall (voir p. 156).

▼ *Paysage contemplatif. Le haut plateau de la Greina est parfois surnommé le « Tibet suisse ». Il devait être intégré à la zone centrale du projet de parc national Adula.*

Malgré un siècle sans aucune intervention, la région ne ressemble donc en rien à une forêt vierge. Parmi toutes les essences, c'est le pin de montagne *(Pinus mugo)* qui parvient le mieux à s'épanouir sur le sol sec et rocailleux. Il semble avoir rapidement conquis les terrains ayant subi des coupes rases. Dans l'optique d'un rétablissement de la végétation naturelle potentielle, l'objectif serait d'obtenir une forêt de montagne mixte. Il faudra toutefois attendre plusieurs générations avant d'y parvenir.

Chaque année en juin, le parc est le théâtre d'une expérience olfactive unique. Cette forêt de pins de montagne, la plus grande de l'arc alpin, abrite en effet de nombreux daphnés striés, un arbrisseau généralement rare ailleurs. Ses fleurs dégagent une odeur prononcée rappelant le lilas et le clou de girofle.

La zone située au-dessus de la limite des arbres est traversée par de gros éboulis. Très friables, les roches dolomitiques qui s'accumulent sous les parois rocheuses ne facilitent pas la formation d'un substrat adapté. Des plantes parviennent toutefois à pousser dans ces conditions hostiles (voir p. 94). Ainsi, le pavot rhétique, une espèce typique des Alpes orientales, arrive à s'enraciner au col du Val dal Botsch, à 2 650 m d'altitude. Ses fleurs jaunes semblent triompher de l'environnement, ce qui ne serait pas possible sans ses racines pivotantes extrêmement longues.

On ne peut parler du sol sans évoquer une roche spécifique : la radiolarite. Elle tire son nom des minuscules radiolaires, animaux unicellulaires à partir desquels elle s'est constituée. Le squelette de ces protozoaires, présents encore aujourd'hui dans les mers très profondes, n'est pas composé de calcaire mais d'acide silicique.

Lorsque les radiolaires meurent, leur squelette se dépose au fond de la mer où se crée alors une couche de vase qui s'épaissit très lentement. La radiolarite du parc national s'est formée durant le Mésozoïque, c'est-à-dire plus de cent millions d'années avant le présent. Sa couleur rouge, qui contraste avec le blanc du calcaire, provient de la présence de fer. Roche rare, la radiolarite est très dure et forme des arêtes tranchantes aux endroits où elle se fracture. À l'âge de pierre, elle était utilisée pour confectionner des outils.

Le Parc national suisse renferme en outre un autre vestige exceptionnel de l'histoire de la Terre : c'est ici que des géologues ont découvert en

1961 les traces d'un dinosaure. En 2007, de nouvelles empreintes de dinosaure ont été retrouvées à un autre endroit. Elles ont été moulées dans une dalle aujourd'hui exposée au Centre du parc national à Zernez.

QUAND LES CERFS REMPLACENT LES VACHES

S'il existe encore aujourd'hui dans le Parc national suisse de nombreux espaces ouverts sous la limite des arbres, c'est-à-dire d'anciens pâturages non reconquis par la forêt durant ces cent dernières années, c'est surtout à la population de cerfs qu'on le doit. Ils broutent volontiers dans ces endroits, où autrefois, les déjections des bovins agissaient comme un engrais riche en nutriments. Depuis, la liste des espèces a radicalement changé : les plantes à forte croissance ont laissé place à des plantes au port ramassé ou épineuses, telles que le cirse acaule. Au final, la diversité a progressé sur ces surfaces.

Une remarque en passant : les défenseurs des animaux tiennent à l'interdiction de la chasse dans le parc national. Mais début septembre, à l'ouverture de la saison de la chasse, on voit les chasseurs s'agglutiner aux frontières du parc, traquant le plus noble des animaux sauvages dès qu'il sort des limites de la zone protégée.

▶ *Cerf élaphe.*

LE PARC NATIONAL DES HOHE TAUERN

Ce parc national autrichien de plus de 1 800 km² de surface est le plus grand de l'arc alpin. Les chiffres sont impressionnants : il s'étend sur une centaine de kilomètres d'est en ouest et compte de nombreux sommets imposants, dont 266 excédant 3 000 m d'altitude.

Le Land de Carinthie a créé (pour partie) ce parc national en 1981 ; le Land de Salzbourg lui emboîte le pas en 1983. Craignant tout d'abord pour son industrie énergétique, le Tyrol les rejoint en 1992. Ces élargissements successifs s'expliquent par le fait qu'en Autriche, les parcs nationaux relèvent de la compétence des Länder (qui possèdent donc chacun leur organe de gestion des parcs nationaux). La partie carinthienne est certifiée parc national en 2001, puis l'ensemble de l'aire protégée (couvrant les trois Länder) en 2006. C'est le Land de Salzbourg qui possède la plus grande surface avec 805 km².

L'importance du parc national des Hohe Tauern ne réside pas uniquement dans sa taille. Presque toutes les espèces caractéristiques du massif alpin y sont représentées. Les papillons virevoltent en grand nombre côté sud, notamment dans les pâturages gérés de manière extensive et les prairies de fauche de la zone externe. Le vautour fauve est pour sa part un visiteur saisonnier : il ne niche pas en Autriche, mais une cinquantaine de spécimens viennent de Croatie pour y passer l'été. Quant aux gypaètes barbus (voir p. 106), plusieurs naissances ont eu lieu récemment dans le parc.

Les sommets de plus de 3 000 m étant particulièrement nombreux, le parc compte évidemment beaucoup de glaciers (246). Ils ont fortement régressé ces cent dernières années (voir p. 44), même le doyen et plus grand glacier d'Autriche, le Pasterze. L'évolution de sa langue glaciaire montre bien à quel point il a perdu de la masse.

Outre les glaciers blancs que nous connaissons, il existe aussi des glaciers rocheux. Le nom peut prêter à confusion, mais il s'agit bien d'un mélange de débris rocheux et de glace. Cette dernière n'est toutefois pas visible puisqu'elle est enfouie sous une épaisse couche de matériaux rocheux qu'elle cimente. Les glaciers rocheux ne se forment donc qu'en présence d'un pergélisol et supposent des versants fortement inclinés, ainsi qu'un apport important de matériaux détritiques. Le dégel en surface met le glacier en mouvement ; la hausse des températures accélère sa vitesse d'écoulement, alors que leur baisse la ralentit. Les glaciers rocheux du Dösental (Carinthie), situés au-dessus du lac glaciaire, sont particulièrement célèbres.

Si ces formations sont souvent âgées de plusieurs millénaires, la fenêtre des Tauern permet de remonter bien plus loin dans le passé de la Terre. Cette fenêtre tectonique a largement enrichi les connaissances des géologues concernant l'architecture globale du massif alpin, en faisant apparaître les différents étages (nappes de charriage). Ce phénomène explique en outre la grande diversité des roches de la région. La plus remarquable est sûrement la prasinite (schiste vert) qui résiste à toutes les intempéries et caractérise notamment le pic du Grossglockner.

Autrefois, l'or que l'on trouvait dans la région s'appelait « l'or des Tauern ». Au même titre que l'or blanc (le sel), il a permis l'enrichissement des princes-évêques de Salzbourg. Aujourd'hui, certaines communes attirent encore les hôtes en proposant des activités telles que l'orpaillage. Par ailleurs, les vallées jouxtant le Grossvenediger étaient jadis un véritable eldorado pour les chercheurs de cristaux. Les magnifiques gisements d'épidote du Knappenwand ont ainsi fait l'objet d'une exploitation intense.

Le gisement d'émeraude du Habachtal est encore plus connu. S'il était le seul gisement rentable du continent, il présentait néanmoins un défaut : ses pierres vertes ne se polissaient pas facilement. Une émeraude de 42 carats du Habachtal compte tout de même parmi les joyaux de la Couronne britannique ! Il existe peu de sources fiables décrivant les gisements locaux et des histoires invraisemblables de meurtres circulaient autrefois. La mine est maintenant fermée depuis longtemps, mais il est certain que rencontrer des chercheurs de pierres au détour d'une randonnée doit être une expérience mémorable.

Le parc national des Hohe Tauern présente une particularité, qui le distingue de tous les autres. 98 % de sa surface se compose de terrains privés. Ces conditions sont régulièrement au cœur des débats sur la chasse. Ce n'est en effet pas une mince affaire d'obliger toutes les parties prenantes à

▼ *Heiligenblut, au pied du Grossglockner, avec son église paroissiale et de pèlerinage Saint-Vincent.*

respecter la primauté de la nature dans le parc, et donc l'interdiction de la chasse dans la zone centrale. Mais une question fondamentale se pose : les animaux sauvages, à savoir les grands carnassiers, ont-ils encore leur place dans le paysage de l'Europe centrale et des Alpes ?

🔺 *Le parc national des Écrins, avec à l'arrière-plan la Meije (3 983 m), l'un des sommets les plus renommés des Alpes françaises après le mont Blanc.*

LE PARC NATIONAL DES ÉCRINS

Le massif des Écrins est considéré comme le plus sauvage des Alpes. Cela ne tient pas seulement à ses sommets pointus composés de roches cristallines. Les brèches et les vallées profondes contribuent à cette impression d'âpreté, tout en offrant aux glaciers une ombre qui les préserve d'une fonte trop rapide. Le caractère sauvage de la région est également renforcé par la signalétique très limitée de sentiers de randonnée.

Le parc national des Écrins couvre une surface de 1 786 km², dont une zone centrale de 918 km². Il possède le sommet supérieur à 4 000 m le plus méridional des Alpes : la barre des Écrins, qui culmine à 4 102 m. Géographiquement, cela signifie que c'est ici que se rencontrent l'univers alpin et le monde méditerranéen. Il semblerait même que, par beau temps, les grimpeurs ayant réussi l'ascension jusqu'à la cime aient vue sur la Méditerranée. La Meije représente elle aussi un défi pour les alpinistes, auprès desquels elle est très réputée, bien qu'elle manque de peu le seuil des 4 000.

En parlant de défi, de nombreux amateurs penseront immédiatement au col du Galibier. Situé à 2 642 m d'altitude, il fait partie des plus fameuses ascensions du Tour de France.

Quant aux randonneurs, ils peuvent avoir l'impression d'évoluer dans des steppes à l'automne, alors qu'au printemps, ils sont accueillis par un luxuriant tapis de fleurs. Par ailleurs, la diversité des roches est à l'origine de paysages très différents. Les gneiss et les granites alternent avec le calcaire et la dolomie ; ces derniers offrent notamment des formations karstiques étonnantes comme les Oucanes de Chabrières. Citons également la spectaculaire fontaine pétrifiante de Réotier, dans la vallée d'Embrun. De l'eau chargée en calcaire glisse le long de la roche, le calcaire se dépose et, avec le temps, entraîne la formation de concrétions impressionnantes. Celles-ci sont parfois victimes de leur propre poids : des morceaux se cassent et il faut plusieurs décennies pour qu'une concrétion similaire se reforme. En hiver cependant, la glace comble les absences et ajoute ses propres stalactites, offrant un spectacle naturel sans égal.

Un spectacle qui se poursuit avec la faune et en particulier l'isabelle *(Graellsia isabellae)*, espèce strictement protégée. Ce grand papillon nommé d'après la reine d'Espagne Isabelle II est reconnaissable à ses ailes vertes striées et vit dans les forêts de pins de montagne.

Autre géant d'origine méditerranéenne : le lézard ocellé *(Timon lepidus)*, qui peut mesurer jusqu'à 60 cm de long. Le gypaète barbu, qui présente lui aussi des mensurations imposantes, a été réintroduit récemment (voir p. 106) et a d'ores et déjà donné naissance à l'intérieur du parc.

▼ *La fontaine pétrifiante de Réotier compte parmi les curiosités naturelles les plus fascinantes du parc national des Écrins.*

La flore locale mélange là encore des espèces alpines et méditerranéennes. Pour avoir une vue d'ensemble, rien ne vaut une visite au Jardin botanique alpin du Lautaret. On y trouvera par exemple le très rare panicaut bleu des Alpes *(Eryngium alpinum)*. Ses autres noms vernaculaires évoquent deux visions totalement opposées de cette plante : on l'appelle en effet chardon bleu des Alpes ou reine des Alpes.

Le parc national des Écrins réunit sept vallées. Chacune possède sa propre Maison du parc, qui propose diverses activités de découverte du patrimoine naturel protégé. Inutile, donc, d'être un grimpeur hors pair pour profiter des Écrins.

PATRIMOINE MONDIAL DE L'HUMANITÉ : LE PARC NATIONAL DES DOLOMITES BELLUNESI

Les Dolomites comptent parmi les plus belles montagnes du monde. Ce site naturel aligne les formations rocheuses emblématiques et laisse peu de gens indifférents avec ses alpages ondulants, ses plateaux de moyenne montagne et ses roches crevassées, dominées par la Marmolada qui culmine à 3 342 m. Si les sujets de photographie sont infinis, les reflets du soleil couchant sur les sommets alpins se prêtent impassiblement au jeu. Les Dolomites se distinguent toutefois des autres régions connues de haute montagne : à l'exception de la face nord de la Marmolada, les glaciers ne jouent ici aucun rôle.

Malgré un processus sans accroc, le résultat est en demi-teinte lorsqu'en 2009, les Dolomites sont inscrites sur la liste de l'Unesco en tant que patrimoine mondial sériel. Cela signifie que ce ne sont pas les

PARC NATIONAL
DES DOLOMITES BELLUNESI

Ce parc national existe depuis 1990. Aucune autre des zones des Dolomites inscrites au patrimoine naturel de l'Unesco ne bénéficie d'un statut de protection aussi élevé. Le parc doit son nom à Belluno, chef-lieu de la province du même nom (en Vénétie), et élue Ville des Alpes de l'année en 1999. L'altitude ne dépasse pas 2 500 m et les vallées sont marquées par l'exode rural (qui caractérise de nombreuses régions du Sud des Alpes).

Certaines parties de ce parc national n'ont jamais été recouvertes par les glaces : pendant les périodes glaciaires, de nombreuses plantes y ont ainsi trouvé refuge. Il compte 1 400 espèces différentes, ce qui correspond à un quart de la flore italienne. Il est donc logique que la campanule des Dolomites (Campanula morettiana) orne le blason du parc.

Les Dolomites constituent également un espace frontalier où se rencontrent par exemple le pin de montagne et le pin noir, originaire du Sud-Est de l'Europe. On trouve également une espèce de lys (Lilium carniolicum), aux splendides fleurs éclatantes, et des adénophores à feuilles de lys (Adenophora liliifolia), aux senteurs enivrantes. Aux pieds des montagnes poussent aussi des charmes-houblons et des frênes à fleurs qui témoignent, entre autres, de l'influence méditerranéenne dans la région.

▲ *La campanule des Dolomites est la plante emblématique du parc national des Dolomites Bellunesi.*

Dolomites dans leur ensemble, mais seulement neuf éléments qui ont été pris en compte. Les 141 910 ha comptabilisés alors sont répartis sur plusieurs zones, la zone tampon de 89 266 ha n'étant pas couverte. Cette série comporte des lacunes, dont le massif du Sella et les chaînons du Sassolungo et du Sassopiatto. Ils ne sont pas sur la liste, car ils n'étaient auparavant pas protégés, alors que l'inscription au patrimoine mondial suppose une telle protection.

L'Unesco a placé sur le même plan la beauté du site et le patrimoine géologique qu'il représente. D'ailleurs, les Dolomites, seul massif nommé d'après une roche, constituent un véritable lieu de pèlerinage pour les géologues. La diversité de la faune et de la flore a également été déterminante. Le tourisme représente en revanche un défi certain pour le statut du site. Il ne s'agit pas simplement de qualifier par réflexe ce tourisme de durable : l'Unesco accorde certes des délais, mais effectue des contrôles concernant la gestion responsable des ressources. Sur place, des chargés de mission considèrent par ailleurs que le travail d'information et de sensibilisation doit se poursuivre.

Les Dolomites comportent de nombreux sommets célèbres et intéressants, mais pour terminer, penchons-nous sur le relief inverse, en l'occurrence sur les gorges du Bletterbach. L'eau a profondément creusé la roche sur une très courte distance, entraînant la formation de concrétions, dont certaines évoquent des visages, et mettant au jour diverses strates. De la rhyolite d'origine volcanique à la dolomie d'un blanc éclatant, on embrasse ici 50 millions d'années d'histoire de la Terre.

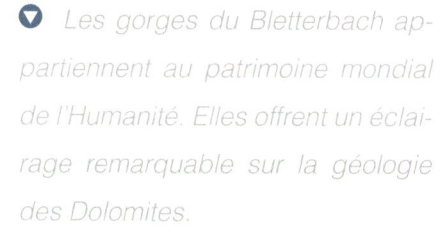

▼ *Les gorges du Bletterbach appartiennent au patrimoine mondial de l'Humanité. Elles offrent un éclairage remarquable sur la géologie des Dolomites.*

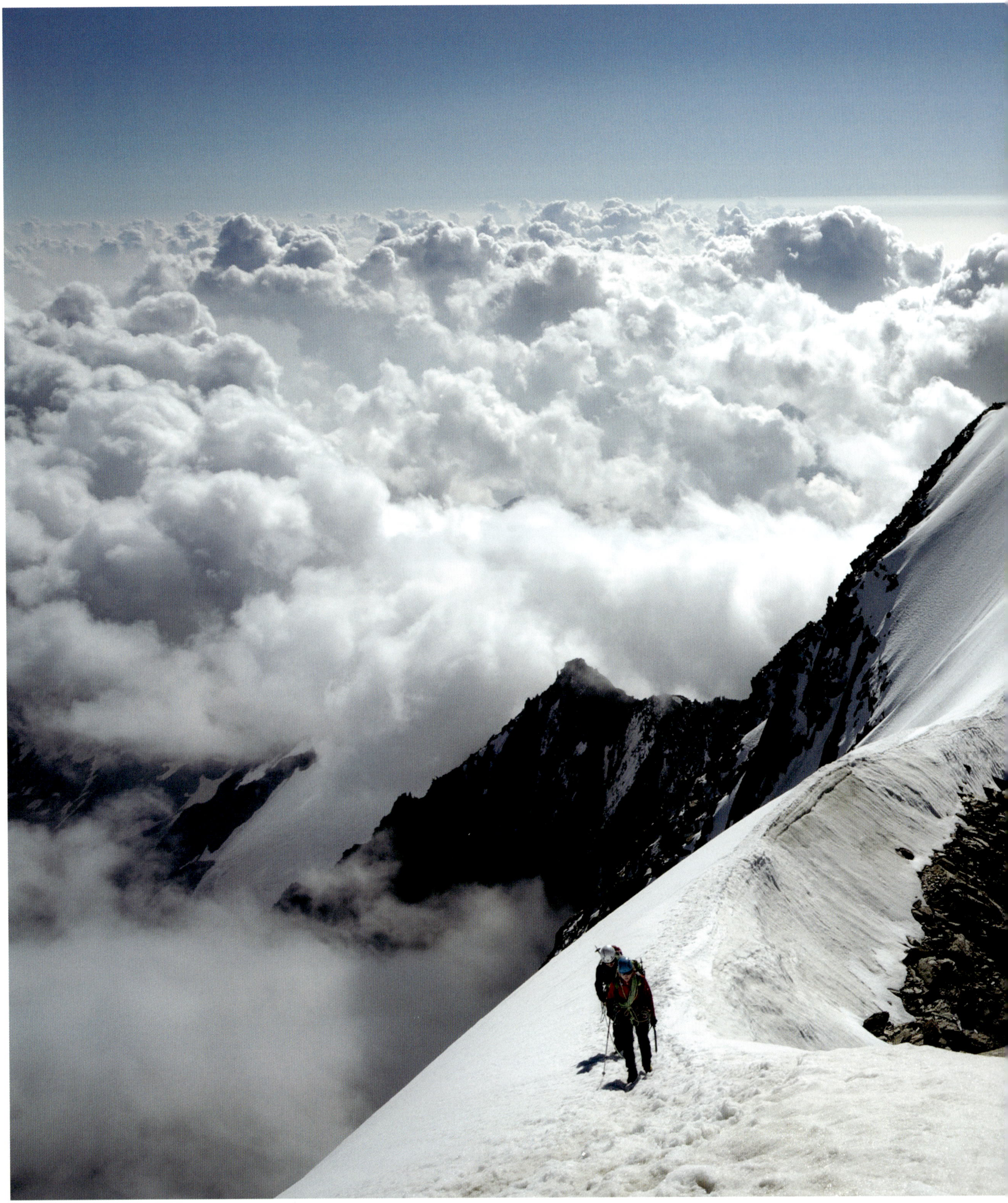

Informations pratiques

SITES UTILES

Parcs nationaux

Parc national de Berchtesgaden
http://www.nationalpark-berchtesgaden.de/

Parc national des Dolomites Bellunesi
http://www.dolomitipark.it/Findex.php

Parc national des Écrins
http://www.ecrins-parcnational.fr/

Parc national Grand Paradis
http://www.pngp.it/fr

Parc national des Hohe Tauern
http://www.hohetauern.at/en/

Parc national du Mercantour
http://www.mercantour.eu/

Parc national de la Vanoise
http://www.vanoise-parcnational.fr/fr

Parc national Suisse
http://www.nationalpark.ch/fr/

Liste du patrimoine mondial Unesco
http://whc.unesco.org/fr/list/

INDEX

Abbaye Saint-Michel-de-la-Cluse, Sant'Ambrogio di Torino, Italie 143
Abbaye Saint-Jean-Baptiste, Müstair, Suisse 144-146
Abies alba, voir Sapin blanc
Achillea moschata, voir Achillée musquée
Achillée musquée 98
Âge de bronze 127 et s., 224
Âge de fer 129 et s.
Âge de pierre 295
Agriculture 227 et s.
Aigle royal 106 et s ;
Aiguille du Goûter 211
Aiguille du Midi 242, 252
Aiguille Rouge 27, 215
Ail à fleurs de narcisse 93
Ail d'Insubrie 93
Albulina orbitulus, voir Azuré de la phaque
Alémans 141
Alliance dans les Alpes 198
Allium narcissiflorum, voir Ail à fleurs de narcisse
Allium insubricum, voir Ail d'Insubrie
Alpages 147, 223 et s.
Alpes carniques 28, 44, 57
Alpes cotiennes 138
Alpes juliennes 267
Alpes maritimes 43, 63, 65, 135, 137, 142
Alpinisme 197, 245, 250, 253 et s.
Amédée VIII de Savoie 150
Ancolie noirâtre 79
Androsace des Alpes 94, 98
Androsace de Suisse 100
Anémone soufrée 79
Annecy, France 19, 150 et s.
Apennins, Italie 15
Arc d'Auguste, Suse, Italie 138
Architecture 205 et s.
Arole, voir Pin cembro
Aulne vert 75
Alnus viridis, voir Aulne vert
Asphodèle blanc 93
Asphodelus Albus, voir Asphodèle blanc
Aster alpinus, voir Aster des Alpes
Aster des Alpes 82
Astragale de Jacquin 79
Avars 141
Avoriaz, Morzine, France 214, 215
Azalée couchée 77, 87
Azuré de la phaque 102-103

Ball, John 255
Balmat Jacques (guide) 264
Banon (AOC) 232
Barrage de Cingino, Italie 113, 114-115
Barrage de la Grande-Dixence, Suisse 240-241
Barrage de Mooserboden, Autriche 237
Barrage de Serre-Ponçon, France 239
Barrages 236, 240 et s.
Barre de Écrins, France 301
Bassins molassiques 39, 47
Bauhaus 215, 287
Bavarii 142
Belle Époque 246 et s.
Belluno, Italie 304
Benoîte rampante 76, 98
Berardia subacaulis, voir Bérardie laineuse
Bérardie laineuse 97
Berchtesgaden, Allemagne 291 et s.
Bergisel 202, 252, 276
 - bataille de- 275
 - tremplin de saut à ski 207, 208-209
Bertrand, Marcel (géologue) 36
Beuys, Joseph (artiste) 283
Blodig, Karl (alpiniste) 258
Bolet larmoyant 70
Bolzano, Italie 19, 127, 155 et s., 175
Bonaparte, Napoléon 176, 178, 186, 274 et s.
Bombus alpinus 117
Bosco-Gurin, Suisse 152, 154
Botta, Mario (architecte) 215-217
Bouquetin 111 et s.
Brandberg, Autriche 153
Briançonnais 32 et s.
Brueghel, Pieter l'Ancien (peintre) 281
Bruyère carnée 89
Burgondes 141 et s.
Byzance 141

Caminada, Gion A. (architecte) 219
Campagnol 116
Campanula morettiana, Voir Campanule des Alpes
Campanula thyrsoides, voir Campanule en thyrse
Campanule en thyrse 93
Campanule des Dolomites 304
Carex curvula, voir Laîche courbée
Carex firma, voir Laîche ferme
Carex sempervirens, voir Laîche toujours verte
Carolingiens 142, 146
Castanea sativa, voir Châtaignier
Casse-noix moucheté 69-70
Cathédrale Saint-Jean-Baptiste, Saint-Jean-de-Maurienne France 149
Ceinture de Krummholz 64
Cénozoïque 30, 32 et s., 64
Centaurées 75
Cerf 296
Cervin, Italie-Suisse 103, 255 et s., 263 et s.
Chaîne de Belledonne, France 27
Chaîne des Fiz, France 42
Chaîne hercynienne 30
Chamoix 111 et s.
Chamonix, France 19, 242-243, 264
Chamorchis alpina, voir Orchidées (orchis nain des Alpes)
Chardon bleu des Alpes, voir Panicaut bleu des Alpes
Charlemagne 142, 144-145, 178
Charmes-houblons 304
Châtaignier 65
Château de Montebello, Suisse 141
Château de Neuschwanstein, Allemagne 18
Chemin de fer 186 et s., 211, 244, 246, 247, 248, 268-269
Chêne pubescent 65
Chêne vert 65
Chevauchement principal de Glaris 36
Chèvres 231
Chichilianne, France 162
Chocard à bec jaune 105
Cinq lacs 48 et s.
Cinque Torri, Italie 22
Cirse acaule 296
Cisalpine 134
Clones de verdure 77
Col du Brenner, Autriche-Italie 155, 178, 182, 191
Col de Fern, Autriche 178
Col du Galibier, France 301
Col du Grand-Saint-Bernard, Suisse 17, 142, 176 et s., 224
Col du Mont-Cenis, France 137, 178
Col de Resia, Italie 178
Col du Saint-Gothard, Suisse 27 et s., 180, 184-185, 188, 190, 192-193
Col du Simplon, Suisse 151, 161, 180, 186
Col du Splügen, Italie-Suisse 183
Col de la Traversette, France 178
Cols 177 et s.
Combes à neige 85 et s.
Commission internationale pour la protection des Alpes (CIPRA) 198
Communauté de travail

des régions alpines
(Arge Alp) 198
Convention alpine 17, 174, 197 et s.
Cook, Thomas 245 et s.
Crave à bec rouge 105
Crocus albiflorus 75
Cyclamen 79

Daphnés striés 295
David, Jacques-Louis
(peintre) 176-177
Davos, Suisse 215, 247 et s., 287
De Vinci, Leonard 281
Deplazes, Andrea
(architecte) 212
Dolomites 22, 28-29, 31, 63, 303 et s., 305
Domaine dauphinois 26
Domaines penniques
(valaisan, briançonnais
et piémontais) 26 et s., 32
Doré, Gustave (illustrateur) 254
Dracocéphale de Ruysch 93
Dracocephalum ruyschiana, voir Dracocéphale de Ruysch
Dryades 63, 83
Dryade à huit pétales 83
Dryas octopetala, voir Dryades
Dumas, Alexandre
(écrivain) 264
Durance, France 238
Dürer, Albrecht (peintre) 280, 281

Eburodunum 142
Écaille alpine 103
Écaille du Cervin 103
Edelweiss 68, 72, 81, 83, 270 et s.
Egger-Lienz, Albin (peintre) 286, 287
Église de l'abbaye de Wilten,

Innsbruck, Autriche 202
Église de Gries, Bolzano,
Italie 158
Église Saint-Barthélémy,
Königssee, Allemagne 290
Église Saint-Benoît, Malles
Venosta, Italie 145-146
Église Saint-Jean-Baptiste,
Mogno, Suisse 215-216
Église Saint-Procule, Naturno,
Italie 144
Église Saint-Vincent,
Heiligenblut, Autriche 299
Église Saint-Wolfgang,
Haute-Autriche 50-51
Eiger, Suisse 38-39
- face nord 260 et s.
Élevage 147, 163, 223 et s., 230 et s.
Empereur Henri VII 148
Empereur Sigismond 142, 150
Enfants de Souabe 172
Engadine, Suisse 69, 135, 170, 247
Épervière des Alpes 85
Épervière à feuilles
de chicorée 96
Épervière des glaciers 85
Épervières orangées 85
Épicéas 64, 67
Époque romaine 135 et s.
Erica carnea, voir Bruyère des Alpes
Eritrichium nanum, voir Myosotis nain
Eryngium alpinum,
voir Panicaut bleu des Alpes
Escalade, voir Alpinisme
Escher, Arnold (géologue) 36
Esparcette des montagnes 75
États de Savoie 149
EUSALP 17, 198 et s.
Exobasidium rhododendri 72
Exode rural 243, 245, 304

Faune alpine 103-119
Fenêtre des Tauern, Autriche-Italie 27, 40, 298
Fétuques 93
Fermes d'élevage 153
Flore alpine 61-101

Florence 155
Flyschs 37, 47
Fontaine pétrifiante
de Réotier, France 301-302
Fonte des glaciers 44 et s.
Forêt alpine 64 et s., 295
Fort de Bard, Italie 169
Fossiles 23, 83
Fragon faux houx 66
Fraxinus ornus, voir Orne
Fréjus, France 188
Frères et sœurs Rainer 173
Frères et sœurs Strasser 173
Friedrich, Caspar
David (peintre) 281, 282
Fritillaire de Burnat 93
Fritillaria burnatii,
voir Fritillaire de Burnat

Genève, Suisse 170, 178
Genévrier cade 66
Genévrier de Phénicie 66
Genévrier thurifère 66
Gentiana alpina,
voir Gentiane des Alpes
Gentiana asclepiadea,
voir Gentiane asclépiade
Gentiana bavarica,
voir Gentiane de Bavière
Gentiana kochiana,
voir Gentiane de Koch
Gentiana lutea,
voir Gentiane jaune
Gentiana pannonica,
voir Gentiane de Hongrie
Gentiana punctata,
voir Gentiane ponctuée
Gentiana purpurea,
voir Gentiane pourpre
Gentiana verna,
voir Gentiane de printemps
Gentiane asclépiade 91
Gentiane de Bavière 90, 94
Gentiane de Clusius 62, 81-82, 90
Gentiane de Hongrie 91
Gentiane de Koch 85, 90
Gentiane de printemps 79, 82, 90
Gentiane des Alpes 85
Gentiane jaune 85, 90, 91

Gentiane liqueur 92
Gentiane ponctuée 92
Gentiane pourpre 91
Gentianes 61, 82, 85, 90 et s.
Géologie des Alpes 23 et s.
Géranium des bois 75
Gesner, Conrad
(naturaliste) 165
Geum reptans,
voir Benoîte rampante
Gisements de sel 30
Glaciations 42 et s.
Glacier d'Aletsch, Suisse 38
Glacier d'Eiskar, Autriche 44
Glacier de Loisach,
Allemagne 49
Glacier du Dösental,
Autriche 298
Glacier du Pitztal,
Autriche 210
Glacier du Rhône, Suisse 44, 48
Glacier Grindelwald, Suisse 281 et s.
Glacier Le Pasterze, Autriche 297
Glaciers 41 et s., 44 (fonte des -), 207, 237, 297 et s., 301
Gorges de l'Isarco, Italie 183
Gorges de Schöllenen,
Suisse 181
Gorges de Viamala,
Suisse 52-54
Gorges du Bletterbach,
Italie 305
Gorges du Verdon,
France 54-55
Graellsia isabellae,
voir Isabelle
Grassette des Alpes 79
Grenoble, France 19, 201 et s.
Grossglockner,
Autriche 265 et s.
Guétal, Laurent
(peintre et prêtre) 283, 284
Gwiggner, Josef
(alpiniste) 258
Gypaète barbu 106 et s., 297, 302
Gymnadenia nigra,
voir Nigritelle noire
Gymnadenia odoratissima,
voir Orchidées

Hadid, Zaha (architecte) 196, 206, 207, 208-209
Hall, Allemagne 156
Hannibal 137, 177 et s.
Haut lieu tectonique suisse Sardona 36 et s.
Heidi 168
Hêtre 64, 66
Hieracium alpinum, voir Épervières des Alpes
Hieracium aurantiacum, voir Épervières orangées
Hieracium glaciale, voir Épervières des glaciers
Hieracium intybaceum, voir Épervière à feuilles de chicorée
Hintersee, Autriche 46
Hirondelles de mer 58
Hofer, Andreas 273 et s.
Humbert Ier de Savoie 149

Illyriens 134
Industrie minière 159 et s.
Innsbruck, Autriche 201 et s.
Insectes 117
Iris de Sibérie 49
Isabelle (papillon) 302
Ischgl, Autriche 248

Jacobaea incana, voir Séneçon blanchâtre
Jardin botanique alpin du Lautaret, France 303
Juniperus oxycedrus, voir Genévrier cade
Juniperus phoenicea, voir Genévrier de Phénicie
Juniperus thurifera, voir Genévrier thurifère
Jura, France 32

Kirchner, Ernst Ludwig (peintre) 278, 287
Koch, Joseph Anton (peintre) 282, 283
Kölderer, Jörg (peintre) 281
Krummholz 64 et s., 69, 72, 76
Kunter, Heinrich (entrepreneur) 183

Laax, Suisse 248
Labro, Jacques (architecte) 215
Lac de Côme, Italie 17, 48, 200
Lac de Constance, Allemagne-Suisse-Autriche 17, 48, 205
Lac de l'Eychauda, France 282, 284
Lac de Garde, Italie 48-49
Lac de Palpuogna, Suisse 67
Lac de Serre-Ponçon, France 239
Lac de Wolfgang, Autriche 48, 50
Lac Hallstatt, Autriche 132-133
Lac Léman, Suisse-France 48, 286
Lacs périalpins 47 et s.
Lacs préalpins 47 et s.
Lagopède alpin 104
Laîche courbée 84
Laîche ferme 82, 97
Laîche toujours verte 81 et s.
La Turbie, France 135 et s.
Larix decidua, voir Mélèzes
Laurier-rose des Alpes, voir Rhododendron ferrugineux
Le Corbusier (architecte) 215
Leberle, Hans (alpiniste) 269
Lecco, Italie 201
Leontodon helveticus, voir Liondent de Suisse
Leucanthemopsis alpina, voir Marguerite des Alpes
Lézard ocellé 302
Lichens 62, 87, 94, 100-101
Lièvre variable 104
Ligne insubrienne 17, 27
Ligures 135
Limite des arbres 74 et s., 116, 118, 124, 151, 178, 224, 295, 296
Linaire des Alpes 96
Linaria alpina, voir Linaire des Alpes
Linnée boréale 68
Liondent de Suisse 85
Lis orangé 93
Lis de saint Bruno 93
Loiseleuria procumbens, voir Azalée couchée
Lombards 141 et s.
Lyon, France 198

Maison de Habsbourg 146, 159, 170, 202, 247
Maison Kalman, Brione, Italie, 215
Maison de Savoie 149 et s., 168
Malcesine, Italie 49
Manuscrit de Baudouin de Trèves 148
Marbre, Lasa 146
Marcus Julius Cottius 138
Marguerite des Alpes 86-87
Marmolada, Italie 303
Marmotte 118-119
Marseille, France 198, 238 et s.
Martigny, Suisse 41
Massif de l'Aar-Gothard 27, 28
Massif des Écrins, France 301 et s.
Massif des Fiz, France 42
Massif des Karwendel, Autriche-Allemagne 202
Massif du Mont-Blanc, France-Italie 27, 28, 38, 211, 242, 252, 265
Massif du Saint-Gothard, Suisse 27 et s., 38
Massif du Sella, Italie 305
Meije (La), France 301
Mélèzes 67-68
Merano, Italie 247
Mésolithique 123
Mésozoïque 295
Messner, Reinhold (alpiniste) 197, 258 et s.
Messner Mountain Museums (MMM) 194-195

Meyer, Johann Rudolf (alpiniste) 253
Milan, Italie 180, 198
Milieu naturel alpin 20 et s.
Mines de Schwaz 159
Mines de sel de Hall (Tyrol) 156, 294
Mines de sel de Hallstatt et Hallein 130-131
Moiré velouté 103
Molasse 47
Mont Aiguille, France 161 et s.
Mont Blanc, France-Italie 17, 19, 27, 149, 254, 264 et s.
Mont-Blanc (massif), voir massif du Mont-Blanc
Monte Baldo, Italie 48
Moutons 231, 232 et s.
Moyen Âge 141 et s.
Mulot 116
Munich, Allemagne 198, 238, 248, 257
Murchison, Roderick (géologue) 36
Müstair, Suisse 144 et s.
Myosotis des Alpes 99
Myosotis nain (ou des neiges) 99

Napoléon, voir Bonaparte
Napoléon III (Empereur) 168
Nappes austro-alpines 27, 32-33
Nappes dauphinoises 26-27, 38
Nappes penniques 27
Nard raide 84
Nardus stricta, voir Nard raide
Néolithique 125, 130-131, 224
Nez noirs du Valais 225
Nice, France 15, 168
Nigritelle noire 79, 81
Niverolle alpine 104
Norique 129 et s.
Nunataks 42, 99

Oiseaux 104 et s.
Olea europaea, voir Oliviers
Olgiati, Valerio (architecte) 218
Oliviers 65
Orchidées 82 et s.
Orchis globuleux 82, 88
Orchis nain des Alpes 83
Orchis odorant 82
Orne 66
Orogenèse 27, 28, 29, 33, 34, 37, 47
Ostrogoths 141 et s.
Ötzi 124
Oucanes de Chabrières, France 301

Paccard, Michel
   (médecin, alpiniste) 264
Pacher, Michael
   (peintre) 50, 159
Paléozoïque 25, 28 et s.
Pangée 28, 31, 32
Papaver rhaeticum,
   voir Pavot doré
Papillons 103
Panicaut bleu des Alpes 303
Paradisea bulbiferum,
   voir Lis orangé
Paradisea liliastrum,
   voir Lis de saint Bruno
Parathétys 39
Parc national de Berchtesgaden, Allemagne 288, 290, 291 et s.
Parc national de Hohe Tauern, Autriche 297 et s.
Parc national de la Vanoise, France 290
Parc national des Dolomites Bellunesi, Italie 303 et s.
Parc national des Écrins 300, 301 et s.
Parc national du Grand Paradis, Italie 290
Parc national du Mercantour, France 127, 290
Parc national du Stelvio, Italie 293
Parc national suisse 289, 292 et s.

Parcs nationaux 289-305
Parc naturel des Alpes maritimes, France 290
Parc naturel de la vallée du Lech 57
Patinir, Joachim (peintre) 279
Patrimoine mondial de l'Humanité 37, 130, 140, 147, 187, 202, 289, 303, 305
Pâturin des Alpes 76
Pavot doré 97
Pavot rhétique 295
Pédiculaire à bec et en tête 82
Pédiculaire verticillée 88
Pedicularis rostratocapitata,
   voir Pédiculaire à bec et en tête
Pelouses alpines 76, 81 et s., 84 et s., 93 et s.
Permien 30-31
Pernhart, Markus (peintre) 267, 282
Peste 149
Petit Âge glaciaire 149
Petit Apollon 104
Petite Dent de Morcles, Suisse 40
Petite soldanelle 86
Pétrarque 165
Physoplexis comosa,
   voir Raiponce chevelue
Pin d'Alep 65
Pin cembro 68-71
Pin couché 293
Pin à crochets 68, 72, 293
Pin mugo 72, 75, 295
Pin sylvestre 64-65
Pinus cembra,
   voir Pin cembro
Pinus halepensis,
   voir Pin d'Alep
Pinus mugo, voir Pin mugo
Pinus sylvestris,
   voir Pin sylvestre
Pinus uncinata,
   voir Pin à crochets
Piz Bernina, Italie 17
Piz Palü, Italie-Suisse 16
Plaque adriatique 32 et s., 34, 39
Plaque africaine 33
Plaque asiatique 43
Plaque eurasienne 33
Plaque européenne 35, 40, 43
Plissement du Hoher Ifen 35

Pluvier guignard 105
Poa alpina,
   voir Pâturin des Alpes
Polybe 138
Polygonum viviparum,
   voir Renouée vivipare
Potentille des frimas 94
Pont du diable, Schöllenen, Suisse 180-181
Prairies de fauche 75 et s., 163
Préhistoire 123 et s.
Primevère auricule 82, 89
Primevère de Haller 82
Primevère glaucescente 93
Primevère hérissée 99
Primevère remarquable 93, 100
Primula auricula,
   voir Primevère auricule
Primula glaucescens,
   voir Primevère glaucescente
Primula halleri,
   voir Primevère de Haller
Primula hirsuta,
   voir Primevère hérissée
Primula spectabilis,
   voir Primevère remarquable
Protection internationale des Alpes CIPRA 198
Puce des glaciers 117

Quaternaire 41 et s.
Quercus ilex,
   voir Chêne vert
Quercus pubescens,
   voir Chêne pubescent

Radiolarite (roche) 295
Rail 186 et s.
Raiponce chevelue 100-101
Raiponce noire 102
Raiponce orbiculaire 75
Ramesch, Autriche 33
Ranunculus alpestris,
   voir Renoncule alpestre
Rax, Autriche 247

Refuge du Gouter 211, 214
Refuge du Mont-Rose 212
Refuges 207 et s.
Reine des Alpes,
   voir Panicaut bleu des Alpes
Renoncule alpestre 86, 88
Renoncule des glaciers 62, 94
Renouée vivipare 76
Restaurants d'altitude 210 et s.
Rhètes 135
Rhétie 137
Rhinanthes 75
Rhododendron 72, 75, 224, 228
Rhododendron ferrugineux 72, 89
Rhododendron hirsute 72
Rhododendron poilu 60
Richter, Ludwig (illustrateur) 281
Rivières alpines 53-59
Rousseau, Jean-Jacques 164 et s.
Routes alpines 186 et s.
Ruscus aculeatus,
   voir Fragon faux houx

Sabot de Vénus 83
Saint-Bernard (chiens) 179
Saint-Jean-de-Maurienne, France 149
Saint-Moritz, Suisse 247
Salamandre noire 116
Salix herbacea,
   voir Saule herbacé
Salix reticulata,
   voir Saule réticulé
Salix retusa,
   voir Saule émoussé
Sanctuaire de Madonna di Montecastello, Tignale, Italie 48-49
Sapins 64
Sapin blanc 66
Saule émoussé 86
Saule herbacé 86
Saule réticulé 86
Saussure, Horace-Bénédict de (naturaliste) 254, 264
Savoie 149 et suiv., 168

Savines 239
Saxifraga caesia,
  voir Saxifrage bleue
Saxifraga florentula,
  voir Saxifrage à mille fleurs
Saxifraga oppositifolia,
  voir Saxifrage à feuilles
    opposées
Saxifrage
  à feuilles opposées 62, 94-95
Saxifrage à mille fleurs 100
Saxifrage bleue 82
Saxifrage d'Auvergne 94
Schiller, Friedrich 163, 274
Schopenhauer,
  Arthur (philosophe) 19
Seceda, Italie 28
Segantini,
  Giovanni (peintre) 283
Séneçon blanchâtre 85
Sesleria caerulea,
  voir Seslérie bleue
Seslérie bleue 81 et s.
Silène acaule 94
Silene exscapa,
  voir Silène sans pédoncules
Silène sans pédoncules 99
Slaves du Sud 141
Slovénie 174
Snozzi, Luigi (architecte) 215
Soldanella pusilla,
  voir Petite Soldanelle
Spyri, Johanna (écrivain) 168
Stainer-Knittel, Anna
  (peintre) 273 et s.
Sternes pierregarins 58
Stratégie Macro-régionale
  européenne pour la région
  alpine 198
Strudel, Paul (sculpteur) 146
Subduction 24, 33 et s.
Suillus plorans,
  voir Bolet larmoyant

Tagliamento, Italie 57 et s.
Tamarin d'Allemagne 54
Taurisques 135, 138
Taut, Bruno (architecte) 205
Tectonique des plaques 25,
  36-37
Téléphériques 207 et s., 247

Tell, Guillaume 273 et s.
Téthys 28, 31-33
Thomas Ier de Savoie 150
Tichodrome échelette 117
Timon lepidus,
  voir Lézard ocellé
Tiroler Grauvieh 230-231
Tourisme 243 et s.
Transhumance 227, 232 et s.
Traunsteinera globosa,
  voir Orchidées
Trechus glacialis 117
Trèfle pâlissant 98
Trifolium pallescens,
  voir Trèfle pâlissant
Triglav, Slovénie 266 et s.
Trolle d'Europe 75
Trophée des Alpes 135
Tunnel de base
  de Saint-Gothard 191,
  192-193
Tunnel de la Traversette
  (ou pertuis du Viso) 188
Tunnel du Brenner 191
Tunnel du Ceneri 191
Tunnel du Fréjus
  (ou du Mont-Cenis) 188 et s.
Tunnel du Lötschberg 23, 191
Tunnel du Mont d'Ambin
  (projet) 192
Tunnel du Saint-Gothard 188,
  190
Tunnel du Simplon 191
Tunnel Trou d'Uri 188
Tunnels 188 et s.
Tunnels de base 190 et s.
Turner, William (peintre) 281
Tyrol du Sud 170, 175
  - accord
  De Gasperi-Gruber 175

Unités austro-alpines 27
Urbanisation 200 et s.

Val Venosta, Italie 144-145
Valeriana montana,
  voir Valériane

des montagnes
Valériane des montagnes 96
Vallée des Merveilles,
  France 127
Vals, Suisse 217, 219, 248
Vautour fauve 297
Viamala, Suisse 54, 181, 183
Victorides 142
Vienne, Autriche 122, 238
Ville, Antoine
  de (ingénieur) 163
Ville des Alpes
  de l'Année 198, 200 et s.
Vipiteno, Italie 157
Viticulture 147
Von Haller,
  Albrecht (naturaliste) 82, 166
Von Harff, Arnold
  (voyageur) 155
Von Linné, Carl (naturaliste) 86

Walser (peuple) 151 et s.
Watzmann,
  Allemagne 290, 291
Wetterstein,
  Autriche-Allemange 74
Whymper, Edward
  (alpiniste) 257, 265
Witz, Konrad (peintre) 280
Wolf, Caspar (peintre) 281
Würm 42 et s., 83

Zumthor, Peter (architecte)
  204, 217 et s.
Zugspitze
  (Allemagne) 268-269
Zurich 26, 191, 212, 221

◗ *Vue sur le Renon (Tyrol du Sud, Italie). Au premier plan : les demoiselles coiffées de la vallée du Finsterbach ; sur le plateau, le lieu-dit de Mittelberg avec l'église Saint-Nicolas.*

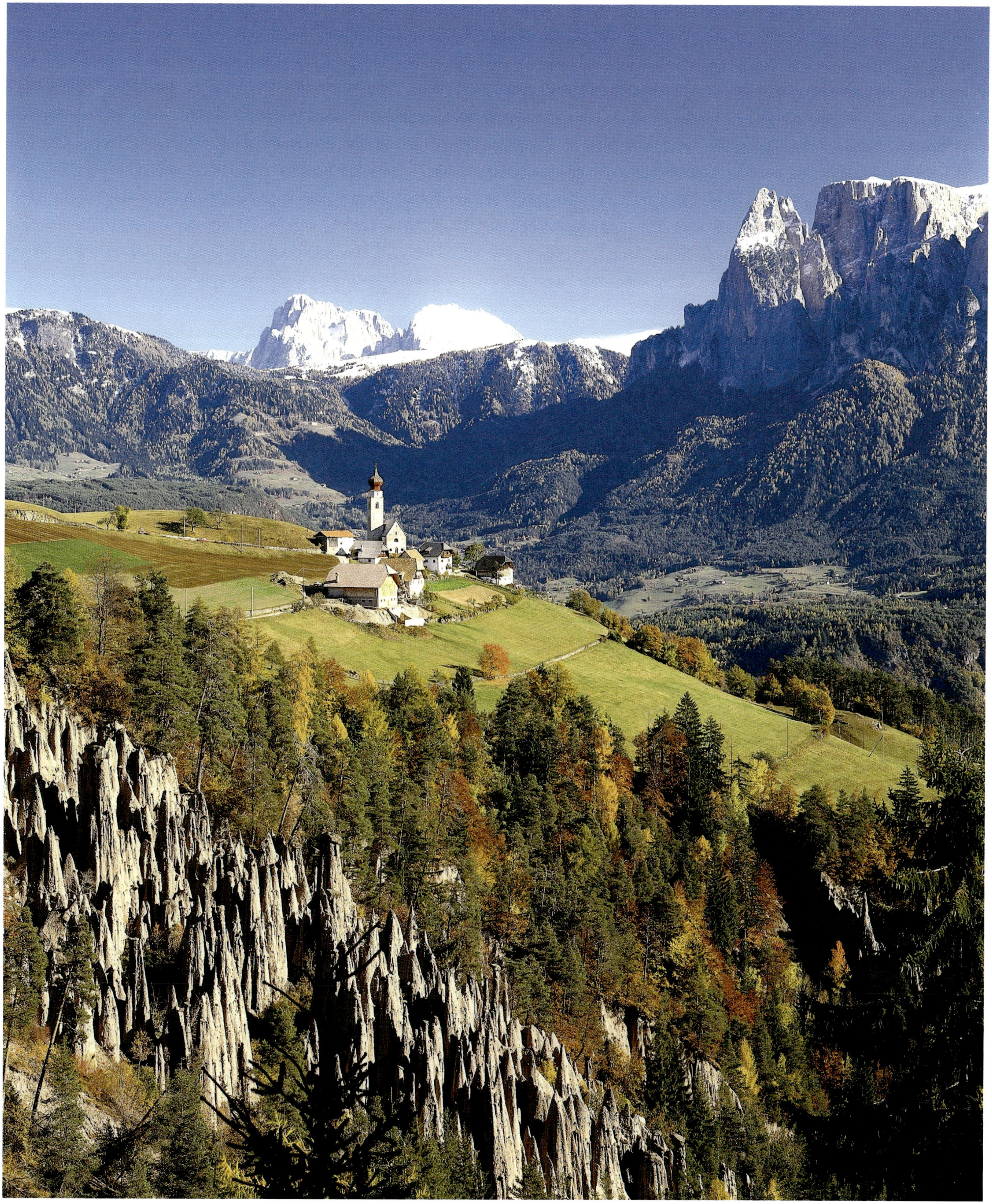

CRÉDITS PHOTOS ET REPRODUCTIONS

Michael Büsgen, Cologne : p. 49

Fotolia.com : p. 4 (© Scisetti Alfio), 8–9 (© jovannig), 58–59 (© u. perreten)

Stephanie Henseler, Cologne : p. 120–121

Interfoto, Munich : p. 181 (PHOTOAISA/J. Bedmar)

Fink-Thurnher Architekten, Bregenz : p. 220 (© Walter Ebenhofer, Steyr)

mauritius-images, Mittenwald : U2/Vorsatz 1 (Jörg Bodenbender), Vorsatz 2/p. 1 (imageBROKER/Rudi Sebastian), 2–3 (Novarc/Stefan Hefele), 10 (Christian Bäck), 11 h. (Chromorange/Jürgen Feuerer), 11 b. (David Noton Photography/Alamy), 12 (imageBROKER/Robert Seitz), 14 (go-images), 16 (Herbert Kehrer), 17 (Herbert Kehrer), 20-21 (Minden Pictures/Melvin Redeker/Buiten-beeld), 29 (Gerhard Wild), 35 (Prisma/Katja Kreder), 36–37 (imageBROKER/Michael Szönyi), 38–39 (Bernd Römmelt), 41 (Florian Neukirchen/Alamy), 43 (incamerastock/Alamy), 46–47 (Stefan Hefele), 48 (imageBROKER/Renato Bordoni), 50 (Gerhard Wild), 51 h. (United Archives), 51 b. (SuperStock/Fine Art Images), 52 (Westend61/Stefan Schurr), 54–55 (Curva de Luz/Alamy), 56 (Christian Bäck), 63 (Bernd Ritschel), 65 g. (Niceartphoto/Alamy), 65 d. (Niceartphoto/Alamy), 67 (imageBROKER/Daniel Schoenen), 68 (imageBROKER/Reinhard Hölzl), 69 (imageBROKER/Rolf Nussbaumer), 71 (imageBROKER/Meinrad Riedo), 72–73 (imageBROKER/Christof Steirer), 74 (imageBROKER/J.W.Alker), 77 (imageBROKER/Adelheid Nothegger), 78 h. g. (Premium Stock Photography GmbH /Alamy), 78 h. d. (imageBROKER/Reinhard Hölzl), 78 b. g. (imageBROKER/Reinhard Hölzl), 78 b. d. (FLPA/Alamy), 79 h. (Bob Gibbons/Alamy), 79 b. g. (Arterra Picture Library/Alamy), 79 b. d. (imageBROKER/Reinhard Hölzl), 80 (Rainer Mirau), 82–83 (age/Juan Carlos Muñoz), 84 (Bernd Römmelt), 86 (Frank Hecker/Alamy), 86–87 (Premium Stock Photography GmbH/Alamy), 88 o. l. (Steffen Hauser/botanikfoto/Alamy), 88 h. d. (Bob Gibbons/Alamy), 88 b. g. (Eckart Pott), 88 b. d. (imageBROKER/Adelheid Nothegger), 89 h. (Garden World Images/GWI/Martin Hughes-Jones), 89 b. d. (Klaus Scholz), 90 (Minden Pictures/Konrad Wothe), 91 (Bernd Römmelt), 92 (Zoonar GmbH/Alamy), 95 (imageBROKER/Rolf Nussbaumer), 96 (imageBROKER/Alessandra Sarti), 97 (CuboImages/Bluered), 98 (imageBROKER/Reinhard Hölzl), 99 (imageBROKER/Michael Fischer), 101 (Zena Elea/Alamy), 102 (imageBROKER/ROM), 104 (Buschkind/Alamy), 105 g. (imageBROKER/Stefan Huwiler), 105 d. (Prisma/Gygax Ernst), 106 (imageBROKER/Christian Handl), 108–109 (McPHOTO/Andreas Volz), 110 (imageBROKER/Andreas Rose), 111 (Arterra Picture Library/Alamy), 112–113 (imageBROKER/Reinhard Hölzl), 114–115 (imageBROKER/Martin Siepmann), 117 (imageBROKER/Benjamin Bachmair), 118 (imageBROKER/Arco Images/Usher, Duncan), 119 (imageBROKER/jspix), 126 (imageBROKER/Martin Braito), 128 h. (niceartphoto/Alamy), 128 b. (niceartphoto/Alamy), 130 (United Archives), 132–133 (Dieter Meyrl), 134 (United Archives), 136 (aerial-photos.com/Alamy), 137 (United Archives), 138–139 (Olivier Parent/Alamy), 140 (Prisma/van der Meer Rene), 142–143 (Glasshouse/molchenphoto), 144 (Prisma Bildagentur AG/Alamy), 145 h. g. (imageBROKER/Thomas Born), 145 h. d. (Photononstop/Yvan Travert), 145 b. (imageBROKER/BAO), 146 (Bildarchiv Monheim GmbH/Alamy), 150 (Olivier Parent/Alamy), 152 (Kabes), 153 (Matthias Pinn), 154 (Prisma Bildagentur AG/Alamy), 156 (Bildarchiv Monheim GmbH/Alamy), 157 h. (Bildarchiv Monheim GmbH/Alamy), 158 (United Archives), 162–163 (Photononstop/Gérard Labriet), 165 (GL Archive/Alamy), 169 (David Keith Jones/Alamy), 170–171 (David Noton Photography/Alamy), 173 (liszt collection/Alamy), 175 (imageBROKER /Christian Handl), 176 (SuperStock/Peter Willi), 179 (imageBROKER/Dr. Wilfried Bahnmüller), 182 (imageBROKER/Wolfgang Weinhäupl), 184–185 (Westend61/Stefan Schurr), 189 h. (Hilary Morgan/Alamy), 189 b. (liszt collection/Alamy), 190 (United Archives), 194–195 (VIEW Pictures Ltd/Alamy), 196 (imageBROKER/Daniel Schoenen), 198–199 (BY), 200 (John Warburton-Lee), 203 (Rudolf Pigneter), 204 (imageBROKER/Martin Siepmann), 206 (imageBROKER/Gerhard Zwerger-Schoner), 207 (VIEW Pictures Ltd/Alamy), 208–209 (Bildarchiv Monheim GmbH/Alamy), 211 (MK Alpine/Alamy), 214 b. (Photononstop/Gilles LANSARD), 216 (Prisma/Bader Claudio), 217 (imageBROKER/Elisabeth Schmidbauer), 218 (Prisma Bildagentur AG/Alamy), 219 (Danny Nebraska/Alamy), 222 (Rainer Mirau), 225 h. (imageBROKER/Andreas Werth), 225 b. (Arterra Picture Library/Alamy), 226 (imageBROKER/Adelheid Nothegger), 229 (Martin Kriner), 230 (imageBROKER/Reinhard Hölzl), 232 (Christian Bäck), 233 (Christian Bäck), 235 (imageBROKER/Reinhard Hölzl), 236–237 (Novarc/Johannes Heuckeroth), 239 (imageBROKER/hwo), 240–241 (imageBROKER/Michael Peuckert), 242 (Robert Harding/Peter Richardson), 243 (Amoret Tanner/Alamy), 245 (imageBROKER/BAO), 246 (Travel Collection/Castell, Giovanni), 249 (Lordprice Collection/Alamy), 250 (Wolfgang Filser), 251 (Ludwig Mallaun), 252–253 (ANP Photo/Ronald Naar), 254 (Lifestyle pictures/Alamy), 256 h. (Oote Boe/Alamy), 257 (GL Archive/Alamy), 258 (Ashley Cooper pics/Alamy), 260 g. (imageBROKER/Paul Williams), 260 d. (Keystone Pictures USA/Alamy), 262–263 (Novarc/Annett Schmitz), 265 (United Archives), 267 (Minden Pictures/Bart Heirweg/Buiten-beeld), 268 g. (United Archives), 268 d. (United Archives), 270 (Suzanne Long/Alamy), 272 (Westend61/Hanno Keppel), 274 (SuperStock/Fine Art Images), 275 (Arterra Picture Library/Alamy), 276 (Thomas Zagler/Alamy), 278 (SuperStock/United Archives), 278 (SuperStock/Fine Art Images), 282 (Masterpics/Alamy), 283 (SuperStock), 284 (Peter Horree/Alamy), 285 h. (United Archives),

285 M. (United Archives), 286–287 (Painting/Alamy), 288 (imageBROKER/Michael Krabs), 290 (Steve Vidler), 292 (imageBROKER/Iris Kürschner), 294 (Prisma/Gerth Roland), 296 (tbkmedia.de/Alamy), 298–299 (imageBROKER/Florian Bachmeier), 300 (Chromorange/Jürgen Feuerer), 302 (guichaoua/Alamy), 304 (Gillian Price/Alamy), 305 (Andreas Werth), 306–307 (imageBROKER/Thomas Schenker), 309 (mp postage stamps Alamy), 315 (Thonig), 317 (Marcel Derweduwen/Alamy), 318–319 (imageBROKER/Alexander Schnurer), 320/Nachsatz1 (go-images), Nachsatz2/U3 (Prisma/Bolliger Markus)

picture-alliance, Francfort/Main : p. 31 (dpa Grafik © Globus Infografik), 124 (© dpa), 192–193 (KEYSTONEimageBROKER/Reinhard Hölzl

shutterstock.com : p. 160 (© Fulcanelli), 186–187 (© Alessandro Colle)

Wikimedia : p. 25 : Jost Gudelius, Jachenau-Raut, Wikimedia Commons, lizenziert unter CreativeCommons-Lizenz by-sa-2.0-de/legalcode, URL: http://creativecommons.org/licenses/by-sa/2.0/de/legalcode, 32–33: Tigerente, Wikimedia Commons, lizenziert unter CreativeCommons-Lizenz by-sa-3.0-deed.en, URL: https://creativecommons.org/licenses/by-sa/3.0/deed.en, 37: (upload by Adrian Michael), 44: (Reproduction by Photoglob AG, Zürich, Switzerland or Detroit Publishing Company, Detroit, Michigan), 45: Pymouss, Wikimedia Commons, lizenziert unter CreativeCommons-Lizenz by-sa-3.0-deed.en, URL: https://creativecommons.org/licenses/by-sa/3.0/deed.en, 127: Bullenwächter, lizenziert unter CreativeCommons-Lizenz 3.0-deed.en, URL: https://creativecommons.org/licenses/by/3.0/deed.en, 129: Adrian Michael, Wikimedia Commons, lizenziert unter CreativeCommons-Lizenz by-sa-3.0-deed.en, URL: https://creativecommons.org/licenses/by-sa/3.0/deed.en, 131: Schweizerisches Institut für Kunstwissenschaft, SIK-ISEA inventory number 3638, 148: Deutsches Museum Verkehrszentrum, 172 h.: Peter Scherer, 172 u.: E. Klein, 180: Wikimedia Commons, lizensiert unter GNU Free Documentation Licens, URL: http://www.gnu.org/licenses/fdl.html, 266: Emil Cardinaux, 277: http://www.tirolerportraits.it, 285 u.: Wikimedia Commons, lizensiert unter GNU Free Documentation Licens, URL: http://www.gnu.org/licenses/fdl.html

Doubles-pages de début : vue sur la Zugspitze ; Les aiguilles de Chamonix se reflétant dans le lac Blanc, avec à l'extrême droite le mont Blanc ; l'Alpe de Siusi (Dolomites)

Doubles-pages de fin : Kreuzberge (Suisse) ; Rosengarten (Dolomites) ; Zahm Andrist (Alpes bernoises)

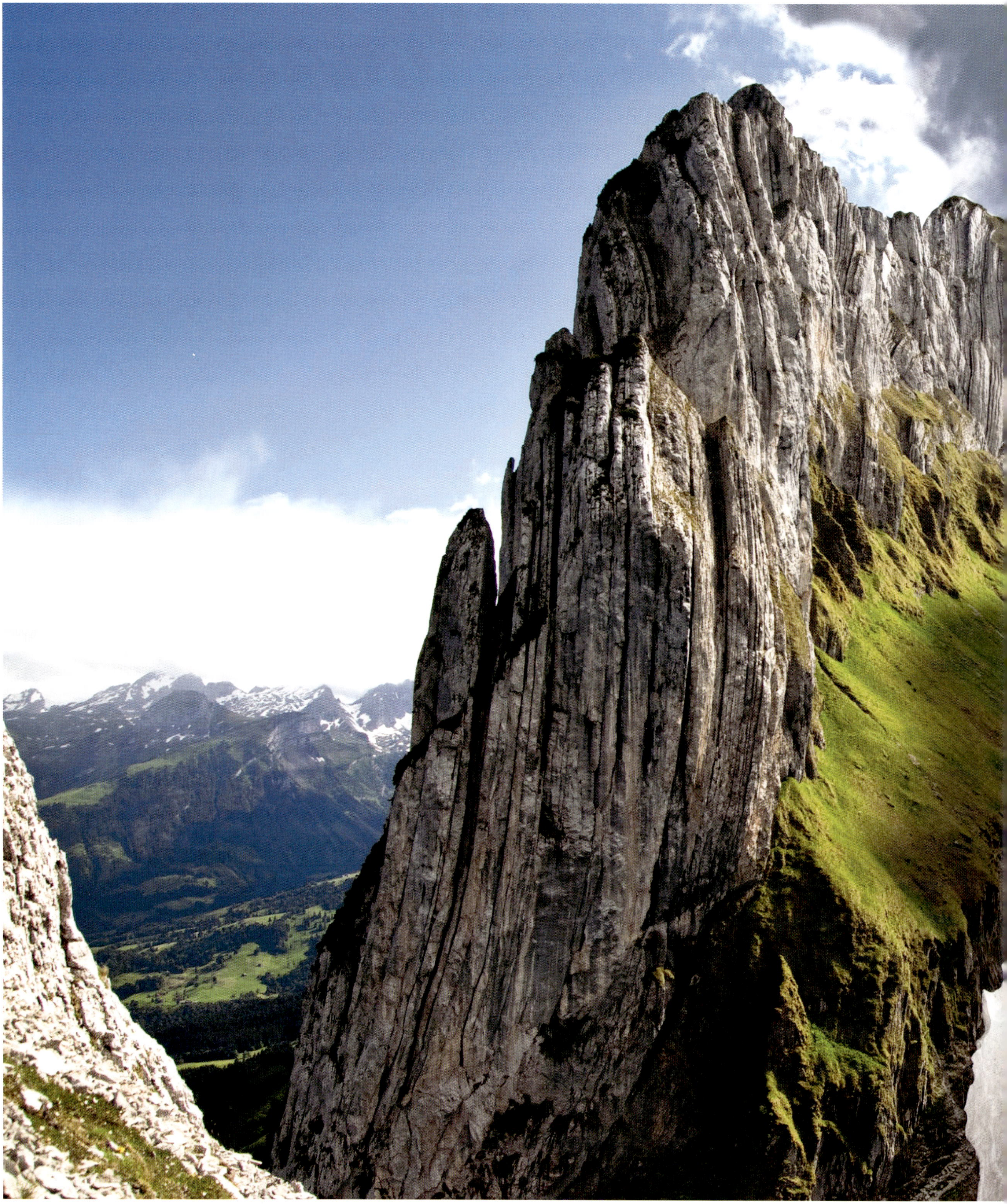

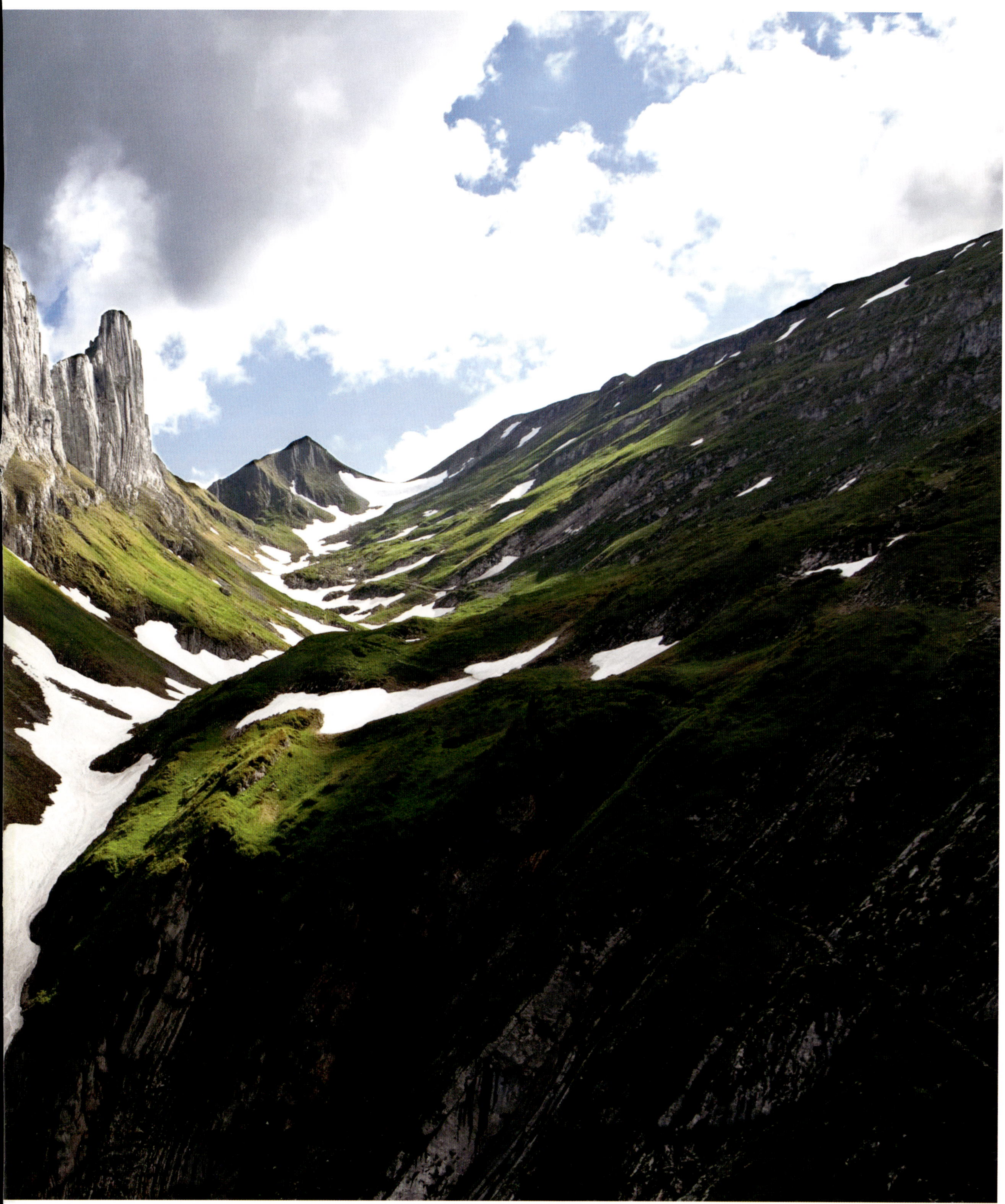